ullstein

Das Buch

Vor vierzig Jahren hat Anthony das Liebespfand seiner Verlobten verloren. Am selben Tag ist Therese bei einem Unfall gestorben. Seitdem sucht Anthony Trost in den Dingen, die er auf der Straße findet. Sorgfältig archiviert er die Fundstücke in seinem behaglichen viktorianischen Haus. Zu jedem Gegenstand vermerkt er, wann und wo er ihn gefunden hat. Und zu einzelnen schreibt er kurze Erzählungen, die das Besondere in den verlorenen Dingen schildern.
Sein großes Ziel ist es, die Besitzer ausfindig zu machen und ihnen alles zurückzugeben. Vielleicht hat jemand für ihn Thereses Liebespfand aufgehoben? Doch diese große Aufgabe muss er an Laura übergeben. Seine junge Assistentin, der er mehr zutraut als sie sich selbst. Anthonys Testament zieht für Laura eine Reihe äußerst unerwarteter Begegnungen nach sich. Denn auch sie möchte etwas finden ...

Die Autorin

Ruth Hogan ist selbst begeisterte Sammlerin von Fundstücken. Sie lebt mit Mann und drei Hunden in einem etwas chaotischen viktorianischen Haus in Bedford, England.
Ein schwerer Autounfall und eine Krebserkrankung brachten sie zum Schreiben. Die schlaflosen Nächte hat sie am Schreibtisch verbracht, das Ergebnis ist ihr Roman über das Finden von Dingen und Geschichten.

Von Ruth Hogan sind in unserem Hause bereits erschienen:

Vielleicht tanzen wir morgen
Mr. Peardews Sammlung der verlorenen Dinge

Ruth Hogan

Mr. Peardews Sammlung der verlorenen Dinge

Roman

Aus dem Englischen
von Marion Balkenhol

Ullstein

Besuchen Sie uns im Internet:
www.ullstein.de

Wir verpflichten uns zu Nachhaltigkeit
- Klimaneutrales Produkt
- Papiere aus nachhaltiger Waldwirtschaft und anderen kontrollierten Quellen
- ullstein.de/nachhaltigkeit

MIX
Papier aus verantwortungsvollen Quellen
FSC® C083411
www.fsc.org

Ungekürzte Ausgabe im Ullstein Taschenbuch
1. Auflage Oktober 2018
2. Auflage 2022

Titel der englischen Originalausgabe: *The Keeper of Lost Things*
(Two Roads, einem Imprint von John Murray Press,
Hachette UK, London, 2017)
Umschlaggestaltung: zero-media.net, München
Titelabbildung: © Wil Immink Design
Satz: Pinkuin Satz und Datentechnik, Berlin
Gesetzt aus der Quadraat Pro
Druck und Bindearbeiten: CPI books GmbH, Leck
ISBN 978-3-548-29086-7

Für Bill, meinen getreuen Flügelmann,
und Prinzessin Tilly Bean

Wer aber nicht wagt, den Dorn zu fassen,
der sollte sich nie nach der Rose verzehren.

Anne Brontë

1

Charles Bramwell Brockley reiste allein und ohne Fahrkarte in dem Zug um 14.42 Uhr von London Bridge nach Brighton. Die Keksdose von Huntley & Palmers, in der er reiste, schwankte bedenklich auf dem Rand des Sitzes, als der Zug in Haywards Heath ruckelnd anhielt. Aber gerade als die Dose nach vorn rutschte und auf den Boden des Waggons zu fallen drohte, wurde sie von zwei rettenden Händen aufgefangen.

Er war froh, zu Hause zu sein. Padua war eine solide viktorianische Backsteinvilla, deren Veranda von Geißblatt und Klematis umrankt war. Der kühle, nach Rosen duftende, widerhallende Eingangsbereich hieß ihn willkommen und bot ihm Schutz vor dem grellen Sonnenlicht draußen. Er stellte seine Tasche ab, legte seine Schlüssel in die Schublade des Garderobentischs und hängte seinen Panamahut an den Hutständer. Er war müde bis in die Knochen, doch das stille Haus beruhigte ihn. Still, aber nicht lautlos. Da waren das gleichmäßige Ticken einer Standuhr und das ferne Brummen eines alten Kühlschranks, und irgendwo im Garten sang eine Amsel. Das Haus aber war frei vom Tinnitus der Technologie. Es gab keinen Computer, keinen

Fernseher, keinen DVD- oder CD-Player. Die einzigen Verbindungen zur Außenwelt waren ein altes Bakelittelefon in der Diele und ein Radio. In der Küche drehte er den Hahn auf, ließ das Wasser laufen, bis es eiskalt war, und füllte eine Karaffe damit. Für einen Gimlet war es noch zu früh, für Tee zu heiß. Laura war schon nach Hause gegangen, hatte aber eine Notiz und einen Salat mit Schinken im Kühlschrank für sein Abendessen hinterlassen. Die Gute. Hastig trank er das Wasser.

Er ging wieder in die Diele, nahm einen einzelnen Schlüssel aus der Hosentasche und schloss eine schwere Eichentür auf. Er holte seine Tasche, die er auf dem Boden abgestellt hatte, betrat den Raum und machte leise die Tür hinter sich zu. Regale und Schubladen, Regale und Schubladen, Regale und Schubladen. Drei Wände waren vollständig bedeckt, jedes Regal war beladen, jedes Schubfach gefüllt mit einem traurigen Sammelsurium, in vierzig Jahren gesammelt, beschriftet und beheimatet. Die Spitzengardinen vor der Verandatür nahmen dem hellen Licht der Nachmittagssonne die Kraft. Durch den Spalt zwischen ihnen drang ein einzelner, mit glitzernden Staubkörnern durchsetzter Strahl ins Halbdunkel. Der Mann nahm die Huntley&Palmers-Keksdose aus seiner Tasche und stellte sie vorsichtig auf einen großen Mahagonitisch, die einzige freie Oberfläche im Raum. Er hob den Deckel und untersuchte den Inhalt, eine hellgraue Substanz von der Beschaffenheit grobkörnigen Sandes. Etwas Ähnliches hatte er vor vielen Jahren im Rosengarten hinter dem Haus verstreut. Aber das hier waren doch bestimmt keine menschlichen Überreste? In einer Keksdose im Zug stehen gelassen? Er machte den Deckel wieder zu. Er hatte versucht, die Dose im Bahnhof abzugeben, doch der Schaffner, davon überzeugt, dass es Müll war, schlug vor, er solle sie in den nächsten Abfalleimer werfen.

»Sie würden sich wundern über den Schrott, den die

Leute in Zügen lassen«, sagte er und entließ Anthony mit arrogantem Schulterzucken.

Anthony überraschte nichts mehr, doch ein Verlust, ob groß oder klein, bewegte ihn immer. Aus einer Schublade nahm er einen Gepäckaufkleber aus braunem Papier und einen Füllfederhalter mit goldener Feder. Sorgfältig hielt er mit schwarzer Tinte zuerst das Datum und die Uhrzeit fest, dann den Fundort, sehr penibel:

Huntley&Palmers-Keksdose,
enthält Überreste einer Einäscherung?
Gefunden im sechsten Waggon von vorn,
im Zug um 14.42 Uhr von London Bridge nach Brighton.
Verstorbener unbekannt.
Der Herr sei mit dir, ruhe in Frieden.

Zärtlich streichelte er den Deckel der Dose, bevor er in einem der Regale eine Lücke fand und sie sanft hineinschob.

Das Läuten der Uhr in der Diele sagte ihm, dass es Zeit für einen Gimlet war. Er holte Eiswürfel und Limettensaft aus dem Kühlschrank und trug sie auf einem silbernen Tablett mit einem grünen Cocktailglas und einem kleinen Teller Oliven in den Wintergarten. Er hatte keinen Hunger, aber er hoffte, sie würden seinen Appetit anregen. Er wollte Laura nicht enttäuschen, wenn er ihren sorgfältig zubereiteten Salat stehen ließ. Er stellte das Tablett ab und öffnete das Fenster zum Garten hinter dem Haus.

Das Grammophon war ein hübsches Gerät aus Holz mit einem geschwungenen goldenen Horn. Er hob die Nadel an und legte sie sanft auf die lakritzfarbene Schallplatte. Die Stimme von Al Bowlly erklang und schwebte hinaus in den Garten, um mit der Amsel zu konkurrieren.

The very thought of you.

Das war ihr Lied gewesen. Er setzte sich in einen bequemen Ledersessel und streckte die langen Beine aus. In seinen besten Jahren hatte seine Körpermasse zu seiner Größe gepasst, und er war eine eindrucksvolle Gestalt gewesen, doch das Alter hatte das Fleisch dahinschmelzen lassen, und nun lag die Haut viel enger an den Knochen. Mit dem Glas in einer Hand prostete er der Frau zu, deren silbern gerahmtes Foto er in der anderen hielt.

»Auf dein Wohl, mein Schatz!«

Er trank einen Schluck von seinem Drink und drückte einen liebevollen, sehnsüchtigen Kuss auf das kalte Glas des Fotorahmens, bevor er ihn wieder auf den kleinen Tisch neben seinem Sessel stellte. Sie war keine klassische Schönheit gewesen; eine junge Frau mit lockigem Haar und großen dunklen Augen, die selbst auf einem alten Schwarzweißfoto leuchteten. Doch sie war hinreißend, mit einer Präsenz, die sich nach all den Jahren noch bemerkbar machte und ihn bezauberte. Sie war seit vierzig Jahren tot, aber sie war noch immer sein Leben, und ihr Tod hatte ihm seine Bestimmung gegeben. Er hatte Anthony Peardew zum Hüter der verlorenen Dinge gemacht.

2

Laura war hoffnungslos verloren und trieb auf den Wellen dahin. Nur mit knapper Not und einer unglückseligen Mischung aus Prozac, Pinot Grigio und guter Miene zum bösen Spiel – zu Vinces Affäre zum Beispiel – hielt sie sich über Wasser. Anthony Peardew und sein Haus hatten sie gerettet.

Als sie den Wagen vor dem Haus abstellte, rechnete sie nach, wie lange sie hier schon arbeitete. Fünf, nein, fast sechs Jahre. Sie hatte im Wartezimmer ihres Arztes gesessen und nervös die Zeitschriften durchgeblättert, als ihr eine Anzeige in der *Lady* ins Auge sprang:

Haushälterin/persönliche Assistentin für Schriftsteller gesucht. Bitte bewerben Sie sich bei Anthony Peardew – PO Box 27312.

Eigentlich war sie zum Arzt gegangen, um sich noch mehr Medikamente verschreiben zu lassen. Stattdessen verließ sie die Praxis und bewarb sich auf eine Stelle, die ihr Leben verändern würde, wie sich herausstellte.

Als sie den Haustürschlüssel umdrehte und ins Haus trat, empfing sie wie immer der Frieden, den es ausstrahlte. Sie ging in die Küche, füllte den Kessel mit Wasser und stellte ihn auf den Herd. Anthony machte wohl gerade seinen Morgenspaziergang. Gestern hatte sie ihn gar nicht gesehen. Er war in London bei seinem Anwalt gewesen. Während sie darauf wartete, dass das Wasser kochte, durchstöberte sie den ordentlichen Papierstapel, den er ihr zur Bearbeitung hingelegt hatte: ein paar zu zahlende Rechnungen, ein paar Briefe, die sie für ihn beantworten sollte, und die Bitte, einen Termin bei seinem Arzt zu vereinbaren. Leichte Besorgnis überkam sie. Sie hatte versucht, darüber hinwegzusehen, dass er in den vergangenen Monaten nachgelassen hatte, wie ein schönes Porträt, das zu lange dem grellen Sonnenlicht ausgesetzt ist, an Schärfe und Farbe verliert. Als er vor Jahren das Bewerbungsgespräch mit ihr geführt hatte, war er ein großer, muskulöser Mann mit vollem dunklem Haar gewesen, leuchtend blauen Augen und einer Stimme wie James Mason. Sie hatte ihn für viel jünger als achtundsechzig gehalten. Laura hatte sich in Mr. Peardew und das Haus gleichermaßen verliebt, sobald sie durch die Tür getreten war. Die Liebe, die sie für ihn empfand, war keine romantische, eher die Zuneigung eines Kindes zum Lieblingsonkel. Seine freundliche Stärke, seine ruhige Art und seine makellose Höflichkeit waren Eigenschaften, die sie bei einem Mann zu schätzen gelernt hatte, wenn auch ein wenig spät. In seiner Gegenwart besserte sich ihre Laune, was dazu führte, dass ihr Leben ihr endlich wieder wertvoll erschien. Er war ein treuer Anhänger von Radio 4, Big Ben und »Land of Hope and Glory«. Aber immer ein wenig distanziert. Einen Teil von sich gab er nie preis; ein Geheimnis, das er stets bewahrte. Laura war darüber froh. Intimität, sei es körperliche oder emotionale, war immer eine Enttäuschung für sie gewesen. Mr. Peardew war der perfekte Arbeitgeber, der zu Anthony, einem guten Freund, geworden war. Aber einem, der ihr nie zu nahekam.

Im Grunde war es ein Deckchen auf einem Tablett gewesen,

das dazu führte, dass Laura sich in das Haus verliebte. Anthony hatte ihr beim Bewerbungsgespräch Tee gekocht und ihn in den Wintergarten gebracht: Teekanne mit Wärmer, Milchkännchen, Zuckerdose und Zange, Tassen und Untertassen, silberne Teelöffel, Teesieb mit Ständer. Das alles auf einem Tablett mit Deckchen. Weißes, mit Spitze gesäumtes Leinen. Das Deckchen war eindeutig. Padua war offensichtlich ein Haus, in dem das alles einschließlich Deckchen zum Alltag gehörte, und Mr. Peardew war ein Mann, dessen Alltag genau das war, wonach Laura sich sehnte. Als sie frisch verheiratet waren, hatte Vince sie damit aufgezogen, dass sie versuchte, solche Dinge in ihrem Haus einzuführen. Wenn er je gezwungen war, sich seinen Tee selbst zu machen, ließ er den benutzten Teebeutel auf dem Abtropfbrett liegen, auch wenn Laura ihn noch so oft bat, ihn in den Abfalleimer zu werfen. Er trank Milch und Obstsaft direkt aus der Packung, stützte beim Essen die Ellbogen auf, hielt sein Messer wie einen Stift und sprach mit vollem Mund. Für sich genommen waren es Kleinigkeiten, wie die vielen anderen Dinge, die er tat und sagte. Laura versuchte sie zu ignorieren, doch sie gingen ihr trotzdem auf die Nerven. Im Lauf der Jahre nahmen sie zu, verhärteten Lauras Herz und zerstörten ihre zarten Sehnsüchte nach einem Leben, das sie einst bei ihren Schulfreundinnen zu Hause mitbekommen hatte. Als Vinces Hänseleien schließlich in Spott übergingen, wurde ein Deckchen auf dem Tablett für ihn zu einem Gegenstand, der nur Hohn verdiente. So wie Laura.

Das Bewerbungsgespräch hatte am Tag ihres fünfunddreißigsten Geburtstags stattgefunden und war erstaunlich kurz verlaufen. Mr. Peardew fragte sie, wie sie ihren Tee trinke, und schenkte dann ein. Beide hatten ein paar Fragen gestellt, bevor er Laura die Stelle anbot. Sie nahm an. Es war das perfekte Geburtstagsgeschenk, und Laura schöpfte wieder Hoffnung.

Das Pfeifen des Kessels drang in ihre Erinnerungen. Laura nahm ihren Tee, ein Staubtuch und Möbelpolitur mit in den Wintergarten. Zu Hause hasste sie es, zu putzen, besonders als sie noch mit Vince zusammengelebt hatte. Hier aber war es eine liebevolle Tätigkeit. Als sie angefangen hatte, waren das Haus und die darin befindlichen Gegenstände leicht vernachlässigt. Nicht schmutzig oder schäbig, nur übersehen. Viele Zimmer waren unbenutzt. Anthony verbrachte die meiste Zeit im Wintergarten oder in seinem Arbeitszimmer und hatte nie Gäste, die im Gästezimmer übernachteten. Leise und sanft hatte Laura einen Raum nach dem anderen wieder zum Leben erweckt. Bis auf das Arbeitszimmer. Das hatte sie nie betreten. Anthony hatte ihr gleich am Anfang gesagt, niemand außer ihm gehe ins Arbeitszimmer, und wenn er nicht darin war, blieb es abgeschlossen. Das hatte sie nie in Frage gestellt. Aber alle anderen Räume wurden so gepflegt, dass jeder sich hätte wohlfühlen können, auch wenn nie jemand kam.

Im Wintergarten nahm Laura das Foto im Silberrahmen in die Hand und polierte Glas und Silber so lange, bis es glänzte. Anthony hatte ihr erzählt, der Name der Frau sei Therese, und Laura wusste, dass er sie sehr geliebt haben musste, denn ihr Foto war eins von nur dreien im ganzen Haus. Die anderen waren Kopien eines Fotos von Anthony und Therese zusammen, eins stand auf einem kleinen Tisch neben seinem Bett, das andere auf der Kommode im großen Schlafzimmer auf der Rückseite des Hauses. In all den Jahren, seitdem sie ihn kannte, hatte sie ihn nie so glücklich gesehen wie auf dem Foto.

Als Laura sich von Vince trennte, war ihre letzte Tat, das gerahmte Hochzeitsfoto wegzuwerfen, nachdem sie darauf herumgetrampelt war und das zersplitterte Glas mit dem Absatz in sein grinsendes Gesicht gerieben hatte. Selina vom Kundendienst hatte ihn mit offenen Armen aufgenommen.

Er war ein absolutes Arschloch. Sie war nur traurig darüber, so viele Jahre mit ihm vergeudet zu haben. Doch mit einer nicht abgeschlossenen Ausbildung, fehlender Berufserfahrung und ohne Geld war ihr nichts anderes übriggeblieben.

Als sie im Wintergarten fertig war, ging Laura durch die Diele und dann die Treppe hinauf, wobei sie mit ihrem Staubtuch einen Goldschimmer vom geschwungenen Holzgeländer strich. Sie hatte sich oft Gedanken über das Arbeitszimmer gemacht – natürlich. Aber sie respektierte Anthonys Privatsphäre ebenso wie er ihre. Das größte Schlafzimmer oben war auch das hübscheste, es hatte ein großes Erkerfenster mit Blick über den Garten hinter dem Haus. Das war das Zimmer, das Anthony einst mit Therese geteilt hatte, doch nun schlief er in dem kleineren Raum nebenan. Laura öffnete das Fenster, um ein wenig zu lüften. Die Rosen im Garten unten standen in voller Blüte, wogende rote, rosa und cremefarbene Blätter. An den Rändern der Beete standen Pfingstrosen, durchsetzt mit saphirfarbenen Speeren des Rittersporns. Der Duft der Rosen schwebte in der warmen Luft nach oben, und Laura atmete das schwere Aroma tief ein. Doch dieser Raum duftete immer nach Rosen. Selbst im Winter, wenn der Garten schlief und die Fenster mit einer Eisschicht überzogen waren. Laura richtete sich auf, strich über die ohnehin schon perfekten Bettdecken und schüttelte die Polster auf der Ottomane auf. Der Frisiertisch aus grünem Glas stand funkelnd im Sonnenlicht. Doch nicht alles war perfekt in dem Raum. Die kleine blaue Emaille-Uhr war wieder stehengeblieben. Sie zeigte 11.55 Uhr und tickte nicht. Jeden Tag blieb sie um dieselbe Zeit stehen. Laura schaute auf ihre Armbanduhr und stellte die Zeiger richtig. Vorsichtig drehte sie den kleinen Schlüssel, bis das leise Ticken einsetzte, und stellte die Uhr dann wieder an ihren Platz auf der Frisierkommode.

Als sie die Haustür unten hörte, wusste sie, dass Anthony

von seinem Spaziergang zurück war. Daraufhin folgten das Aufschließen, Öffnen und Schließen der Tür vom Arbeitszimmer. Eine Geräuschfolge, mit der Laura sehr vertraut war. In der Küche machte sie eine Kanne Kaffee, die sie mit einer Tasse und Untertasse, einem silbernen Milchkännchen und einem Teller Kekse auf ein Tablett stellte. Sie trug es durch die Diele und klopfte leise an. Als die Tür aufging, reichte sie Anthony das Tablett. Er wirkte erschöpft; eher blass als durch seinen Spaziergang belebt.

»Danke, meine Liebe.«

Traurig stellte sie fest, dass seine Hände leicht zitterten, als er das Tablett entgegennahm.

»Möchten Sie etwas Bestimmtes zum Mittagessen?«, fragte sie.

»Nein, nein. Ich bin mir sicher, alles, wozu Sie sich entscheiden, wird köstlich schmecken.«

Die Tür ging zu. Zurück in der Küche, wusch Laura den schmutzigen Krug ab, der im Spülbecken aufgetaucht war. Bestimmt hatte Freddy, der Gärtner, ihn zurückgelassen. Er hatte vor zwei Jahren angefangen, im Padua zu arbeiten, doch ihre Pfade kreuzten sich selten, worüber Laura enttäuscht war, denn sie hatte das Gefühl, ihn vielleicht näher kennenlernen zu wollen. Er war groß und dunkelhaarig, aber nicht so gut aussehend, dass er dem Klischee vom Gärtner entsprochen hätte. Er hatte eine blasse Narbe, die senkrecht von der Nase zur Oberlippe verlief und seinen Mund ein wenig zu einer Seite kräuselte. Sie hatte außerdem den Effekt, sein Aussehen eher zu verbessern, statt zu verschlechtern, da sein Lächeln dadurch einen gewissen schiefen Charme erhielt. Er war freundlich, wenn sie sich zufällig über den Weg liefen, aber nicht mehr, und er ermutigte Laura daher nicht gerade, seine Freundschaft zu suchen.

Sie setzte sich an den Papierstapel und sah ihn erneut durch. Die Briefe würde sie mit nach Hause nehmen und auf ihrem Laptop tippen. Als sie angefangen hatte, für Anthony zu arbeiten, hatte sie seine Manuskripte auf einer alten elektrischen Schreibmaschine abgetippt, aber er hatte vor ein paar Jahren aufgehört zu schreiben, und das fehlte ihr. Als sie jünger war, hatte sie selbst daran gedacht, zu schreiben, um ihren Lebensunterhalt zu verdienen, Romane oder vielleicht als Journalistin. Sie hatte alle möglichen Pläne gehabt. Sie war intelligent und hatte ein Stipendium für eine Mädchenschule am Ort bekommen, anschließend einen Platz an der Universität. Sie hätte sich ihr Leben selbst einrichten können – hätte es tun sollen. Stattdessen lernte sie Vince kennen. Mit siebzehn war sie noch verletzlich, unfertig, ihrer selbst unsicher. Sie war glücklich in der Schule, doch das Stipendium bedeutete, dass sie nie so richtig dazugehörte. Ihre Eltern, ein Fabrikarbeiter und eine Verkäuferin, waren so stolz auf ihre kluge Tochter. Geld wurde aufgetrieben – zusammengekratzt –, um die komplette Schuluniform zu kaufen; sogar solche Sinnlosigkeiten wie Schuhe für drinnen und für draußen. Alles musste neu sein, nichts Gebrauchtes für ihre Tochter. Laura war zutiefst dankbar. Sie wusste nur zu gut, welche Opfer ihre Eltern auf sich genommen hatten. Aber es war nicht genug. Intelligent und schön ausstaffiert zu sein reichte nicht, um sich nahtlos in die Gesellschaft derer einzufügen, aus denen die Schülerschaft hauptsächlich bestand. Mädchen, für die Ferien im Ausland, Theaterbesuche, Einladungen zum Dinner und Segelwochenenden nichts Ungewöhnliches waren. Natürlich hatte sie Freundinnen, Mädchen, die nett und großzügig waren, und sie nahm ihre Einladungen an, mit zu ihren netten und großzügigen Eltern in prächtige Häuser zu kommen. Prächtige Häuser, in denen Tee in Kannen serviert wurde, Toast in Gestellen, Milch in Krügen und Marmelade mit einem Silberlöffel. Häuser mit Namen statt mit Nummern, mit Terrassen, Tennisplätzen und Formschnitthecken. Und Deckchen auf den

Tabletts. Sie sah eine andere Art zu leben und war bezaubert. Hoffnung keimte in ihr auf. Milch in einer Flasche, Margarine in einer Schachtel, Zucker in der Tüte und der Tee in einem Becher zu Hause waren Steine in ihren Taschen, die sie belasteten. Mit siebzehn war sie in die Lücke zwischen den beiden Welten gefallen und wusste nicht mehr, wohin sie gehörte. Dann lernte sie Vince kennen.

Er war älter, sah gut aus, war eingebildet und ehrgeizig. Sie fühlte sich geschmeichelt von seiner Aufmerksamkeit und war beeindruckt von seiner Selbstsicherheit. Vince war sich in allem sicher. Er hatte sogar einen Spitznamen für sich: Vince der Unbesiegbare. Er war Autohändler und fuhr einen roten Jaguar E-Type, ein Klischee auf Rädern. Lauras Eltern waren verzweifelt. Sie hatten gehofft, Lauras Ausbildung wäre der Schlüssel zu einem besseren Leben für sie, besser als das ihre. Ein Leben mit mehr Genuss und weniger Mühen. Sie hätten Deckchen für Tabletts vielleicht nicht verstanden, aber sie wussten, dass es bei der Art von Leben, das sie sich für Laura wünschten, um mehr ging als nur um Geld. Für Laura hingegen ging es nie um Geld. Für Vince Darby drehte sich alles nur um Geld und Status. Lauras Vater machte schon bald seinen eigenen Spitznamen aus Vinces Initialen: Venereal Disease, Geschlechtskrankheit.

Einige unglückliche Jahre später fragte sich Laura oft, was Vince wohl in ihr gesehen hatte. Sie war hübsch, aber nicht schön, und bestimmt nicht die Kombination aus Zähnen, Brüsten und Hintern, die er für gewöhnlich bevorzugte. Die Mädchen, mit denen Vince sich normalerweise verabredete, ließen ihre Unterwäsche ebenso selbstverständlich fallen wie den Buchstaben H beim Sprechen. Vielleicht war sie eine Herausforderung für ihn gewesen. Oder etwas Neues. Wie auch immer, er glaubte offenbar, sie gäbe eine gute Frau für ihn ab. Irgendwann kam Laura zu dem Schluss, dass sein Heiratsantrag ebenso von seinem Statuswunsch angetrieben war wie von körperlichem Verlangen. Vince hatte jede Menge Geld, doch das allein genügte nicht, ihn zu den Freimaurern oder in den Vorstand des Golfclubs zu bringen. Mit ihren feinen Manieren und ihrer Privatschulerziehung sollte Laura seinem Geld den Anschein sozialer Kultiviertheit geben. Er sollte bitter enttäuscht werden. Aber nicht so sehr wie Laura.

Als sie von Vinces Affäre erfuhr, war es leicht, ihm für alles die Schuld zu geben; ihm die Rolle eines stadtbekannten Flegels à la Austen zuzuschreiben, während Laura als die tugendhafte Heldin dastand, die zu Hause gelassen wurde, um Hüllen für Klopapierrollen zu häkeln und Bänder für ihre Haube zu nähen. Doch im Grunde ihres Herzens wusste Laura, dass das eigentlich Ausflüchte waren. Verzweifelt hatte sie nach einem Weg aus der unbefriedigenden Realität gesucht und ihren Arzt um Antidepressiva gebeten, aber er hatte darauf bestanden, sie solle sich an einen Therapeuten wenden, bevor er ihr die Medikamente gab. Für Laura war es ein Mittel zum Zweck. Sie ging davon aus, dass sie nur eine farblose Polyester-Pamela in mittleren Jahren vorführen musste, um ihr Rezept zu bekommen. Was sie bekam, war eine kesse, scharf gekleidete Blondine namens Rudi, die sie zwang, sich ein paar ziemlich unliebsamen Tatsachen zu stellen. Sie sagte Laura, sie solle auf die Stimme in ihrem Kopf hören, die sie auf unangenehme Wahrheiten hinwies und unbequeme Argumente vortrug. Rudi nannte es »sich auf ihre innere Sprache einlassen« und sagte, es würde »eine sehr erfreuliche Erfahrung« für Laura werden. Für Laura waren es Treffen mit der Wahrheitsfee, die sie ebenso erfreulich fand wie das Abspielen ihrer Lieblingsplatte, die einen tiefen Kratzer hatte. Die Wahrheitsfee hatte ein sehr misstrauisches Wesen. Sie beschuldigte Laura, unter dem Gewicht der elterlichen Erwartungen einzuknicken und Vince teilweise deshalb geheiratet zu haben, um nicht auf die Universität gehen zu müssen. Ihrer Meinung nach hatte Laura Angst vor dem Studium; davor, zu versagen; Angst, auf ihren eigenen Beinen zu stehen und dann aufs Gesicht zu fallen. Sie brachte auch die unglückliche Erinnerung an Lauras Fehlgeburt auf den Tisch und das nachfolgende, beinahe zwanghafte und letzten Endes erfolglose Bemühen um ein Kind. In Wirklichkeit rüttelte die Wahrheitsfee Laura auf. Doch als sie ihr Prozac bekam, hatte sie aufgehört, ihr zuzuhören.

Die Uhr in der Diele schlug eins, und Laura begann die Zutaten für das Mittagessen zusammenzustellen. Sie schlug Eier auf, mischte Käse hinein, dazu frische Kräuter aus dem Garten, schüttete die Mischung in eine heiße Pfanne auf dem Herd und sah zu, wie sie schäumte und blubberte und dann zu einem luftigen goldenen Omelett wurde. Auf das Tablett kam eine steife weiße Leinenserviette, silbernes Besteck und ein Glas Holunderblütensirup. An der Tür zum Arbeitszimmer tauschte sie es mit Anthony gegen die Reste seines Morgenkaffees ein. Die Kekse hatte er nicht angerührt.

3

Eunice

Vierzig Jahre zuvor ... Mai 1974

Sie hatte sich für den kobaltblauen Filzhut entschieden. Ihre Großmutter hatte ihr einmal gesagt, man könne seine Gene und Nachlässigkeit in der Erziehung für Hässlichkeit verantwortlich machen, aber es gebe absolut keine Entschuldigung dafür, langweilig zu sein. Die Schule war langweilig gewesen. Eunice war ein kluges Mädchen, aber unruhig; der Unterricht hatte sie zu sehr gelangweilt, um eine gute Schülerin zu sein. Sie wollte Aufregung, das pralle Leben. Das Büro, in dem sie arbeitete, war langweilig, voll langweiliger Menschen, und so war auch ihr Job: Tippen und Ablage ohne Ende. Ihre Eltern fanden den Job respektabel, aber das war nur ein anderes Wort für langweilig. Ihre einzige Zuflucht waren Filme und Bücher. Sie las, als hinge ihr Leben davon ab.

Bis sie die Anzeige in der *Lady* sah:

Assistentin für bekannten Verleger gesucht. Das Gehalt ist eher dürftig, aber die Arbeit wird nie langweilig!

Offensichtlich war die Stelle wie für sie geschaffen, daher bewarb sie sich noch am selben Tag.

Ihr Bewerbungsgespräch fand um 12.15 Uhr statt. Sie war sehr früh losgegangen, deshalb konnte sie nun den Rest der Strecke gemächlich zurücklegen. Dabei nahm sie den Anblick und die Geräusche der Stadt in sich auf. Die Straßen waren überfüllt, und Eunice ließ sich durch den Menschenstrom treiben, hin und wieder verblüfft von einer Gestalt, die aus irgendeinem Grund aus der Menge herausragte. Sie nickte dem pfeifenden Kellner zu, der vor dem Restaurant *The Swish Fish* den Bürgersteig fegte, und machte einen Bogen, um einen unangenehmen Zusammenprall mit einer verschwitzten Touristin zu vermeiden, die so sehr in ihren Reiseführer vertieft war, dass sie beim Gehen nicht aufsah. Sie lächelte dem großen Mann an der Ecke Great Russell Street zu, der ihr aufgefallen war, weil er nett, aber besorgt wirkte. In dem Augenblick, als sie an ihm vorbeiging, nahm sie alles an ihm in sich auf. Er war stattlich gebaut und sah gut aus, mit blauen Augen und den Manieren eines gepflegten Mannes. Unruhig warf er einen Blick auf seine Armbanduhr und schaute die Straße hinauf und hinunter. Offensichtlich wartete er auf jemanden, der sich verspätete. Eunice hatte noch Zeit. Es war erst fünf vor zwölf. Sie schlenderte weiter. Ihre Gedanken wanderten zu dem bevorstehenden Bewerbungsgespräch und ihrem neuen Chef. Sie hoffte, er würde so aussehen wie der Mann, den sie, an der Ecke wartend, hinter sich gelassen hatte. Aber vielleicht wäre es ja auch eine Frau; scharf und spitz wie eine auseinandergebogene Büroklammer, eine Frau mit kurzem schwarzem Haar und rotem Lippenstift. Als sie die glänzende grüne Tür in der Bloomsbury Street erreichte, bemerkte sie kaum die Menge, die sich auf dem Bürgersteig gegenüber angesammelt hatte, und das Heulen einer Sirene in der Ferne. Sie drückte auf die Klingel und wartete; den Rücken gerade, Füße nebeneinander, Kopf hoch. Sie hörte Schritte, die eine Treppe hinuntereilten, dann wurde die Tür aufgerissen.

Eunice verliebte sich auf der Stelle in den Mann. Körperlich war er eher unauffällig: mittelgroß, mittlere Statur, hellbraunes Haar, angenehmes Gesicht, zwei Augen und zwei Ohren, eine Nase, ein Mund. Zusammengenommen ergaben diese einzelnen Bestandteile jedoch auf magische Weise ein Meisterstück. Er ergriff ihre Hände, als wollte er sie vor dem Ertrinken retten, und zog sie hinter sich her die Treppe hinauf. Atemlos vor Anstrengung und Begeisterung begrüßte er sie auf dem Weg hinauf mit den Worten: »Sie müssen Eunice sein. Freut mich, Sie kennenzulernen. Nennen Sie mich Bomber. Das tun alle.«

Das Büro, in das sie am oberen Ende der Treppe stürmten, war groß und hell und gut durchorganisiert. Regale und Schubfächer zogen sich an den Wänden entlang, drei Aktenschränke standen unter dem Fenster. Eunice war fasziniert, dass sie mit »Tom«, »Dick« und »Harry« beschriftet waren.

»Nach den Tunneln«, erklärte Bomber, als er ihrem Blick folgte und ihr die Frage vom Gesicht ablas. Aber das sagte ihr nichts.

»In dem Film *Gesprengte Ketten*? Steve McQueen, Dickie Attenborough, Beutel mit Erdschutt, Stacheldraht und ein Motorrad?«

Eunice lächelte.

»Den haben Sie doch gesehen, oder? Einfach phantastisch!« Er begann die Titelmelodie zu pfeifen.

Eunices Entschluss stand sofort fest. Das war definitiv der richtige Job für sie. Sie würde sich – falls notwendig – an einen der Aktenschränke ketten, um die Stelle zu bekommen. Aber zum Glück war das nicht erforderlich. Dass sie den Film *Gesprengte Ketten* gesehen hatte und dafür schwärmte, reichte offenbar. Bomber machte ihnen eine Kanne Tee in der winzigen Küche neben dem Büro, um ihre Einstellung zu feiern. Ein eigenartiges rollendes Geknatter folgte ihm zurück in den Büroraum. Das Geräusch stammte von einem beige-weißen kleinen Terrier mit einem Ohr auf halbmast und einem braunen Fleck über dem linken Auge. Er saß mit dem Hinterteil auf einem hölzernen Rolluntersatz und bewegte sich mit den Vorderbeinen fort.

»Darf ich Ihnen Douglas vorstellen? Meine rechte Hand.«

»Hallo, Douglas«, begrüßte Eunice ihn ernsthaft. »Bader, vermute ich, wie der Jagdflieger der Royal Air Force.«

Bomber schlug begeistert auf den Tisch. »Ich wusste sofort, dass Sie die Richtige sind. Und, wie schmeckt Ihnen der Tee?«

Bei Tee und Keksen (Douglas trank aus einer Untertasse) erfuhr Eunice, dass Bomber den Hund als herrenlosen Welpen gefunden hatte, der von einem Wagen angefahren worden war. Der Tierarzt hatte empfohlen, ihn einschläfern zu lassen, aber Bomber hatte ihn stattdessen mit nach Hause genommen.

»Den Untersatz habe ich selbst gebastelt. Es ist eher ein Morris-1000-Kombi als ein Mercedes, aber es funktioniert.«

Sie vereinbarten, dass Eunice in der kommenden Woche anfangen sollte für ein Gehalt, das absolut angemessen war, nicht »dürftig«, und dass ihre Aufgaben so ziemlich alles beinhalteten, was zu tun war. Eunice war begeistert. Doch als sie gerade gehen wollte, wurde die Tür aufgerissen und die aufgebogene Büroklammer stürmte in den Raum. Die Frau bestand vor allem aus Nase, Ellbogen und Knien, die Kanten nicht durch Fleischpolster entschärft, mit einem Gesicht, das im Lauf der Jahre zu einem dauerhaften höhnischen Grinsen erstarrt war.

»Wie ich sehe, lebt deine verunstaltete kleine Ratte noch immer«, rief sie und zeigte mit ihrer Zigarette auf Douglas, während sie ihre Tasche auf einen Stuhl warf. Als sie Eunice erblickte, huschte ein verkniffenes Lächeln über ihr Gesicht.

»Gute Güte, Bruder! Jetzt sag mir nicht, dass du eine Geliebte gefunden hast.« Sie spuckte das Wort geradezu aus.

Bomber wandte sich mit matter Geduld an sie. »Das ist Eunice, meine neue Assistentin. Eunice, das ist meine Schwester Portia.«

Portia musterte Eunice mit ihren kalten grauen Augen von Kopf bis Fuß, reichte ihr aber nicht die Hand. »Ich sollte sagen, freut mich, Sie kennenzulernen, aber das wäre gelogen.«

»Gleichfalls«, entgegnete Eunice kaum hörbar. Portia hatte ihre Aufmerksamkeit bereits wieder auf ihren Bruder gerichtet, doch Eunice hätte schwören können, dass Douglas mit der Schwanzspitze wackelte. Sie überließ Bomber seiner abscheulichen Schwester und ging hinunter in den hellen Sonnenschein des Nachmittags. Das Letzte, was sie hörte, als sie die Tür hinter sich schloss, kam von Portia.

»Na, Schätzchen, wann wirst du mein Buch veröffentlichen?«, fragte sie in einem völlig anderen, aber noch immer unangenehmen, bettelnden Tonfall.

An der Great Russell Street blieb sie einen Augenblick stehen und dachte an den Mann, den sie angelächelt hatte. Sie hoffte, dass die Person, die er treffen wollte, ihn nicht allzu lange hatte warten lassen. Da fiel ihr Blick auf etwas Glitzerndes aus Gold und Glas mitten im Straßendreck zu ihren Füßen. Sie bückte sich, rettete den kleinen runden Gegenstand aus der Gosse und ließ ihn in ihre Tasche gleiten.

4

Es war immer dasselbe. Er sah nie nach oben, sondern schaute nur zu Boden und suchte den Bürgersteig und die Rinnsteine ab. Sein Rücken brannte, seine Augen wurden feucht, voll mit Staub und Tränen. Dann stürzte er zurück durch die Schwärze in die feuchten, zerknitterten Laken seines Bettes. Der Traum war immer derselbe. Endlose Suche, ohne das zu finden, was ihm endlich Frieden bringen würde.

Das Haus war erfüllt von der tiefen, weichen Dunkelheit einer Sommernacht. Anthony schwang seine müden Beine aus dem Bett, setzte sich auf die Kante und schüttelte die hartnäckigen Traumreste aus dem Kopf. Er sollte aufstehen. Schlaf würde er diese Nacht nicht mehr bekommen. Er tapste die Treppe hinunter, deren knarrendes Holz in seinen schmerzenden Knochen widerhallte. Er brauchte kein Licht, um in die Küche zu finden. Er kochte eine Kanne Tee, wobei er mehr Trost in der Zubereitung als im Trinken fand, und nahm ihn mit in sein Arbeitszimmer. Blasser Mondschein lag auf den Regalen und in der Mitte des Mahagonitischs. Hoch oben auf einem Regal in der Ecke stand die Keksdose. Er nahm sie vorsichtig herunter und stellte sie in den leuchtenden Lichtkreis auf dem Tisch. Von allen Gegenständen, die er jemals gefunden hatte, beunruhigte ihn dieser am meisten. Denn es war kein Ding, sondern ein Mensch, dessen war er sich sicher, ohne zu wissen, warum. Wieder einmal entfernte er den Deckel und untersuchte den Inhalt, wie jeden Tag in der letzten Woche, seitdem er die Dose mit nach Hause gebracht hatte. Er hatte sie schon mehrfach an einen anderen Platz im Arbeitszimmer gestellt, weiter nach oben oder außer Sichtweite, doch ihre Anziehungskraft blieb unwiderstehlich. Er konnte sie nicht in Ruhe lassen. Er tauchte mit der Hand in die Dose und ließ die grauen Körner sanft zwischen den Fingerspitzen hindurchgleiten. Die Erinnerung durchflutete ihn, nahm ihm den Atem und versetzte ihm einen Schlag in die Magengrube. Wieder hielt er den Tod in den Händen.

Das Leben, das sie zusammen hätten haben können, war ein Phantasiegebilde, dem Anthony sich nur selten hingab, weil es zu sehr schmerzte. Vielleicht wären sie jetzt Großeltern. Therese hatte nie über Kinder gesprochen, aber sie hatten auch beide angenommen, dass sie alle Zeit der Welt haben würden. Ein tragischer Irrtum, wie sich herausstellte. Sie hatte immer einen Hund haben wollen. Anthony hatte es so lange wie möglich hinausgeschoben, hatte abgeknickte Rosen und Löcher im Rasen angeführt. Letzten Endes hatte sie ihn jedoch herumgekriegt, wie immer, mit einem unwiderstehlichen Cocktail aus Charme und schierer Sturheit. Sie hätten den Hund in der Woche nach ihrem Tod aus Battersea abholen sollen. Stattdessen wanderte Anthony den ganzen Tag durch das leere Haus und sammelte verzweifelt jede Spur von ihr ein, den Abdruck ihres Kopfes auf einem Kissen, tizianrote Strähnen in ihrer Haarbürste und verschmierten Lippenstift an einem Glas. Erbärmliche, aber kostbare Nachweise eines nun erloschenen Lebens. In den folgenden elenden Monaten bemühte sich Padua, das Echo von Thereses Existenz in seinen Wänden zu halten. Anthony kam in einen Raum und hatte das Gefühl, sie sei vor wenigen Momenten hinausgegangen. Tag für Tag spielte er mit ihrem Schatten Verstecken. Er hörte ihre Musik im Wintergarten, fing ihr Lachen im Garten auf und spürte im Dunkeln ihren Kuss auf seinen Lippen. Aber allmählich, unmerklich, in winzigen Schritten, ließ sie ihn los. Sie ließ ihn ein Leben ohne sie führen. Die einzige Spur, die bis zum heutigen Tag von ihr geblieben war, war der Duft von Rosen an Stellen, wo er nicht sein konnte.

Anthony wischte das graue Pulver von seinen Fingerspitzen und legte den Deckel wieder auf die Dose. Eines Tages würde er es sein. Vielleicht beunruhigte ihn die Asche deshalb so sehr. Er durfte nicht wie diese arme Seele in der Dose verlorengehen. Er musste zu Therese.

Laura lag hellwach, die Augen fest geschlossen, und versuchte vergeblich einzuschlafen. Tagsüber hielt sie die Sorgen und Zweifel mit ihrer Arbeit im Zaum, aber im Schutz der Dunkelheit kamen sie zurück und lösten die Fäden ihres bequemen Lebens auf wie Motten einen Kaschmirpullover. Das Knallen einer Haustür, laute Stimmen und Gelächter aus der Nachbarwohnung machten auch die letzte Hoffnung auf Schlaf zunichte. Das Paar, das nebenan eingezogen war, führte ein geselliges, ausuferndes Leben auf Kosten ihrer Mitbewohner. Kurz nach ihrer Rückkehr in Begleitung von mindestens zehn Partygängern begannen die dünnen Wände in Lauras Wohnung zum unablässigen Dröhnen von Trommeln und Bass zu pulsieren.

»Großer Gott, nicht schon wieder!«

Laura schwang die Beine aus dem Bett und schlug wütend mit den Fersen gegen die Seite des Diwans. Das war das dritte Mal in einer Woche. Sie hatte versucht, vernünftig mit ihnen zu reden. Sie hatte mit der Polizei gedroht. Am Ende und sehr zu ihrer Beschämung hatte sie auf Kraftausdrücke zurückgegriffen. Die Reaktion der Nachbarn war immer dieselbe: überschwängliche Entschuldigungen und leere Versprechungen, denen jedoch keinerlei Veränderung folgte. Sie ignorierten Laura einfach. Vielleicht sollte sie die Luft aus den Reifen ihres Golf GTI lassen oder Pferdemist in ihren Briefkasten werfen. Trotz ihrer Wut musste sie lächeln. Wo um alles in der Welt sollte sie Pferdemist herbekommen?

In der Küche machte sie Milch in einem Stieltopf warm, und mit einem anderen Topf schlug sie genervt gegen die Partywand. Ein Stück Putz in der Größe eines Tellers löste sich und zerplatzte auf dem Boden.

»Mist!«

Laura schaute den Stieltopf in ihrer Hand vorwurfsvoll an. Auf dem Herd zischte verbrannte Milch, als der Inhalt des anderen Stieltopfs überkochte.

»Mist! Mist! Mist!«

Nachdem sie das Chaos beseitigt und noch etwas Milch erhitzt hatte, setzte Laura sich an den Tisch und nahm ihren warmen Becher zwischen beide Hände. Sie spürte, wie die Wolken um sie herum sich zusammenzogen und der Boden unter ihren Füßen wegsackte. Ein Sturm zog auf, dessen war sie sich sicher. Nicht nur die Nachbarn beunruhigten sie, auch Anthony. In den letzten Wochen hatte sich etwas verändert. Sein körperlicher Verfall verlief schrittweise, was mit zunehmendem Alter unvermeidlich war, aber da war noch etwas. Eine undefinierbare Veränderung. Sie hatte das Gefühl, als entferne er sich von ihr wie ein enttäuschter Liebhaber, der heimlich einen Koffer packte und seinen Weggang plante. Wenn sie Anthony verlöre, würde sie auch Padua verlieren, und beide gewährten ihr Asyl vor dem Wahnsinn der wirklichen Welt.

Seit ihrer Scheidung von Vince war sie von den wenigen großen Wünschen, die ihren Kurs durch das Leben bestimmt hatten, abgedriftet. Nachdem sie ein Studium und die Chance, Schriftstellerin zu werden, aufgegeben hatte, um Vince zu heiraten, hatte sie sich Kinder gewünscht und alles, was eine Mutterschaft ihr bringen würde, und später vielleicht ein Fernstudium. Aber nichts davon war eingetreten. Sie war nur ein Mal schwanger geworden. Die Aussicht auf ein Kind hatte vorübergehend ihre bereits zerbröckelnde Ehe zusammengehalten. Vince hatte keine Kosten gescheut und das Kinderzimmer an einem Wochenende hergerichtet. In der Woche darauf hatte Laura eine Fehlgeburt. Die nächsten paar Jahre galten dem verbissenen Versuch, das Kind zu ersetzen, das nie geboren wurde. Der Sex wurde zu einer grimmigen Pflichtübung. Sie unterwarfen sich allen notwendigen invasiven und unwürdigen medizinischen Eingriffen, um festzustellen, wo das Problem lag, doch sie blieben ohne ein klares Resultat. Vince reagierte eher wütend als traurig, dass er nicht bekam, was er glaubte haben zu wollen. Schließlich hörten sie zu Lauras Erleichterung auf, miteinander zu schlafen.

Da begann sie, ihre Flucht zu planen. Als sie Vince heiratete, war er dagegen, dass sie arbeitete. Als klar wurde, dass sie kein Kind bekommen würde, war Lauras Mangel an Erfahrung und Qualifikationen ein Problem bei ihrer Suche nach einem Arbeitsplatz. Aber sie brauchte einen Job, weil sie Geld brauchte. Und sie brauchte Geld, um Vince zu verlassen. Laura wollte einfach nur so viel, um sich eine Wohnung zu nehmen und ihren Lebensunterhalt zu bezahlen. Sie plante, sich eines Tages davonzumachen, wenn Vince bei der Arbeit war, und sich dann aus sicherer Entfernung von ihm scheiden zu lassen. Doch die einzige Stelle, die sie fand, war schlecht bezahlte Zeitarbeit. Es reichte nicht. Schließlich fing sie an zu schreiben und von einem Bestseller zu träumen. Jeden Tag arbeitete sie stundenlang an ihrem Roman, verschwieg es Vince aber. Nach sechs Monaten war der Roman fertig, und mit großen Hoffnungen begann Laura, ihn an verschiedene literarische Agenturen zu schicken.

Sechs Monate später war der Stapel der Absagen fast so dick wie der Roman selbst. Sie waren deprimierend einheitlich. Lauras Schreibweise habe mehr Stil als Substanz. Sie schreibe »schön«, aber ihre Handlung sei zu »ruhig«. Verzweifelt meldete sie sich auf eine Anzeige in einer Frauenzeitschrift. Darin wurden Schriftsteller gesucht, die Kurzgeschichten für ein Magazin schrieben, das sich einer rapide wachsenden Leserschaft erfreute. Die Kaution für ihre Wohnung bezahlte sie schließlich mit dem Geld, das sie für peinliche Erotikgeschichten für *Feathers, Lace and Fantasy Fiction* bekam – »eine Zeitschrift für leidenschaftliche Frauen, die vor Verlangen brennen«.

Als sie ihre Arbeit im Padua begann, hörte Laura auf zu schreiben. Die Kurzgeschichten brauchte sie Gott sei Dank nicht mehr für ihren Lebensunterhalt, und ihr Roman landete im Altpapier. Sie hatte jegliches Selbstvertrauen verloren, einen Neuanfang zu wagen. In ihren dunkelsten Momenten fragte Laura sich, inwieweit sie selbst an ihrem Versagen schuld war. War sie zu einem notorischen Feigling mutiert, der nicht kletterte, weil er Angst hatte zu fallen? Im Padua bei Anthony musste sie sich darüber keine Gedanken machen. Das Haus war ihre emotionale und körperliche Festung und Anthony ihr strahlender Ritter.

Sie tippte mit der Fingerspitze auf die Haut, die sich beim Abkühlen auf der heißen Schokolade bildete. Ohne Anthony und das Padua wäre sie verloren.

5

Anthony schwenkte den Gimlet in seinem Glas und lauschte den Eiswürfeln, die in der farblosen Flüssigkeit klimperten. Es war noch nicht Mittag, doch der kalte Alkohol weckte das bisschen Feuer, das noch in seinen Adern war. Das brauchte er jetzt. Er trank einen Schluck und stellte das Glas auf den Tisch zwischen den beschrifteten Kram, den er aus einer Schublade geholt hatte. Er verabschiedete sich von den Gegenständen. Er fühlte sich klein in dem Lehnstuhl aus knorriger Eiche, wie ein Junge im Überzieher seines Vaters, doch da er sich seines Schrumpfens bewusst war, hatte er keine Angst. Denn er hatte einen Plan.

Als er vor vielen Jahren begonnen hatte, verlorene Dinge zu sammeln, hatte er keinen Plan gehabt. Er wollte sie einfach nur aufheben und, wenn möglich, eines Tages den Menschen zurückgeben, die sie verloren hatten. Oft wusste er nicht, ob das, was er gefunden hatte, Schrott oder ein Schatz war. Aber irgendjemand irgendwo wusste es. Dann hatte er wieder angefangen zu schreiben, hatte Kurzgeschichten um die Dinge gewoben, die er auf der Straße fand. Im Lauf der Jahre hatte er seine Schubladen und Regale mit Fragmenten aus dem Leben anderer Menschen angefüllt, und irgendwie hatten sie geholfen, sein Leben zu flicken, das so grausam zerschmettert war, und wieder ein Ganzes daraus zu machen. Natürlich nicht bildschön nach allem, was geschehen war – ein unförmiges Leben, noch immer voller Narben und Risse, aber dennoch lebenswert. Ein Leben mit blauen Flecken am grauen Himmel, wie das Stück Himmel, das er gerade in der Hand hielt. Der Beschriftung zufolge hatte er es vor zwölf Jahren im Rinnstein der Copper Street gefunden. Es war ein Einzelstück aus einem Puzzle, hellblau mit einem weißen Fleck am Rand. Es war nur ein Stück bunte Pappe. Die meisten Menschen hätten es nicht einmal bemerkt, andere hätten es als Abfall liegen lassen. Doch Anthony wusste, dass es für jemanden ein unschätzbarer Verlust sein konnte. Er drehte das Puzzlestück in der Hand. Wo gehörte es hin?

Puzzlestück, blau mit weißem Fleck.
Gefunden im Rinnstein, Copper Street, am 24. September.

Sie hatten die falschen Namen. Maud war so ein bescheidener kleiner Mäusename, ganz anders als die Frau, zu der er gehörte. Sie streitbar zu nennen wäre ein Kompliment gewesen. Und Gladys, was so aufgeweckt und fröhlich klang; ihr Name enthielt sogar das Wort »glad« für fröhlich. Doch die arme Frau, die der Name beschrieb, hatte nur selten einen Grund, froh zu sein. Die Schwestern lebten unglücklich zusammen in einem ordentlichen Reihenhaus in der Copper Street. Es war ihr Elternhaus, das Haus, in dem sie beide geboren und aufgewachsen waren. Maud war schon so auf die Welt gekommen: laut, unattraktiv und nach Aufmerksamkeit heischend. Da sie die Erstgeborene war, hatten ihre Eltern sie verwöhnt, bis es zu spät war, ihr Feingefühl oder Selbstlosigkeit beizubringen. Sie wurde und blieb die einzige Person von Bedeutung in ihrer Welt. Gladys war ein ruhiges, zufriedenes Kleinkind, was auch gut so war, da ihre Mutter kaum ihre Grundbedürfnisse befriedigen konnte, weil sie den endlosen Forderungen ihrer vier Jahre älteren Schwester nachkommen musste. Als Maud mit achtzehn einen Verehrer fand, der beinahe ebenso unangenehm war wie sie selbst, atmete die ganze Familie erleichtert auf, ohne dabei ein schlechtes Gewissen zu haben. Ihre Verlobung und Hochzeit wurden mit Begeisterung gefördert, besonders als durchsickerte, dass Mauds Verlobter aus geschäftlichen Gründen wieder nach Schottland ziehen musste. Nach einer kostspieligen, protzigen Hochzeit, ausgewählt und anschließend kritisiert von Maud und komplett von ihren Eltern bezahlt, zog sie fort, um sich einer unscheinbaren Stadt im äußersten Westen Schottlands aufzubürden, und in der Copper Street kehrte Ruhe und Frieden ein. Gladys und ihre Eltern lebten glücklich und zufrieden. Freitagabends aßen sie Fish and Chips, sonntags zum Tee gab es Lachssandwiches und Obstsalat mit Sahne aus der Dose. Jeden Donnerstagabend gingen sie ins Kino, jeden Sommer fuhren sie für eine Woche nach Frinton. Manchmal ging Gladys mit ihren Freundinnen tanzen. Sie kaufte einen Wellensittich, nannte ihn Cyril und heiratete nie. Es war nicht ihre Entscheidung, nur eine logische Folge, weil sie nie die Gelegenheit bekam. Sie hatte den richtigen Mann für sich gefunden, aber leider hatte sich eine ihrer Freundinnen als die richtige Frau für ihn herausgestellt. Gladys hatte ihr Kleid als Brautjungfer selbst genäht und stieß mit Champagner und bitteren Tränen auf das Glück der beiden an. Sie blieb mit ihnen befreundet und wurde Patin für ihre zwei Kinder.

Maud und ihr Mann hatten keine Kinder. »Was auch gut so ist«, bemerkte ihr Vater leise zu Cyril, falls das Thema überhaupt einmal zur Sprache kam.

Als ihre Eltern älter und gebrechlicher wurden, kümmerte Gladys sich um sie. Sie pflegte, fütterte und wusch sie, machte es ihnen gemütlich und sorgte dafür, dass ihnen nichts zustieß. Maud blieb in Schottland und schickte hin und wieder ein nutzloses Geschenk. Doch als sie schließlich starben, fand sie die Beerdigungen sehr aufwühlend. Die Ersparnisse bei der Postbank wurden zwischen den beiden Schwestern geteilt, und als Anerkennung für ihre Aufopferung vermachten die Eltern Gladys das Haus. Doch das Testament hatte einen katastrophalen Zusatz: Falls Maud jemals heimatlos werden sollte, könne sie im Haus in der Copper Street wohnen, bis ihre Verhältnisse sich besserten. Das war nett gemeint für den Fall, den ihre Eltern für sehr unwahrscheinlich gehalten hatten. Daher war ihnen der Zusatz leichtgefallen. Aber »sehr unwahrscheinlich« bedeutet nicht unmöglich, und als Mauds Mann starb, ließ er sie heimatlos zurück, mittellos und sprachlos vor Zorn. Er hatte all ihre Ersparnisse verspielt, und statt sich Maud zu stellen, hatte er sich das Leben genommen. Maud kehrte als giftige alte Schachtel in die Copper Street zurück. Das friedvolle, glückliche Leben, das Gladys geführt hatte, wurde in dem Augenblick zunichtegemacht, als Maud vor der Tür stand und von ihrer Schwester Geld für den Taxifahrer verlangte. Ohne eine Spur von Dankbarkeit zog Maud als Dauergast ins Haus ein und mit ihr das Elend. Mit ihrem umfassenden Repertoire an winzigen Quälereien drangsalierte sie ihre Schwester auf Schritt und Tritt. Sie gab Zucker in ihren Tee, wohl wissend, dass Gladys ihn ungesüßt trank, ertränkte die Pflanzen im Haus und hinterließ überall einen Pfad aus Schmutz und Chaos. Sie weigerte sich, auch nur einen Finger krumm zu machen, und saß den ganzen Tag herum, wurde aufgedunsen und lutschte Bonbons, legte Puzzles und hörte Radio in voller Lautstärke. Gladys' Freunde kamen nicht mehr ins Haus, und sie ging so oft aus, wie sie es wagte. Doch bei ihrer Rückkehr erwartete sie immer eine Strafe: kostbarer Zierrat war »aus Versehen« zerbrochen oder ein Lieblingskleid auf unerklärliche Weise mit dem Bügeleisen verbrannt. Maud verscheuchte sogar die

Vögel aus dem Garten, die ihre Schwester liebevoll gefüttert hatte, und legte Leckerbissen für die Nachbarskatze aus. Gladys hätte den letzten Wunsch ihrer Eltern nie missachten können, und alle Versuche, vernünftig mit ihrer Schwester zu reden oder zu protestieren, wurden mit Verachtung oder Gewalt erwidert. Für Gladys war Maud ein unheilvoller Pochkäfer, ein unliebsamer Parasit, der in ihr Zuhause eingedrungen war und ihr Glück zu Staub gemacht hatte. Und Maud pochte. Genau wie ein Pochkäfer. Pummelige Finger pochten auf den Tisch, die Stuhllehne, den Rand des Spülbeckens. Das Pochen wurde zur schlimmsten Qual überhaupt: unablässig und eindringlich, es verfolgte Gladys Tag und Nacht. Macbeth mochte den Schlaf getötet haben, aber Maud tötete den Frieden. An diesem Tag saß sie am Esstisch und pochte, während sie nachdenklich das große, halb fertige Puzzle vor sich betrachtete. Es war das Gemälde *The Hay Wain* von John Constable – eine monströse Reproduktion aus tausend Stücken und das größte Puzzle, das sie jemals in Angriff genommen hatte. Es sollte ihr Meisterstück werden. Wie eine Kröte hockte sie vor dem Puzzle, der breite Hintern hing über die Ränder des Stuhls, der unter ihrem Gewicht ächzte. Und sie pochte.

Gladys schloss leise die Haustür hinter sich und machte sich auf den Weg durch die Copper Street. Sie lächelte, als der Wind die trockenen Herbstblätter durch den Rinnstein fegte und aufwirbelte. In der Tasche tasteten ihre Finger an den Rändern eines kleinen Pappstücks entlang, maschinell zugeschnitten, blau mit einem kleinen weißen Fleck.

Anthonys Finger fuhren an den Rändern des Puzzlestücks auf seiner Handfläche entlang, und er fragte sich, in wessen Leben es einst ein winziger Bestandteil gewesen war. Vielleicht auch nicht so winzig. Vielleicht war sein Verlust unproportional verheerend zu seiner Größe, hatte Tränen ausgelöst, zu Wutausbrüchen geführt oder Herzen gebrochen. So war es mit Anthony und dem Gegenstand gewesen, den er vor langer Zeit verloren hatte. In den Augen der Welt war er kleiner, wertloser Plunder, für Anthony aber war er unermesslich kostbar. Sein Verlust war eine tägliche Qual, die auf seine Schulter pochte: eine gnadenlose Ermahnung an das Versprechen, das er gebrochen hatte. Das einzige Versprechen, das Therese ihm je abgenommen hatte, und er hatte sie enttäuscht. Daher hatte er begonnen, die Dinge zu sammeln, die andere Menschen verloren. Das war seine einzige Chance der Wiedergutmachung. Es hatte ihm aber immer große Sorge bereitet, dass er keine Möglichkeit gefunden hatte, die Dinge mit ihren Besitzern wieder zu vereinen. Im Lauf der Jahre hatte er einige Versuche gestartet: Anzeigen in der Lokalpresse und Rundschreiben, sogar Annoncen in den persönlichen Rubriken der großen Zeitungen. Er hatte jedoch keinerlei Reaktion bekommen. Nun hatte er nicht mehr viel Zeit. Aber er hoffte, dass er endlich jemand gefunden hatte, der es übernehmen könnte: jemand, der jung genug und so intelligent war, neue Ideen zu haben, jemand, der eine Möglichkeit finden würde, die verlorengegangenen Dinge wieder dorthin zurückzubringen, wohin sie gehörten. Er war bei seinem Anwalt gewesen und hatte die nötigen Änderungen in seinem Testament vorgenommen. Er lehnte sich auf dem Stuhl zurück und streckte sich, wobei er spürte, wie die harten Holzstreben sich in seine Wirbelsäule drückten. Hoch oben auf dem Regal glänzte die Keksdose, angestrahlt von der prallen Sonne. Er war so müde. Er spürte, dass er seine Zeit überschritten hatte, aber hatte er genug getan? Vielleicht war es höchste Zeit für ihn, mit Laura zu sprechen, ihr zu sagen, dass er wegging. Er ließ das Puzzlestück auf den Tisch fallen und nahm seinen Gimlet in die Hand. Er musste es ihr bald sagen, bevor es zu spät war.

6

Eunice

Juni 1974

Eunice ließ die Schlüssel der kleinen Geldkassette an ihren angestammten Platz fallen und schloss die Schublade. Ihre Schublade. In ihrem Schreibtisch. Sie arbeitete inzwischen seit einem Monat für Bomber, und er hatte sie losgeschickt, süße Hefebrötchen mit Zuckerguss für sie drei zu kaufen, damit sie feiern konnten. Der Monat war wie im Flug vergangen, und Eunice war jeden Tag früher gekommen und später gegangen, hatte ihre Zeit in die Länge gezogen an einem Ort und in einer Gesellschaft, die ihr das Gefühl gaben, von aufregenden Möglichkeiten erfüllt zu sein. In diesen vier kurzen Wochen hatte sie erfahren, dass Bomber ein fairer und großzügiger Chef war, leidenschaftlich, was seine Arbeit, seinen Hund und Filme betraf. Er hatte die Angewohnheit, Zeilen aus seinen Lieblingsfilmen zu zitieren, und Eunice fing an, es ihm gleichzutun. Ihr Geschmack war zeitgenössischer, aber er lehrte sie, einige der besten Filme der Ealing Studios schätzen zu lernen, und sie hatte sein Interesse schon so weit angefacht, dass er ein paar neuere Werke im Kino gesehen hatte. Sie stimmten darin überein, dass *Adel verpflichtet* absolut phantastisch war und *Begegnung* tragisch; *Der Exorzist* war schockierend, aber der verdrehte Kopf ein bisschen komisch; *The Wicker Man* aufregend, *Die Optimisten* magisch und *Wenn die Gondeln Trauer tragen* atmosphärisch dicht und unvergesslich, aber mit ziemlich exzessiver Zurschaustellung von Donald Sutherlands nacktem Hintern. Eunice zog sogar den Kauf eines roten Dufflecoat in Erwägung, wie ihn der Zwerg im Film trug, um selbst ein wenig herumzuspuken. Und *Gesprengte Ketten* war natürlich perfekt. Bomber sagte, das Wunderbare an Büchern sei, dass sie Filme seien, die sich im Kopf abspielten. Eunice hatte auch gelernt, dass Douglas um elf Uhr gern einen kleinen Spaziergang machte, besonders an der Bäckerei vorbei, die so köstliche Hefebrötchen mit Zuckerguss verkaufte, und dass er immer zuerst den Zuckerguss fraß, dann das Brötchen. Schließlich hatte sie gelernt, dass die giftige Portia so ekelhaft war wie eine Schüssel fauliger Innereien.

Bomber war in der Küche und machte Tee. Douglas scheuchte ihn herum, denn in Vorfreude auf ein Brötchen mit Zuckerguss sabberte er auf Bombers kastanienbraune Halbschuhe. Vom Fenster aus betrachtete Eunice die Straße unten, auf der es an diesem Tag lebhaft zuging, die jedoch erst vor Kurzem von einem Todesfall wie gelähmt war. Fußgänger und Verkehr hatten auf der Stelle angehalten, als direkt vor ihren Augen ein Herz für immer stehenblieb. Mrs. Doyle in der Bäckerei zufolge war Eunice auch zur Stelle gewesen. Aber sie hatte nichts gesehen. Mrs. Doyle konnte sich noch genau an Datum und Uhrzeit erinnern, an alle Einzelheiten. Als begeisterte Anhängerin von Fernsehkrimis brüstete sie sich damit, eine ausgezeichnete Augenzeugin zu sein, sollte sich jemals die Gelegenheit ergeben. Mrs. Doyle nahm unbekannte Kunden sorgfältig unter die Lupe, prägte sich Brillen, dünne Bärte, Goldzähne und Scheitel auf der linken Seite ein, ihrer Meinung nach Hinweise auf einen fragwürdigen Charakter. Und Frauen mit roten Schuhen und grünen Handtaschen durfte man nicht über den Weg trauen. Die junge Frau, die gestorben war, hatte diese Anzeichen nicht gehabt. Sie trug einen hellblauen Sommermantel mit dazu passenden Schuhen und Handtasche, war direkt draußen vor der Bäckerei zusammengebrochen und vor der Kulisse von Mrs. Doyles besten Kuchen und Keksen gestorben. Das war am Tag von Eunices Bewerbungsgespräch genau um 11.55 Uhr passiert. Mrs. Doyle war sich des Zeitpunkts sicher, weil sie eine Ladung süße Hefebrötchen im Ofen hatte, die sie um zwölf herausholen musste.

»Die sind zu Asche verbrannt«, erzählte sie Eunice. »Ich war zu sehr damit beschäftigt, den Krankenwagen zu rufen, um an die Brötchen zu denken, aber ich mache ihr keinen Vorwurf deswegen. Es war nicht ihre Schuld, dass sie hinausging und tot umfiel, die Arme. Der Krankenwagen kam ziemlich schnell, aber da war sie schon gestorben. Keinerlei äußere Anzeichen. Ich vermute Herzinfarkt. Mein Bert sagt, es hätte ein Anualisma sein können, aber ich setze auf Herzinfarkt. Oder Schlaganfall.«

Eunice konnte sich an eine Menschenmenge und eine Sirene in der Ferne erinnern, aber das war alles. Der Gedanke, dass der bisher schönste Tag ihres Lebens der letzte für eine andere Frau gewesen war, machte sie traurig. Zwischen ihnen hatten nur ein paar Meter Asphalt gelegen.

»Tee ist fertig!« Bomber knallte das Tablett auf den Tisch. »Soll ich einschenken?«

Er goss den Tee ein und verteilte die Hefebrötchen mit Zuckerguss auf Teller. Douglas nahm sein Brötchen zwischen die Vorderpfoten und machte sich an den Zuckerguss.

»Nun, meine Liebe, sagen Sie mir, was Sie vom letzten Angebot des alten Pontpool halten. Taugt es was, oder sollen wir es auf die schiefe Ebene werfen?«

So nannte Bomber den Haufen abgelehnter Manuskripte. Der Müllberg an Geschichten wurde rasch so hoch, dass er wie eine Lawine zu Boden ging, bevor ihn jemand in den Abfalleimer warf. Percy Pontpool war ein aufstrebender Kinderbuchautor, und Bomber hatte Eunice gebeten, sich sein letztes Manuskript anzusehen. Eunice kaute nachdenklich auf ihrem Brötchen. Sie brauchte keine Zeit, um zu entscheiden, was sie dachte, sondern überlegte, wie ehrlich sie sein sollte. So liebenswert Bomber auch sein mochte, er war immer noch ihr Chef, und sie war die Neue, die versuchte, sich zu bewähren. Percy hatte ein Buch für kleine Mädchen mit dem Titel *Tracey hat Spaß in der Küche* geschrieben. Traceys Abenteuer bestanden darin, mit Daphne, dem Geschirrtuch, abzuwaschen, den Boden mit dem Besen Betty zu fegen, die Fenster mit dem Schwamm Sparkle zu putzen und den Herd mit Wendy, der Stahlbürste, zu schrubben. Schade, er hatte vergessen, Tracey den Abfluss des Spülbeckens mit der Saugglocke Portia frei pumpen zu lassen, was vielleicht eine kleine Erlösung hätte sein können. Tracey hatte ungefähr so viel Spaß wie ein Pony in einer Kohlengrube. Eunice hatte das ungute Gefühl, Percy könnte an einem Folgeband mit dem Titel *Howard hat Spaß im Schuppen* arbeiten, mit dem Meißel Charlie, der Laubsäge Freddy und dem Bohrer Dick. Es war ein Haufen sexistischer Quatsch. Eunice übersetzte ihre Gedanken in Wörter.

»Ich kann mir nur mit Mühe ein entsprechendes Publikum dafür vorstellen.«

Bomber verschluckte sich beinahe an seinem Brötchen. Er trank einen Schluck Tee und setzte wieder einen angemessen ernsten Gesichtsausdruck auf.

»Jetzt sagen Sie mir, was Sie wirklich denken.«

Eunice seufzte. »Es ist ein Haufen sexistischer Quatsch.«

»Genau!«, sagte Bomber, riss das verletzende Manuskript von Eunices Schreibtisch und warf es quer durch den Raum auf die schiefe Ebene. Mit einem dumpfen Aufprall machte es eine Bauchlandung auf dem Stapel. Douglas hatte sein Brötchen aufgefressen und schnüffelte erwartungsvoll in der Luft, falls noch Krümel auf den Tellern seiner Freunde sein sollten.

»Worum geht es in dem Buch Ihrer Schwester?« Seit ihrem ersten Tag hatte Eunice darauf gebrannt, diese Frage zu stellen, doch bevor Bomber antworten konnte, klingelte es unten an der Tür.

Bomber sprang auf. »Das werden meine Eltern sein. Sie haben gesagt, sie kämen vielleicht kurz vorbei, wenn sie in der Stadt sind.«

Eunice war neugierig auf das Paar, das so gegensätzlichen Nachwuchs hervorgebracht hatte, und Godfrey und Grace waren eine doppelte Freude. Bomber war eine perfekte Mischung ihrer körperlichen Eigenschaften, hatte die Adlernase und den großzügigen Mund seines Vaters, dazu die durchtriebenen grauen Augen und die Haarfarbe seiner Mutter. Godfrey war eine wahre Pracht in lachsfarbener riesiger Cordhose, dazu eine kanariengelbe Weste, passende Fliege und ein ziemlich zerbeulter, aber dennoch respektabler Panamahut. Grace trug einen zweckmäßigen Baumwollrock mit einem Muster, das besser zu einem Sofa gepasst hätte, einen Strohhut mit großen gelben Blumen und schicke Schuhe mit kleinem Absatz. Die braune Lederhandtasche, die fest in der Armbeuge steckte, war groß und stabil genug, um mögliche Taschendiebe damit verjagen zu können, die nach Graces Überzeugung in jeder Gasse und in jedem Hauseingang der Stadt lauerten und nur darauf warteten, über Landleute wie sie und Godfrey herzufallen.

»Das muss die Neue sein«, sagte Grace. »Angenehm.«

»Freut mich sehr, Sie kennenzulernen.« Eunice nahm die dargebotene Hand. Weich, aber mit festem Griff.

Godfrey schüttelte den Kopf. »Gute Güte, Frau! So läuft

das heutzutage nicht mit den Jungen.« Er nahm Eunice mit beiden Armen, drückte sie so fest, dass er sie fast vom Boden hob, und küsste sie auf beide Wangen. Sie spürte die kratzenden Bartstoppeln, die er beim Rasieren übersehen hatte, und fing einen Hauch seines Eau de Cologne ein. Bomber verdrehte die Augen und grinste.

»Paps, du bist dreist. Jede Ausrede ist dir recht, um junge Frauen zu küssen.«

Godfrey zwinkerte Eunice zu. »Tja, in meinem Alter muss man jede sich bietende Gelegenheit ergreifen. Nichts für ungut.«

Eunice zwinkerte zurück. »Kein Problem.«

Grace küsste ihren Sohn liebevoll auf die Wange und setzte sich dann, um das Wort an ihn zu richten. Den angebotenen Tee und die Brötchen lehnte sie mit einer Handbewegung ab.

»Also, ich habe versprochen zu fragen, aber ich will mich nicht einmischen ...«

Bomber seufzte. Er wusste genau, was nun kommen würde.

»Deine Schwester hat offenbar ein Buch geschrieben, das sie gern von dir herausgeben ließe. Ich habe es nicht gelesen – ich habe es nicht einmal gesehen, nebenbei bemerkt –, aber sie behauptet, du seist absichtlich stur und weigertest dich, es ernsthaft in Betracht zu ziehen. Was hast du zu deiner Verteidigung vorzubringen?«

Eunice war gespannt und neugierig, als sie die Andeutung eines Lächelns bemerkte, das über Graces Gesicht huschte, obwohl ihre Worte ernst klangen. Bomber durchquerte den Raum mit langen Schritten bis ans Fenster wie ein Verteidiger, der sich auf seine Rede an die Geschworenen vorbereitet.

»Der erste Punkt ist zweifellos richtig. Portia hat etwas geschrieben, was sie ein Buch nennt, und sie will tatsächlich, dass ich es herausbringe. Der zweite Punkt ist eine bösartige Unwahrheit, die ich mit jeder Faser meines Wesens bestreite.«

Bomber drehte sich um und schlug mit der flachen Hand auf den Schreibtisch, um seine offensichtliche Empörung zu unterstreichen, bevor er laut auflachte und sich auf den Stuhl fallen ließ.

»Hör zu, Ma, ich habe es gelesen, und es ist grottenschlecht. Außerdem ist es ursprünglich von jemand anders geschrieben worden, und der oder die hat es verdammt viel besser gemacht als sie.«

Godfrey zog die Augenbrauen zusammen und schnalzte missbilligend mit der Zunge. »Willst du damit sagen, dass sie es abgeschrieben hat?«

»Na ja, ihrer Meinung nach ist es eine ›Hommage‹.«

Godfrey wandte sich kopfschüttelnd an seine Frau. »Bist du sicher, dass du die Richtige aus dem Krankenhaus mitgebracht hast? Ich kann mir nicht vorstellen, von wem sie das hat.«

Grace startete einen ziemlich verzweifelten Versuch, ihrer Tochter aus der verfahrenen Situation herauszuhelfen. »Vielleicht war ihr nicht klar, dass ihre Geschichte Ähnlichkeiten mit einer anderen hatte. Vielleicht war es ja nur ein unglücklicher Zufall.«

»Schöner Versuch, Ma, aber der Roman heißt *Lady Clatterlys Chauffeur* und handelt von einer Frau namens Bonnie und ihrem Mann Gifford, der sich beim Rugby-Spiel verletzt und anschließend gelähmt ist. Am Ende hat sie eine Affäre mit ihrem Chauffeur Mellons, einem grobschlächtigen, aber eigenartig zärtlichen Mann aus dem Norden mit einer Sprachbehinderung, der tropische Fische hält.«

Godfrey schüttelte ungläubig den Kopf. »Ich bin mir sicher, das Mädchen ist auf den Kopf gefallen.«

Grace ging nicht auf ihren Mann ein, widersprach ihm aber auch nicht. Sie wandte sich an Bomber.

»Nun, dann ist die Sache ja geklärt. Klingt wirklich abscheulich. Ich würde alles in den Müll werfen, wenn ich du wäre. Ich kann Faulheit nicht ausstehen, und wenn sie sich nicht einmal die Mühe macht, sich eine eigene Geschichte auszudenken, kann sie nichts anderes erwarten.«

Bomber zwinkerte ihr dankbar zu. »Die beste Freundin eines Jungen ist seine Mutter.«

Grace erhob sich und bewaffnete sich wieder mit ihrer Handtasche. »Komm, Godfrey. Zeit fürs Claridge's.« Sie gab Bomber zum Abschied einen Kuss, und Godfrey schüttelte ihm die Hand.

»Wir trinken immer Tee, wenn wir in die Stadt kommen«, erklärte sie Eunice. »Die besten Gurkensandwiches der Welt.«

Godfrey tippte an seinen Hut, als er sich von Eunice verabschiedete. »Der Gimlet ist auch nicht zu verachten.«

7

Das rubinrote Tröpfchen glitzerte an ihrer Fingerspitze, bevor es auf ihr neues zitronengelbes Kleid fiel. Laura fluchte, saugte verärgert an ihrem Finger und wünschte, sie hätte ihre Jeans angezogen. Sie füllte das Haus gern mit frischen Blumen, aber die Schönheit der Rosen hatte ihren Preis, und die Spitze des Dorns saß noch immer in ihrem Finger. In der Küche streifte sie die unteren Blätter von den Stängeln und füllte zwei große Vasen mit lauwarmem Wasser. Ein Strauß war für den Wintergarten, einer für die Diele. Während sie die Blumen beschnitt und anordnete, dachte sie über die Unterhaltung nach, die sie am Morgen mit Anthony geführt hatte. Er hatte sie gebeten, in den Wintergarten zu kommen, »um ein bisschen zu plaudern«, bevor sie Feierabend machte. Sie schaute auf ihre Armbanduhr. Sie kam sich vor, als wäre sie ins Büro der Rektorin gerufen worden. Das war lächerlich, er war ihr Freund. Aber ... Was war das »aber«, das Laura einen Schauer über den Rücken jagte? Der Himmel draußen war noch blau, doch sie roch ein Gewitter in der Luft. Sie nahm eine Vase, atmete tief durch und trug sie in die Diele.

Im Rosengarten herrschte gedämpfte Stille. Die Luft jedoch war schwer vom bevorstehenden Gewitter. In Anthonys Arbeitszimmer regte sich nichts. Kein Geräusch war zu hören. Aber Geschichten hingen in der Luft. Ein Lichtstrahl der wolkenverhangenen Sonne brach sich eine Bahn durch die Vorhänge und schoss einen blutroten Schimmer auf ein überfülltes Regal direkt neben der Keksdose.

Roter Edelstein
Gefunden auf dem Friedhof von St. Peter,
Spätnachmittag, 6. Juli

Der Duft von Gardenien erinnerte Lilia immer an ihre Mutter in ihrem fliederfarbenen Schiaparelli-Kleid. St. Peter's war überschwemmt von ihren wachsartigen Blüten, und ihr Duft füllte die kühle Luft, die Freunde und Verwandte nach der grellen Nachmittagssonne in Empfang nahm. Wenigstens die Blumen hatte Eliza ausgesucht. Lilia war froh, sich setzen zu können. Ihre neuen Schuhe drückten, aber ihre Eitelkeit machte keine Zugeständnisse an Arthritis und hohes Alter. Die Frau im lächerlichen Hut, die den hinter ihr Sitzenden die Sicht raubte, musste seine Mutter sein. Eine Ankündigung des Pfarrers brachte die raschelnde Gemeinde auf die Beine, als die Braut in ihrem hässlichen pilzförmigen Kleid eintraf, sich ängstlich an den Arm ihres Vaters klammernd. Lilias Herz zog sich zusammen.

Sie hatte Eliza das Schiaparelli-Kleid angeboten. Eliza mochte es, aber der Bräutigam war nicht begeistert.

»Aber Lizzie! Du kannst doch nicht im Kleid einer Toten heiraten!«

Lilia hatte Elizas Zukünftigen nie gemocht. Henry. Sie konnte keinem Mann trauen, der denselben Namen hatte wie ein Staubsauger. Als sie sich zum ersten Mal begegneten, hatte er an seiner glänzenden Knollennase entlang auf sie herabgesehen in einer Art, die deutlich machte, dass

Frauen über fünfundsechzig nicht zählten. Wenn er sich mit ihr unterhielt, sprach er mit der übertriebenen Geduld eines Menschen, der einen widerspenstigen Welpen zur Stubenreinheit erzieht. Beim ersten Familienlunch damals, so liebevoll vorbereitet und so gut gemeint, gewann Lilia den deutlichen Eindruck, dass keiner aus der Familie seinen Anforderungen genügte – außer Eliza, natürlich. Und ihre größten Vorzüge waren in seinen Augen ihre Schönheit und ihre Lenkbarkeit. Oh, er hatte sich durchaus anerkennend über das Essen geäußert. Das Brathähnchen sei fast so köstlich wie das seiner Mutter, und der Wein sei »wirklich recht gut«. Aber Lilia sah, wie er mit Abscheu eine kleine Macke an seiner Gabel bemerkte und eine eingebildete Schliere an seinem Weinglas. Eliza hatte sein Verhalten selbst damals schon freundlich erklärt und entschuldigt, wie die besorgte Mutter eines ungezogenen Kleinkinds. Lilia hingegen fand, dass er in Wirklichkeit einen gut gemeinten Klatsch auf die Rückseite seiner pummeligen Beine brauchte. Aber sie machte sich eigentlich keine Sorgen, denn sie hätte nicht im Traum damit gerechnet, dass es halten würde. Henry war lästig, aber sie konnte damit umgehen, weil er nur vorübergehend war. Wirklich?

Eliza war so ein temperamentvolles Kind gewesen, fest entschlossen, ihren eigenen Weg zu gehen. Sie trug ihr Partykleid mit Gummistiefeln, um im Bach hinten im Garten nach Molchen zu fischen. Sie mochte Sandwiches mit Banane und Thunfisch und ging einmal einen ganzen Tag lang rückwärts, »nur um zu sehen, wie es sich anfühlt«. Doch alles änderte sich, als ihre Mutter, Lilias Tochter, starb, als Eliza erst fünfzehn war. Ihr Vater hatte wieder geheiratet und sie mit einer absolut tauglichen Stiefmutter versorgt. Aber sie hatten sich nie nahegestanden.

Lilia hatte von ihrer Mutter zwei Regeln gelernt: Zieh an, was dir gefällt, und heirate aus Liebe. An die erste hatte ihre

Mutter sich selbst gehalten, an die zweite jedoch nicht, was sie ihr Leben lang bereute. Lilia hatte diese Lektion gut gelernt. Kleidung war immer ihre Leidenschaft gewesen; eine Liebesaffäre, die sie nie enttäuscht hatte. Genauso war es mit ihrer Ehe. James war Gärtner im Landhaus ihrer Eltern. Lilia wunderte sich, dass ein Mann, sehnig und stark, mit Händen, die doppelt so groß waren wie ihre, so zarte Blumen und Blüten zum Leben erwecken konnte. Sie verliebte sich. Eliza hatte ihren Großvater angehimmelt, aber Lilia wurde Witwe, als ihre Enkelin noch ein kleines Mädchen war. Jahre später fragte sie Lilia einmal, woher sie gewusst habe, dass er der Mann war, den sie heiraten sollte, und Lilia antwortete ihr: weil er sie liebte. Ihre Brautwerbung war lange und schwierig. Ihr Vater war dagegen, und sie war willensstark und ungeduldig. Aber ganz gleich, wie schlecht ihre Laune war, wie sonnenverbrannt ihr Gesicht, wie grauenhaft ihre Kochkünste – James liebte sie trotzdem. Sie waren fünfundvierzig Jahre lang glücklich verheiratet, und sie vermisste ihn noch immer jeden Tag.

Als ihre Mutter starb, verlor Eliza ihre Zielstrebigkeit und Orientierung, wie eine leere Papiertüte, die vom Wind hierhin und dorthin geweht wird. Bis die Tüte eines Tages an einem Stacheldrahtzaun hängen blieb: Henry. Henry war ein Hedgefonds-Manager. Alle wussten, dass das kein richtiger Job war. Er war ein Geldgärtner, er baute Geld an. Zu Weihnachten schenkte er Eliza einen Cordon-bleu-Kochkurs und nahm sie mit zum Friseur seiner Mutter. Lilia wartete darauf, dass es zu Ende ging. Zu ihrem Geburtstag im März kaufte er Eliza teure Kleider, in denen sie aussah wie jemand anders, und ersetzte ihren geliebten alten Mini durch einen nagelneuen Cabrio-Zweisitzer, mit dem sie nicht gern fuhr, weil sie Angst hatte, er könnte Kratzer bekommen. Und noch immer wartete Lilia darauf, dass es zu Ende ging. Im Juni nahm Henry Eliza mit nach Dubai und bat sie um ihre Hand.

Sie wollte den Ring ihrer Mutter tragen, doch er sagte, Diamanten seien »so was von out«, und kaufte ihr einen neuen, besetzt mit einem blutfarbenen Rubin. Lilia hatte immer das Gefühl, dass es ein böses Omen war.

An Samstagnachmittagen tranken Eliza und Lilia immer zusammen Tee unter dem Apfelbaum. Dort war es schattig, und sie lauschten gern dem schläfrigen Summen der Bienen und mochten den Geruch des warmen Grases. Sandwiches mit Lachs und Gurke und Zitronentorte. Zum Glück waren Thunfisch und Banane endlich in Ungnade gefallen. An einem Samstagnachmittag hatte Eliza die Einladung zur Hochzeit mitgebracht und ihre Großmutter damals gefragt, was ihre Mutter wohl von Henry gehalten hätte, ob sie ihn gemocht hätte und mit ihrer Heirat einverstanden gewesen wäre? Eliza hatte so jung ausgesehen trotz ihrer bombastischen Frisur und der steifen neuen Kleidung, so erpicht auf Zustimmung und so eifrig darauf bedacht, dass jemand ihr versicherte, dies sei das Happy End, nach dem sie sich sehnte. Lilia war ein Feigling gewesen. Sie hatte gelogen.

Henry drehte sich um, sah Eliza nervös durch den Mittelgang kommen und lächelte. Doch keine Zärtlichkeit milderte seine Gesichtszüge. Es war das Lächeln eines Mannes, der sich einen schicken Neuwagen anliefern lässt, nicht das eines Bräutigams, der beim Anblick seiner geliebten Braut dahinschmilzt. Als sie an seine Seite trat und ihr Vater ihre Hand in die des Bräutigams legte, wirkte Henry selbstgefällig, er war zufrieden. Der Pfarrer kündigte die Hymne an. Während sich die Gemeinde durch »Führe mich, oh du großer Erlöser« quälte, spürte Lilia die Panik, die in ihr brodelte wie Marmelade in einem Stieltopf kurz vor dem Überkochen.

Lilia benutzte an Samstagen immer das beste Porzellan, und die Zitronentorte stand jedes Mal auf einem gläsernen Kuchenständer. Die Sandwiches waren fertig, und das Wasser im Kessel hatte gekocht, bereit, die Kanne vorzuwärmen. Das war ihre eigene kleine Teegesellschaft, und sie hatten dieses Ritual seit dem Tod von Elizas Mutter beibehalten. Heute hatte Lilia ein Geschenk für sie.

Lautlosigkeit ist eine gefährliche Sache. Stille ist solide und zuverlässig, Lautlosigkeit aber ist erwartungsvoll, wie eine bedeutungsschwangere Pause; sie fordert das Unheil geradezu heraus, wie ein loser Faden, der darum bettelt, dass man an ihm zieht. Der Pfarrer setzte es in Gang, der arme Kerl. Er hatte förmlich darum gebeten. Als Lilia ein kleines Mädchen war, während des Krieges, hatten sie ein Haus in London. Im Garten stand ein Luftschutzbunker, den sie jedoch nicht immer benutzten. Manchmal krochen sie einfach unter den Tisch. Das war verrückt, sie wusste es, aber man musste es mitgemacht haben, um es zu verstehen. Wenn die Marschflugkörper herabregneten, fürchteten sie sich nicht so sehr vor den Einschlägen und den ohrenbetäubenden Explosionen, sondern vor der Lautlosigkeit. Die Lautlosigkeit bedeutete, die Bombe war für sie selbst bestimmt.

»Wenn jemand Einwände gegen diese Ehe hat ...«

Der Pfarrer ließ die Bombe fallen. Lautlosigkeit trat ein, dann ließ Lilia sie detonieren.

Als die Braut allein durch den Mittelgang schwebte, war ihr Gesicht von einem strahlenden Lächeln der Erleichterung erhellt. Sie strahlte wirklich.

Eliza hatte ihm den Ring zurückgegeben. Doch der Rubin war am Tag der Hochzeit herausgefallen, und sie hatten ihn nie gefunden. Henry war wütend. Lilia stellte sich sein Gesicht in der Farbe des verlorenen Edelsteins vor. Eigentlich hätten sie in Dubai sein sollen. Eliza hätte Sorrent bevorzugt, doch das war Henry nicht protzig genug. Am Ende nahm er stattdessen seine Mutter mit. Und Eliza kam zum Tee zu Lilia. Auf ihrem Platz lag ihr Geschenk. Eingehüllt in silbernes Seidenpapier und mit einem fliederfarbenen Band umschlungen – das Schiaparelli-Kleid. Er hatte sie ohnehin nie geliebt.

Anthony nahm das gerahmte Foto von Thereses Frisiertisch und betrachtete ihr Bild. Es war am Tag ihrer Verlobung aufgenommen worden. Draußen zerteilten Blitze den pechschwarzen Himmel. Vom Fenster ihres Schlafzimmers starrte er hinaus auf den Rosengarten, in dem die ersten dicken Regentropfen auf samtene Blütenblätter platschten. Er hatte Therese nie in dem Kleid gesehen, doch in den langen Jahren ohne sie hatte er häufig versucht, sich ihren Hochzeitstag vorzustellen. Therese war so aufgeregt gewesen. Sie hatte Blumen für die Kirche und Musik für die Zeremonie ausgesucht. Und natürlich hatte sie das Kleid gekauft. Die Einladungen waren verschickt worden. Er hatte sich vorgestellt, wie er selbst nervös vor dem Altar auf sie wartete. Er wäre so glücklich und so stolz auf seine schöne Braut gewesen. Sie hätte sich verspätet, daran bestand kein Zweifel. In ihrem kornblumenblauen seidigen Chiffonkleid hätte sie einen ziemlich großen Auftritt gehabt; eine ungewöhnliche Wahl für ein Hochzeitskleid, aber sie war schließlich auch eine ungewöhnliche Frau. Außergewöhnlich. Sie hatte gesagt, die Farbe passe zu ihrem Verlobungsring. Nun war das Kleid in Seidenpapier eingewickelt und lag in einem Karton auf dem Speicher. Er konnte den Anblick nicht ertragen, aber er konnte sich auch nicht davon trennen. Er setzte sich auf die Bettkante und vergrub das Gesicht in den Händen. Er war dennoch an dem Tag, der ihr Hochzeitstag hätte sein sollen, in der Kirche gewesen. Es war der Tag, an dem die Trauerfeier für Therese stattfand. Er konnte förmlich hören, wie sie sagte, wenigstens diene sein neuer Anzug einem guten Zweck.

Laura warf ihre Schlüssel auf den Tisch in der Diele und streifte ihre Schuhe ab. Ihre Wohnung war heiß und stickig, und sie öffnete das Fenster im engen Wohnzimmer, bevor sie sich ein großes Glas Weißwein einschenkte, eiskalt aus dem Kühlschrank. Sie hoffte, dass der Wein das Chaos in ihrem Kopf lichten würde. Anthony hatte ihr so viel erzählt, von dem sie nichts gewusst hatte, und die Erkenntnis war durch ihren Verstand gefegt wie ein wilder Wind durch ein Kornfeld, hatte ihn zerzaust und durcheinandergebracht. Sie konnte sich vorstellen, wie Anthony damals, vor all den Jahren, dort wartete, auf seine Armbanduhr schaute und in der Menge nach Thereses Gesicht oder dem kurzen Aufblitzen ihres hellblauen Mantels suchte. Sie spürte die Übelkeit erregende Panik, die sich in seinem Magen ausbreitete wie ein Tropfen Tinte in einem Glas Wasser, während die Minuten verstrichen und Therese nicht kam. Doch sie würde nie das alles durchdringende, eiskalte, Schmerzen bereitende, den Atem raubende Leid nachempfinden können, das ihn gepackt haben musste, als er der heulenden Sirene des Krankenwagens folgte und Therese zusammengebrochen und tot auf dem Bürgersteig fand. Er hatte jedes Detail behalten: das Mädchen mit dem kobaltblauen Hut, das ihm an der Ecke Great Russell Street zugelächelt hatte; 11.55 Uhr auf seiner Uhr, als er zum ersten Mal die Sirene gehört hatte; der Geruch nach Verbranntem aus der Bäckerei und die aufgereihten Kuchen und Kekse im Schaufenster. Er konnte sich an das Geräusch des Verkehrs erinnern, die gedämpften Stimmen, die weiße Decke, die über ihrem Gesicht lag, und selbst als die größte Dunkelheit über ihn kam, schien die gnadenlose Sonne weiter. Als er Laura die Einzelheiten von Thereses Tod erzählte, führte dies zu einer Vertrautheit zwischen ihnen, die beide zu schätzen wussten. Aber Laura war auch beunruhigt. Warum jetzt? Warum hatte er es ihr jetzt, nach fast sechs Jahren, erzählt? Da war noch etwas anderes, dessen war sie sich sicher. Etwas, das ungesagt geblieben war. Er hatte aufgehört, bevor er fertig war.

Anthony hob schwungvoll die Beine aufs Bett und legte sich hin, starrte an die Decke und dachte an die seligen Nächte, die er mit Therese verbracht hatte. Er drehte sich auf die Seite und formte mit den Armen eine leere Umarmung, rief die Erinnerung wach, als der Raum mit ihrem warmen, lebendigen Fleisch gefüllt war. Draußen krachte und grollte der Donner, während die stillen Tränen, die er so selten zuließ, seine Wangen hinunterrannen. Er war erschöpft nach einem Leben in Schuldgefühlen und Trauer. Aber er konnte sein Leben ohne Therese nicht bereuen. Er hätte es Millionen Mal lieber mit ihr verbracht, aber aufzugeben, als sie starb, wäre der größte Fehler gewesen; das Geschenk wegzuwerfen, das ihr geraubt worden war, wäre ein Akt entsetzlicher Undankbarkeit und Feigheit gewesen. Daher hatte er eine Möglichkeit gefunden, weiterzuleben und zu schreiben. Der dumpfe Schmerz des entsetzlichen Verlusts hatte ihn nie verlassen, aber wenigstens hatte sein Leben einen Zweck, der ihm eine kostbare, wenn auch unsichere Hoffnung darauf verlieh, was folgen würde. Der Tod war sicher. Eine Wiedervereinigung mit Therese nicht. Doch jetzt wagte er endlich zu hoffen.

Er hatte am Nachmittag mit Laura gesprochen, aber er hatte ihr noch nicht gesagt, dass er gehen würde. Er hatte es vorgehabt, aber nach einem Blick in ihr besorgtes Gesicht hatten sich die Wörter in seinem Mund aufgelöst. Stattdessen hatte er ihr von Therese erzählt, und sie hatte um sie beide geweint. Er hatte sie noch nie weinen sehen. Das war ganz und gar nicht seine Absicht gewesen. Er suchte nicht nach Mitgefühl oder gar Mitleid. Er versuchte nur, ihr zu erklären, was er tun wollte. Aber wenigstens waren ihre Tränen ein Beleg dafür, dass er die richtige Wahl getroffen hatte. Sie konnte den Schmerz und die Freude anderer Menschen nachempfinden und ihren Wert erkennen. Im Gegensatz zu dem Eindruck, den sie oft vermittelte, war sie nicht nur Zuschauerin beim Leben anderer Menschen, sie musste sich einlassen. Ihre Fähigkeit, sich zu kümmern, war instinktiv. Das war ihre größte Gabe und ihre größte Verwundbarkeit; sie war ein gebranntes Kind, und er wusste, das hatte Narben hinterlassen. Sie hatte ihm nie etwas erzählt, aber er wusste es trotzdem. Sie hatte ein anderes Leben angefangen, ihre Haut war nachgewachsen, aber irgendwo war eine verborgene Stelle, noch immer rot und angespannt und runzelig, die schmerzte, wenn man sie berührte. Anthony betrachtete das Foto, das auf dem Kissen neben ihm lag. Weder Glas noch Rahmen waren verschmiert. Dafür sorgte Laura. Sie kümmerte sich um jedes Teil und jedes Stück des Hauses mit einem Stolz und einer Zärtlichkeit, die nur Liebe zustande brachte. Das alles sah Anthony in Laura, und er wusste, dass er gut gewählt hatte. Sie wusste, dass alles einen viel höheren Wert hatte als Geld, alles hatte eine Geschichte, eine Erinnerung und, was am wichtigsten war, einen einzigartigen Platz im Leben von Padua. Denn Padua war mehr als nur ein Haus; es war ein sicherer Ort, um zu heilen. Eine Zuflucht, um Wunden zu lecken, Tränen zu trocknen und Träume zu erneuern – wie lange es auch dauern mochte. Wie lange, bis ein zerbrochener Mensch stark genug war, sich der Welt erneut zu stellen. Und er hoffte, dass Laura vielleicht wieder ihre Freiheit fand, nachdem er sie ausgewählt hatte, seine Aufgabe zu vollenden. Denn er wusste, dass Padua ein Exil für sie war – ein bequemes und selbst auferlegtes, aber trotzdem ein Exil.

Das Gewitter draußen hatte sich verausgabt, und der Garten war sauber gewaschen. Anthony zog sich aus und kroch für ein letztes Mal unter die kühlen, umarmenden Decken des Bettes, das er mit Therese geteilt hatte. In dieser Nacht blieb der Traum aus, und er schlief tief und fest bis zum Morgengrauen.

8

Eunice

1975

Bomber ergriff Eunices Hand und drückte fest zu, während Pam entsetzt auf dem ziemlich ungewohnten Möbelstück zurückzuckte. Allem Anschein nach war es aus Menschenknochen gemacht. Sie drehte sich um und wollte die Flucht ergreifen, aber der grantige Leatherface fing sie ein, und gerade als er das arme Mädchen auf einen Fleischhaken spießen wollte, wachte Eunice auf.

Sie waren am Abend zuvor im Kino gewesen, um sich *Blutgericht in Texas* anzuschauen, und hatten beide richtig Angst gehabt. Aber es war kein Alptraum, der Eunice aus dem Schlaf aufgeschreckt hatte. Es war ein Traum, der wahr geworden war. Sie stand auf und eilte ins Bad, wo sie glücklich ihr etwas mitgenommenes Spiegelbild anlächelte. Bomber hatte ihre Hand gehalten. Nur für einen Augenblick, aber er hatte wirklich ihre Hand gehalten.

Am Vormittag auf dem Weg ins Büro mahnte Eunice sich zur Vorsicht. Ja, Bomber war ihr Freund, aber er war auch ihr Chef, und sie musste immer noch ihre Arbeit erledigen.

Vor der grünen Tür in der Bloomsbury Street blieb sie einen Augenblick stehen und holte tief Luft, bevor sie die Stufen hinauflief. Douglas polterte auf sie zu, um sie mit seiner üblichen Begeisterung zu begrüßen, und Bomber rief aus der Küche: »Tee?«

»Ja, gern.«

Eunice setzte sich an ihren Schreibtisch und begann, sorgsam die Post durchzugehen.

»Gut geschlafen?«

Bomber stellte einen dampfenden Becher vor sie hin, und zu ihrem Entsetzen spürte Eunice, dass sie rot wurde.

»Das ist das letzte Mal, dass du den Film aussuchen durftest«, fuhr er fort, wobei er ihre Verlegenheit entweder nicht bemerkte oder sie netterweise übersah. »Ich habe letzte Nacht kein Auge zugetan, obwohl ich Douglas als Beschützer hatte und die Nachttischlampe an war!«

Eunice lachte, während ihr rotes Gesicht wieder seine natürliche Farbe annahm. Bomber schaffte es immer, dass sie sich wohlfühlte. Der Rest des Morgens verlief reibungslos, und gegen Mittag ging Eunice hinaus, um Sandwiches bei Mrs. Doyle zu holen. Als sie bei Käsebroten mit Essiggurken zusammensaßen und aus dem Fenster schauten, fiel Bomber etwas ein.

»Sagtest du nicht, du hättest nächsten Sonntag Geburtstag?«

Eunice wurde plötzlich schon wieder warm. »Ja, stimmt.«

Bomber reichte ein Stück Käse an Douglas weiter, der hoffnungsvoll zu seinen Füßen sabberte.

»Und, hast du was Schönes vor?«

Das war der ursprüngliche Plan gewesen. Eunice und Susan, ihre beste Freundin aus Schulzeiten, hatten sich immer vorgenommen, zur Feier ihrer einundzwanzigsten Geburtstage, die nur wenige Tage auseinanderlagen, einen Tagesausflug nach Brighton zu machen. Eunice hatte Partys nie leiden können, und ihre Eltern bezahlten gern den Ausflug, statt einen Saal mit einer Bar und einem behaarten DJ zu mieten. Aber Susan hatte inzwischen einen Freund, einen Doppelgänger von David Cassidy, der bei Woolworth arbeitete, und er hatte offenbar eine Überraschung für ihren Geburtstag geplant. Sie hatte sich tausendmal bei Eunice entschuldigt, gab aber trotzdem ihrer neuen Liebe den Vorzug vor ihrer ältesten Freundin. Eunices Eltern hatten angeboten, statt Susan mit ihr zu fahren, aber so hatte sie es sich nicht unbedingt vorgestellt. Bomber zeigte sich ihr zuliebe geknickt, als sie es ihm erzählte.

»Ich komme mit«, schlug er vor. »Das heißt, wenn du nichts dagegen hast, dass dein alternder Chef sich anschließt.«

Eunice war begeistert, gab sich aber die größte Mühe, es nicht zu zeigen.

»Okay. Ich denke, damit komme ich klar.« Sie grinste. »Ich hoffe nur, du kannst mit mir Schritt halten!«

Am Samstagmorgen ging Eunice zum Friseur, um sich die Haare schneiden und föhnen zu lassen, dann zur Maniküre. Am Nachmittag, nachdem sie den Wetterbericht für Sonntag zum hundertsten Mal gehört hatte, probierte sie fast jedes Kleidungsstück in ihrem Schrank an, in jeder nur denkbaren Kombination. Schließlich entschied sie sich für eine hochtaillierte, ausgestellte lila Hose, eine Bluse mit Blumenmuster und einen lila Hut mit breitem Schlapprand, um ihren frisch lackierten lila Fingernägeln alle Ehre zu machen.

»Wie sehe ich aus?«, fragte sie ihre Mum und ihren Dad, während sie im Wohnzimmer auf und ab stolzierte und ihnen damit die Sicht auf *The Two Ronnies* im Fernsehen verstellte.

»Du siehst wunderbar aus, Liebes«, erwiderte ihre Mum.

Ihr Dad nickte zustimmend, sagte aber nichts. Im Lauf

der Jahre hatte er gelernt, dass es klüger war, Ansichten über Mode den Damen des Hauses zu überlassen.

In der Nacht fand Eunice kaum Schlaf, und wenn, dann träumte sie von Bomber. Morgen sollte ein außergewöhnlicher Tag werden!

9

Allem Anschein nach war es ein ganz gewöhnlicher Tag gewesen. Doch in den Wochen danach kramte Laura in ihrem Gedächtnis und suchte nach Hinweisen und Vorzeichen, die sie vielleicht übersehen hatte. Sie hätte doch wissen müssen, dass etwas Furchtbares passieren würde! Laura hatte oft das Gefühl, sie hätte Katholikin sein sollen. Sie war so gut darin, Schuldgefühle zu haben.

An dem Morgen brach Anthony wie gewohnt zu seinem Spaziergang auf. Der einzige Unterschied zu sonst war, dass er seine Tasche nicht mitnahm. Der Morgen war schön, und als er zurückkehrte, dachte Laura, wie glücklich er wirkte, entspannt wie schon lange nicht mehr. Er ging nicht ins Arbeitszimmer, sondern bat Laura, ihm den Kaffee in den Garten zu bringen. Dort traf sie ihn an, als er mit Freddy über die Rosen sprach. Als Laura das Tablett auf den Gartentisch stellte, mied sie absichtlich Freddys Blick. Gerade weil sie ihn attraktiv fand, war ihr seine Gegenwart unangenehm. Er hatte ein lässiges Selbstvertrauen und war mit Charme und gutem Aussehen gesegnet, was Laura ziemlich beunruhigend fand. Er war ohnehin zu jung für sie, dachte sie und musste dann sofort über sich selbst lachen, dass sie überhaupt in Erwägung gezogen hatte, das könnte jemals ein Thema werden.

»Guten Morgen, Laura. Schönes Wetter heute.«

Jetzt musste sie ihn anschauen. Er schenkte ihr ein Lächeln und hielt ihren Blick fest. Vor lauter Verlegenheit klang ihre Antwort schnippisch und unfreundlich.

»Ja, schön.«

Nun wurde sie rot. Kein schmeichelhafter rosiger Farbton, sondern lebhafte dunkelrote Flecken, die sie aussehen ließen, als hätte sie gerade den Kopf in den Ofen gesteckt. Sie eilte wieder ins Haus. Die kühle Ruhe von Padua stellte rasch ihr Gleichgewicht wieder her, und sie ging nach oben, um die Blumen auf dem Treppenabsatz gegen frische auszutauschen. Die Tür zum großen Schlafzimmer stand offen, und Laura ging hinein, um nachzusehen, ob alles in Ordnung war. Der Duft nach Rosen war überwältigend, obwohl die Fenster geschlossen waren. Die Uhr unten in der Diele schlug zwölf Uhr mittags, und Laura schaute automatisch auf ihre Armbanduhr. Die Standuhr ging vor, und sie hatte sich vorgenommen, sie richtig zu stellen. Auf ihrer Uhr war es 11.54 Uhr, und plötzlich kam ihr ein Gedanke. Sie nahm die blaue Emaille-Uhr von Thereses Frisiertisch und sah zu, wie der Sekundenzeiger rhythmisch um das Zifferblatt tickte. Als er die Zwölf erreichte, blieb er stehen. Tot.

Anthony nahm sein Mittagessen im Wintergarten ein, und als Laura das Tablett abholte, war sie hocherfreut, dass er fast alles aufgegessen hatte. Vielleicht war das, was ihm in den letzten Monaten Sorge bereitet hatte, gelöst, oder der Arztbesuch hatte ihm geholfen. Außerdem fragte sie sich, ob es ihn erleichterte, dass er ihr endlich seine Geschichte über Therese erzählt hatte. Was immer es sein mochte, sie war froh. Und beruhigt. Es war schön, zu sehen, wie gut er aussah.

Den Nachmittag verbrachte sie damit, Anthonys Buchhaltungsunterlagen durchzusehen. Er bekam noch immer Tantiemen für seine Bücher und wurde hin und wieder gebeten, eine Lesung für einen Literaturkreis oder die Bibliothek vor Ort zu halten. Nach zwei Stunden Papierkram lehnte Laura sich auf ihrem Stuhl zurück. Ihr Nacken war verspannt, und sie hatte Rückenschmerzen. Sie rieb sich die müden Augen und nahm sich zum hundertsten Mal vor, sie untersuchen zu lassen.

Die Verlockung des Arbeitszimmers wurde schließlich für Anthony unwiderstehlich, und Laura hörte, wie er hineinging und die Tür schloss. Sie steckte die Papiere, die vor ihr lagen, in die entsprechenden Mappen und ging in den Garten, um die Beine auszustrecken und sich die Sonne ins Gesicht scheinen zu lassen. Es war später Nachmittag, doch die Sonne war noch warm, und das Summen der Bienen am Geißblatt dröhnte in der schwülen Luft. Die Rosen sahen prächtig aus. Blüten in allen Formen, Größen und Farbtönen schufen ein leuchtendes Meer aus Duft und Farbe. Der Rasen war eine perfekte quadratische Grünfläche, die Obstbäume und Büsche am Ende des Gartens standen in voller Blüte und versprachen eine reiche Ernte. Freddy hatte offenbar eine seltene Gabe, wenn es darum ging, etwas anzupflanzen. Als Laura bei Anthony angefangen hatte, war der Rosengarten der einzige Teil des Grundstücks gewesen, der liebevoll gepflegt war. Der Rasen war fleckig und voller Unkraut, die Bäume verwildert, ihre Äste zu dürr, um das Gewicht der Früchte zu tragen. Aber in den beiden Jahren, seit Freddy im Padua arbeitete, war der Garten wieder zum Leben erweckt worden. Laura setzte sich ins warme Gras und umfing ihre Knie. Sie zögerte immer am Ende des Tages, Padua zu verlassen, aber an Tagen wie diesem fiel es ihr noch schwerer. Ihre Wohnung war im Vergleich dazu wenig attraktiv. Im Padua fühlte sie sich nie einsam, auch wenn sie allein war.

Seit der Scheidung von Vince hatte sie keine längere Beziehung mehr gehabt. Das Scheitern ihrer Ehe hatte ihrem

Selbstvertrauen einen Schlag versetzt und ihren jugendlichen Stolz verhöhnt. Die Hochzeit war so rasch angesetzt worden, dass ihre Mutter schon gefragt hatte, ob sie schwanger sei. Nein, das war sie nicht. Sie hatte sich einfach nur von einem gut aussehenden Traumprinzen hinreißen lassen, der ihr das Blaue vom Himmel versprach. Aber der Mann, den sie heiratete, war ein Lackaffe, der nicht das Blaue vom Himmel, sondern fade Vorstadt lieferte. Ihre Eltern hatten sich die größte Mühe gegeben, sie zu überreden, noch ein wenig zu warten, bis sie älter war und eher wusste, was sie wollte. Aber sie war jung und ungeduldig gewesen, stur sogar, und die Heirat mit Vince war ihr wie eine Möglichkeit erschienen, schnell erwachsen zu werden. Sie konnte sich noch an das traurige, besorgte Lächeln erinnern, das ihre Mutter aufgesetzt hatte, als sie ihre Tochter durch den Mittelgang schreiten sah. Ihr Vater konnte sein Missfallen nicht so gut verbergen, aber zum Glück vermuteten die meisten Gäste, er vergieße Tränen vor Glück und Stolz. Das Schlimmste war, dass auch sie an ihrem Hochzeitstag zum ersten Mal der Verdacht beschlich, einen Fehler zu begehen. Ihre Zweifel gingen in einem Trommelfeuer aus Konfetti und Champagner unter, aber sie hatte recht gehabt. Ihre Liebe zu Vince war eine unausgegorene Spinnerei, ebenso schnell entstanden, wie die Einladungen mit Silberrand gedruckt worden waren, und so duftig wie das Kleid, in dem sie durch den Mittelgang geschritten war.

An diesem Abend stocherte Laura vor dem Fernseher in ihrem Essen herum. Sie hatte eigentlich keinen Hunger, und sie schaute nicht richtig auf den flackernden Bildschirm. Sie gab beides auf, stellte sich auf den kleinen Balkon und betrachtete den tintenschwarzen Himmel. Sie fragte sich, wie viele Menschen auf der Welt in diesem Augenblick in denselben weiten Himmel schauten. Sie kam sich klein und sehr allein vor.

10

Der mitternächtliche Sommerhimmel war ein Aquarell aus dunklen Farbtönen, auf dem winzige glitzernde Sterne verteilt waren. Die Luft war noch warm, als Anthony den Pfad hinunter zum Rosengarten ging und den kräftigen Duft der geliebten Blüten einatmete, die er vor vielen Jahren für Therese gepflanzt hatte, als sie in dieses Haus zogen. Er war am Briefkasten gewesen, seine Schritte hallten leise in den leeren Straßen des Dorfes wider. Der eingeworfene Brief war der Schlusspunkt seiner Geschichte. Sein Anwalt würde ihn Laura überreichen, wenn die Zeit gekommen war. Und nun war er bereit zu gehen.

Sie waren an einem Mittwoch ins Haus gezogen. Therese hatte es gefunden. »Es ist perfekt!«, sagte sie.

Und das war es. Sie kannten sich erst ein paar Monate, hatten aber keine »Probezeit« gebraucht, um sich zu binden. Sie fühlten sich auf der Stelle zueinander hingezogen. Anfangs hatte es ihm Angst eingejagt, vor allem die Sorge, sie zu verlieren. Es war bestimmt zu stark, zu perfekt, um zu halten. Aber Therese hatte absolutes Vertrauen. Sie hatten sich gefunden, und genau so sollte es sein. Gemeinsam waren sie unschlagbar. Sie war nach der heiligen Therese der Rosen getauft, weshalb er den Garten als Geschenk an sie bepflanzte. Er verbrachte den Oktober in Gummistiefeln, grub die Erde in den neuen Beeten um und mischte Dung darunter, während Therese ihm Tee und unermüdlichen Zuspruch brachte. Die Rosen trafen an einem nasskalten, nebligen Novembermorgen ein, und Anthony und Therese froren fast die Finger, Zehen und Nasen ab, während sie den ganzen Tag damit zubrachten, den Garten um eine perfekte Rasenfläche herum anzulegen und zu bepflanzen. Doch die fade Novemberlandschaft erschien in allen Farben des Regenbogens, sobald Therese die Beschreibungen auf den Etiketten vorlas, die jeder Rose einen Namen gaben. Da gab es die rosafarbene, duftende »Albertine«, die über das runde Gitter, den Durchgang zur Sonnenuhr, ranken sollte; die blutrote, samtene »Grand Prix«, die reinweiße »Marcia Stanhope«, die kupferrote »Gorgeous«, die rosasilbrige »Mrs. Henry Morse«, die dunkelrote »Étoile de Hollande«, »Melanie Soupert« mit hellgelben, von Amethyst überzogenen Blütenblättern und die zinnrote, altgoldene »Queen Alexandra«. In die vier Ecken des Rasens setzten sie hängende Standardrosen – »Albéric Barbier«, »Hiawatha«, »Lady Gay« und »Shower of Gold« –, und als alles fertig war und sie dicht nebeneinander im gespenstischen, düsteren Zwielicht des Wintertages standen, küsste Therese ihn sanft auf die Lippen und legte etwas Kleines, Rundes in seine vor Kälte erstarrte Hand. Es war ein Bild der heiligen Therese der Rosen hinter Glas, gerahmt in goldenem Metall in Form eines Medaillons.

»Das war ein Geschenk zu meiner ersten heiligen Kommunion«, sagte sie. »Es ist für dich, um dir für meinen schönen Garten zu danken und dich daran zu erinnern, dass ich dich immer lieben werde, was auch geschehen mag. Versprich mir, dass du es immer bei dir haben wirst.«

Anthony lächelte. »Versprochen«, erklärte er feierlich.

Tränen rannen wieder einmal über Anthonys Wangen, als

er an diesem herrlichen Sommerabend allein zwischen den Rosen stand. Allein und beraubt, da er sich an ihren Kuss erinnerte, an ihre Worte und an das Gefühl des Medaillons in seiner Hand.

Er hatte es verloren.

Es war in seiner Tasche gewesen, als er an der Ecke Great Russell Street auf Therese gewartet hatte. Aber sie kam nie, und als er an dem Tag nach Hause zurückgekehrt war, hatte er beide verloren. Er ging zurück, um das Medaillon wiederzufinden. Er suchte in den Straßen und Rinnsteinen, aber er hatte gewusst, dass die Mühe vergeblich war. Ihm war, als hätte er sie zwei Mal verloren. Das Medaillon war der unsichtbare Faden, der ihn für immer mit Therese verbunden hätte, nachdem sie von ihm gegangen war, aber jetzt war es fort, und er hatte sein Versprechen gebrochen. Der Inhalt seines Arbeitszimmers war Zeugnis für die Wiedergutmachung, die er versucht hatte. Aber hatte er genug getan? Er würde es bald herausfinden.

Das Gras war noch warm und roch nach Heu. Anthony legte sich hin und streckte seine langen, abgemagerten Beine den Punkten eines imaginären Kompasses entgegen, bereit, seinen letzten Kurs einzuschlagen. Der Duft von Rosen wogte in Wellen über ihn hinweg. Er schaute hinauf in den grenzenlosen Ozean des Himmels und wählte einen Stern aus.

11

Sie glaubte zu schlafen. Lächerlich, das wusste sie, aber die Alternative war undenkbar.

Laura war zu ihrer üblichen Zeit gekommen, hatte das Haus leer vorgefunden und vermutet, dass Anthony spazieren gegangen war. Aber ein beharrliches Unbehagen verfolgte sie. Sie ging in die Küche, machte Kaffee und versuchte es zu ignorieren. Doch das Gefühl wurde stärker. Wie ihr Herzschlag. Im Wintergarten stand die Tür nach draußen offen, und sie ging hinaus in dem Gefühl, über eine Planke zu gehen. Anthony lag, von Rosenblättern bedeckt, alle viere von sich gestreckt, im taufeuchten Gras. Aus der Entfernung hätte er schlafen können, doch als sie neben ihm stand, gab es diesen Trost nicht mehr. Seine einst blauen Augen, noch immer offen, hatten einen milchigen Schleier, und sein Mund stand offen, ohne zu atmen, gerahmt von blau angelaufenen Lippen. Ihre Fingerspitzen fuhren zögernd über seine Wange. Die talgige Haut war kalt. Anthony war gegangen und hatte eine Leiche zurückgelassen.

Nun war sie allein im Haus. Der Arzt und der Bestattungsunternehmer waren gekommen und gegangen. Sie hatten mit gedämpfter Stimme gesprochen und sich freundlich und effizient mit dem Tod beschäftigt. Schließlich war es ihr Lebensunterhalt. Laura wünschte sich auf einmal, dass Freddy da wäre, aber an diesem Wochentag war er nicht im Padua. Sie saß am Küchentisch und sah zu, wie die nächste Tasse Kaffee kalt wurde, ihr Gesicht war von wütenden Tränen rot angelaufen, die Haut spannte. An diesem Morgen war ihre ganze Welt davongeweht wie Federn im Wind. Anthony und Padua waren ihr Lebensinhalt geworden, und sie hatte keine Ahnung, was sie nun machen sollte. Zum zweiten Mal war sie verlorengegangen.

Die Uhr in der Diele schlug sechs, und doch brachte Laura es nicht über sich, nach Hause zu gehen. Sie merkte jetzt, dass sie schon zu Hause war. Die Wohnung war nur irgendein Aufenthaltsort, wenn sie nicht im Padua sein konnte. Erneut rannen ihr Tränen über die Wangen. Sie musste etwas tun; ein Ablenkungsmanöver, etwas, um das Geschehene zu verdrängen, wenn auch nur kurz. Sie würde ihrer Arbeit nachgehen. Noch immer hatte sie sich um das Haus und alles darin zu kümmern. Vorerst. Sie würde es so lange tun, bis ihr jemand Einhalt gebot. Sie setzte zu einem Rundgang im Haus an, zuerst oben, um zu prüfen, ob alles in Ordnung war. Im großen Schlafzimmer strich sie die Decken glatt und schüttelte die Kissen auf, tat ihren Verdacht als lächerlich ab, dass vor Kurzem jemand in diesem Bett geschlafen hatte. Der Duft nach Rosen war überwältigend, und das Foto von Anthony und Therese lag mit dem Gesicht nach unten auf dem Fußboden. Sie hob es auf und stellte es wieder an seinen Platz auf der Frisierkommode. Die kleine blaue Uhr war wie üblich stehen geblieben. 11.55 Uhr. Sie zog sie auf, bis sie anfing zu ticken wie ein winziger Herzschlag. Sie ging am Erkerfenster vorbei, ohne in den Garten hinauszuschauen. In Anthonys Zimmer fühlte sie sich unbehaglich. So hatte sie sich nie in diesem Raum gefühlt, als er noch lebte. Es schien zu intim, ein unangemessenes Eindringen. Sein Kissen roch noch nach der Seife, die er immer benutzte. Laura verdrängte unliebsame Gedanken an Fremde, die seine Sachen durchstöberten. Sie hatte keine Ahnung, wer seine nächsten Verwandten waren. Unten machte sie die Fenster im Wintergarten zu und schloss die Tür nach draußen ab. Das Foto von Therese lag flach auf dem Tisch. Laura nahm es in die Hand und betrachtete die Frau, für die Anthony gelebt hatte, für die er gestorben war.

»Ich hoffe von ganzem Herzen, dass ihr euch findet«, sagte sie leise, bevor sie das Bild wieder wie üblich aufrecht hinstellte. Sie fragte sich, ob das als Gebet durchging.

In der Diele stand sie neben der Tür zum Arbeitszimmer. Ihre Hand schwebte über dem Türknauf, ängstlich, als könnte sie sich daran verbrennen, wenn sie ihn berührte, dann ließ sie sie wieder sinken. Sie war neugierig, welche Geheimnisse der Raum beinhalten mochte, aber das Arbeitszimmer war Anthonys persönliches Königreich, eins, in das er sie nie hineingebeten hatte. Sie war sich noch unschlüssig, ob sein Tod daran etwas geändert hatte oder nicht.

Sie nahm ihren Mut zusammen und trat aus der Küchentür hinaus in den Garten. Es war Spätsommer, und die Rosen begannen ihre Blütenblätter abzuwerfen, wie fragile, abgetragene Ballkleider, die an den Nähten auseinandergingen. Der Rasen war wieder makellos. Kein Abdruck eines Toten war zu sehen. Was hatte sie erwartet? Als sie mitten auf dem Rasen im Auf und Ab der von der Sonne gewärmten, nach Rosen duftenden Luft stand, fühlte sie sich heiter und auf eigenartige Weise beruhigt. Das hatte sie nicht erwartet.

Auf ihrem Weg zurück zum Haus fiel ihr der Glanz der untergehenden Sonne auf schrägem Glas auf. Das Fenster im Arbeitszimmer stand offen. Das konnte sie nicht so lassen. Das Haus wäre nicht sicher. Nun musste sie ins Arbeitszimmer gehen. Als sie vor der Tür stand, fiel ihr ein, dass sie keine Ahnung hatte, wo Anthony den Schlüssel aufbewahrte, wenn er nicht in seiner Tasche war. Während sie noch überlegte, wo er wohl sein könnte, schlossen sich ihre Finger um den kühlen Holzknauf. Er ließ sich leicht drehen, und die Tür zum Arbeitszimmer öffnete sich.

12

Regale und Schubladen, Regale und Schubladen, Regale und Schubladen; drei Wände waren komplett bedeckt. Die Spitzengardinen vor den Fenstern hoben und senkten sich im Rhythmus der Abendluft, die sanft durch das offen stehende Fenster wehte. Selbst im Halbdunkel konnte Laura erkennen, dass jedes Regal vollgestellt war, und ohne nachzusehen, wusste sie, dass auch jede Schublade gefüllt war. Das war ein Lebenswerk.

Sie schlenderte durch den Raum und nahm mit großen Augen die Einzelheiten wahr. Das also war Anthonys geheimes Königreich: ein Sammelsurium herrenloser Fundstücke, sorgfältig beschriftet und liebevoll aufbewahrt. Denn Laura erkannte, dass es viel mehr als einfache Gegenstände waren, die zur Verzierung auf Regale gestellt worden waren. Sie waren wichtig. Sie spielten eine Rolle. Anthony hatte jeden Tag mit diesen Sachen in diesem Zimmer verbracht. Sie hatte keine Ahnung, warum, aber sie wusste, er musste einen sehr guten Grund gehabt haben, und irgendwie musste sie ihm zuliebe eine Möglichkeit finden, sie sicher aufzubewahren. Sie zog wahllos ein Schubfach auf und nahm den ersten Gegenstand heraus, den sie erblickte. Es war ein großer dunkelblauer Knopf, der aussah, als gehörte er zu einem Frauenmantel. Auf dem Etikett stand, wann und wo Anthony ihn gefunden hatte. Erinnerungen und Erklärungen begannen sich in Lauras Bewusstsein zusammenzufügen; Tentakel tasteten nach Verbindungen, die sie spüren, aber noch nicht benennen konnte.

Sie griff nach der Rückenlehne eines Stuhls, um sich festzuhalten. Trotz des geöffneten Fensters war der Raum stickig. Die Luft war schwer von Geschichten. Ging es hier darum? Waren das die Dinge, über die Anthony seine Geschichten geschrieben hatte? Sie hatte sie alle gelesen, und sie konnte sich noch genau an eine über einen blauen Knopf erinnern. Aber woher kamen all diese Fundstücke? Laura strich über das weiche Fell eines kleinen Teddybären, der verlassen an einer Keksdose auf einem der Regale lehnte. War das hier ein Museum der fehlenden Dinge aus dem echten Leben, oder war es die Ausstattung für Anthonys Romane? Womöglich beides. Sie nahm ein limettengrünes Haargummi, das neben dem Teddy auf dem Regal lag. Es dürfte nur ein paar Pennys gekostet haben, als es neu war, und eine der Blumen auf dem Gummi war übel angeschlagen, dennoch war es sorgfältig aufgehoben und ordentlich etikettiert worden wie alle anderen Objekte im Raum. Laura lächelte, als ihr einfiel, wie sie als Schulmädchen ihre schwingenden Zöpfe mit Gummis geschmückt hatte, die diesem hier sehr ähnlich waren.

Limettengrünes Haargummi mit Plastikblumen.
Gefunden auf dem Spielplatz, Derrywood Park,
2. September.

Am letzten Tag der Sommerferien hatte Daisys Mum ihr ein besonderes Vergnügen versprochen. Sie würden ein Picknick machen. Morgen würde Daisy an ihrer neuen Schule anfangen, einer großen Schule. Sie war jetzt elf. Ihre alte Schule war kein Erfolg gewesen. Na ja, jedenfalls nicht für sie. Sie war ganz hübsch, hatte schönes, langes dunkles Haar; war ziemlich klug, aber nicht zu klug, trug weder Brille noch Zahnspange. Aber das reichte nicht, um sie zu tarnen. Sie sah die Welt durch eine etwas andere Brille als die anderen Kinder; nichts Auffallendes, nur eine Spur neben der Normalität. Eine ganz leichte Fontanelle in ihrem Charakter. Aber Ashlyanne Johnson und ihr zickiges Gefolge hatten es schon bald gerochen. Sie zogen an ihren Zöpfen, spuckten in ihr Mittagessen, pinkelten in ihre Schultasche und rissen ihre Jacke kaputt. Nicht was sie taten, brachte Daisy aus der Fassung, sondern wie sie sich dabei fühlte. Nutzlos, schwach, verängstigt, erbärmlich. Wertlos.

Ihre Mum war durchgedreht, als sie es herausfand. Daisy hatte so lange wie möglich geschwiegen, aber als das nächtliche Einnässen begann, musste sie Farbe bekennen. Doch das zeigte nur, wie erbärmlich sie war, ein elfjähriges Mädchen, das ins Bett machte. Ihre Mum ging direkt zur Rektorin und machte einen Riesenwirbel. Danach gab die Schule sich die größte Mühe, was nicht viel war, und Daisy biss die Zähne zusammen, schnitt sich die Haare ab und richtete ihr Augenmerk auf das Ende des Schuljahrs. Sie hatte die Zöpfe mit einer Küchenschere selbst abgeschnitten, und als ihre Mum das sah, hatte sie geweint. Aber den Sommer über waren ihre Haare wieder gewachsen, nicht so lang, um sie zu flechten, aber für einen Pferdeschwanz reichte es. Und heute hatte sie neue Haargummis, hellgrün mit Blumen daran. »Gänseblümchen für mein Blümchen«, hatte ihre Mutter gesagt. Als sie vor dem Spiegel saß und sie bewunderte, tat ihr Magen einen Satz wie eine rutschende Fahrradkette. Was, wenn ihre neuen Klassenkameradinnen morgen in das Gesicht des Mädchens dort im Spiegel schauten und ihnen gefiele nicht, was sie sähen?

Annie zog den Reißverschluss der Kühltasche zu, zufrieden, dass sie alle Lieblingsspeisen ihrer Tochter für das

Picknick eingepackt hatte: Sandwiches mit Käse und Ananas (braunes Vollkornbrot), Chips mit Salz und Essig, Vanille-Donuts, japanische Reiscracker und Ingwerlimonade. Sie spürte noch immer das Bedürfnis nach körperlicher Gewalt in sich brodeln, das durch die Reaktion dieser idiotischen Sesselfurzerin von Rektorin eher geschürt als besänftigt worden war, die kaum einen Korb schlafender Katzenjungen beaufsichtigen konnte, ganz zu schweigen von einer Schule voller Chips futternder, mit Beihilfen großgezogener Kinder, von denen die meisten jetzt schon glaubten, die Welt schulde ihnen eine Sozialwohnung, ein Kind und die neueste Nike-Trainingshose. Nachdem Daisys Vater sie verlassen hatte, hatte Annie wie ein Tier als allein erziehende Mutter gearbeitet, um Daisy großzuziehen. Sie hatte zwei Teilzeitjobs, und die Wohnung, in der sie lebten, lag zwar nicht in der besten Gegend, war aber sauber und gemütlich, und sie gehörte ihnen. Und Daisy war ein gutes Kind. Aber gut war schlecht. In der Schule, in der Daisy überleben musste, reichte nicht, was Annie ihr beigebracht hatte. Anstand, gute Manieren, Freundlichkeit und harte Arbeit wurden bestenfalls als Eigenart betrachtet, doch bei der netten Daisy sah man sie als Schwächen an; Fehler, für die man sie grausam bestrafte. Daher musste Annie ihrer Tochter etwas anderes beibringen.

Die Sonne stand schon hoch, und es war heiß, als sie den Park erreichten, der Rasen war übersät mit Gruppen junger Frauen, die mit Buggys, jammernden Kleinkindern, Handys und Zigaretten ausgestattet waren. Hand in Hand überquerten Daisy und ihre Mutter den Rasenspielplatz zum Wald hinten im Park. Sie schlenderten nicht einfach, sie schritten aus, denn sie hatten ein besonderes Ziel. Daisy wusste nicht, wohin es ging, aber sie spürte, dass ihre Mutter etwas Bestimmtes anstrebte. Der Wald war eine andere Welt, kühl, still und leer bis auf die Vögel und Eichhörnchen.

»Hier war ich immer mit deinem Dad.«

Daisy sah mit unschuldigem Blick zu ihrer Mutter auf. »Warum?«

Ihre Mutter lächelte bei der Erinnerung. Sie stellte die Kühltasche ab und schaute in den Himmel.

»Wir sind da«, sagte sie.

Die Kühltasche stand am Fuß einer riesigen Eiche, die gebeugt und verdreht war wie ein alter Mann, der unter Arthritis leidet. Daisy warf einen Blick durch die Äste und sah blaue Flecken durch das flatternde Blätterdach aufblitzen.

Zwanzig Minuten später saß sie in der Baumkrone und schaute auf die Kühltasche hinunter.

Als ihre Mutter verkündet hatte, sie würden auf den Baum klettern, hatte Daisy es für einen Scherz gehalten. Als ihre Mum jedoch nicht lachte, bekam Daisy Angst.

»Das kann ich nicht«, sagte sie.

»Kannst du nicht, oder willst du nicht?«

Daisy traten Tränen in die Augen, aber ihre Mutter war entschlossen.

»Du weißt erst, dass du etwas nicht kannst, wenn du es versuchst.«

Das Schweigen und die Stille, die folgten, schienen endlos. Schließlich ergriff ihre Mutter das Wort.

»In dieser Welt, Daisy, sind wir winzig. Wir können nicht immer gewinnen, und wir können nicht immer glücklich sein. Aber wir können es immer probieren. Solche Kinder wie die schreckliche Ashlyanne Johnson wird es immer geben« – die Andeutung eines Lächelns huschte über Daisys Gesicht –, »und das kannst du nicht ändern. Aber du kannst ändern, wie es dir damit geht.«

Daisy war nicht überzeugt. »Wie denn?«

»Indem du mit mir auf diesen Baum kletterst.«

Es war das Furchterregendste, was Daisy je gemacht hatte. Aber irgendwo, kurz bevor sie die Spitze erreichten, geschah etwas Merkwürdiges. Daisys Angst verflog wie Federn im Wind. Am Fuß des Baums war sie winzig gewesen, und der Baum ein unbezwingbarer Riese. Oben war der Baum noch immer riesig, aber so winzig sie auch war, sie hatte ihn erklommen.

Das war der schönste Tag der Sommerferien. Als sie über den Spielplatz nach Hause gingen, war der Park fast leer, und ein Mann auf einem Rasenmäher wollte gerade anfangen, Gras zu mähen. Ihr Haar hatte sich beim Klettern auf den Baum gelöst, und sie zog ihre Haargummis ab und steckte sie in die Tasche, aber als sie nach Hause kam, merkte sie, dass eines fehlte. Nach dem Triumph am Nachmittag machte es ihr kaum etwas aus. Als Daisy am Abend zu Bett ging, hing ihre neue Schuluniform an der Kleiderschranktür. Ihr fiel auf, dass das Gesicht im Spiegel ein neues Gesicht war – glücklich und aufgeregt. An diesem Tag hatte Daisy gelernt, wie man einen Riesen besiegt, und morgen würde sie in die große Schule gehen.

Laura legte das Haargummi wieder auf das Regal, verließ das Arbeitszimmer und schloss die Tür hinter sich. Ihr Spiegelbild in der Diele zeigte ihr das Gesicht, das zu der alten Laura gehörte, vor Anthony und Padua: hohl, niedergeschlagen. Die Uhr schlug neun. Sie musste gehen. Sie nahm ihre Schlüssel aus der kleinen Postschale auf dem Dielentisch, in die sie sie immer legte. Aber es war noch ein zusätzlicher Schlüssel darin. Unter ihrem Schlüsselbund mit Haus- und Autoschlüssel lag ein großer für eine Innentür. Plötzlich begriff Laura, und das Gesicht im Spiegel wurde allmählich durch ein Lächeln verwandelt. Anthony hatte die Tür zu seinem geheimen Königreich für sie unverschlossen gelassen. Sein Vertrauen in sie überwand die Sorgen, die sein Tod in ihr ausgelöst hatte. Heute war ihr ein Königreich hinterlassen worden, und morgen würden sie anfangen, seine Geheimnisse zu lüften.

13

Eunice

1976

Arrogant über Eunices Schreibtisch gelehnt, schnipste Portia Zigarettenasche in eine Dose Büroklammern. Eunice war mit Douglas über die Straße geflitzt, um Donuts bei Mrs. Doyle zu holen, und Bomber brachte gerade einen Kunden hinaus. Portia gähnte und zog dann gierig an ihrer Zigarette. Sie war müde, gelangweilt und hatte einen Kater. Zu viele Harvey Wallbanger mit Trixie und Myles am Abend zuvor. Vielmehr heute Morgen. Sie war erst um drei Uhr nach Hause gekommen. Sie nahm ein Manuskript von dem Stapel, den sie achtlos umgestoßen hatte, als sie ihre spitzen Gliedmaßen in die Haltung einer Gottesanbeterin brachte.

»›*Verloren und gefunden* – Kurzgeschichten von Anthony Peardew‹«, las sie laut und verächtlich vor. Als sie die Titelseite umschlug, löste sich der Aktenbinder.

»Ups!«, schnaubte sie und warf ihn wie eine Frisbeescheibe durch den Raum. Sie blickte auf die erste Seite, als schnüffelte sie an Milch, um zu prüfen, ob sie sauer war.

»Gute Güte! Was für ein Geschwafel. Wer will denn eine

Geschichte über einen großen blauen Knopf lesen, der vom Mantel einer Kellnerin namens Marjory abgegangen ist! Man stelle sich vor, dass er mich – seine eigene Schwester! – nicht veröffentlichen will.«

Sie warf das Manuskript angewidert auf den Schreibtisch, so heftig, dass es eine halb volle Tasse umstieß und die Seiten in kaffeebraune Geringschätzung tauchte.

»Verdammter Mist!«, fluchte Portia, während sie die durchnässten Seiten rettete und hastig halbwegs unter dem wackeligen Stapel »schiefe Ebene« verbarg, kurz bevor Bomber wieder in den Raum kam.

»Da draußen gießt es gerade in Strömen, Sis. Du wirst pitschnass. Soll ich dir einen Schirm leihen?«

Portia schaute sich um, als müsse sie eine lästige Schmeißfliege orten, dann wandte sie sich an den Raum im Allgemeinen.

»Erstens, nenn mich nicht ›Sis‹. Zweitens habe ich es nicht so mit Schirmen, ich nehme Taxis. Und drittens versuchst du gerade, mich loszuwerden?«

»Ja«, rief Eunice, die wieder die Treppe heraufkam, ein Durcheinander aus Regenmantel, feuchtem Douglas und Donuts. Sie setzte Douglas auf dem Boden ab, legte die Donuts auf Bombers Schreibtisch und hängte ihren tropfenden Regenmantel auf.

»Ich glaube, wir brauchen ein größeres Boot«, murmelte sie und deutete mit kaum wahrnehmbarem Kopfnicken in Portias Richtung. Bomber verkniff sich ein aufsteigendes Lachen. Eunice sah, dass er sich beherrschte, und summte die Melodie aus *Der weiße Hai* vor sich hin.

»Worüber redet dieses alberne Mädchen?«, quäkte Portia von ihrem Sitz aus.

»Bloß ein cineastischer Bezug auf das unfreundliche Wetter«, erwiderte Eunice fröhlich.

Portia war nicht überzeugt, doch dass Douglas sich so nah

an sie herangeschoben hatte, wie er konnte, und drauf und dran war, sein nasses Fell in ihre Richtung auszuschütteln, beunruhigte sie noch mehr.

»Nimm die verfluchte Ratte da weg«, zischte sie. Beim Zurückweichen stieß sie prompt gegen Eunices Schreibtisch, woraufhin Stifte, Becher und Büroklammern in alle Richtungen zu Boden fielen. Eunice nahm Douglas mit in die Küche und besänftigte seine verletzten Gefühle mit einem Donut. Aber Portias Grobheit hatte selbst Bombers außergewöhnlichen Gleichmut schließlich gekippt. Seine übliche Freundlichkeit wich aus seinem Gesicht wie ein Erdrutsch nach einem Sturm. Wie vom Donner gerührt, packte er Portia an den Handgelenken und zog sie von Eunices Schreibtisch.

»Räum das wieder auf«, befahl er und deutete auf das von ihr angerichtete Chaos.

»Sei nicht albern, Herzchen«, erwiderte sie. Portia nahm ihre Tasche und kramte darin nach ihrem Lippenstift in dem Versuch, ihre Überraschung und Verlegenheit zu übertünchen. »Dafür habe ich meine Leute.«

»Tja, die sind nur gerade nicht hier, oder?« Bomber schäumte vor Wut.

»Nein, Schätzchen, aber du«, sagte sie und trug eine frische Schicht Rot auf. »Sei so gut und ruf mir ein Taxi.«

Mit hochrotem Gesicht ließ sie den Lippenstift wieder in ihre Tasche fallen und klapperte in ihren lächerlichen Pumps die Treppe hinunter, um auf den Wagen zu warten, den ihr Bruder bestimmt für sie bestellen würde. Portia verabscheute es, wenn er sauer auf sie war, aber sie wusste, dass sie es verdient hatte. Dass er recht hatte, machte die Sache noch schlimmer. Sie war wie ein Kleinkind, das in einem ewigen Wutanfall steckte. Sie wusste, dass sie sich schlecht benahm, konnte sich aber irgendwie nicht bremsen. Manchmal wünschte sie, sie könnten wieder Kinder sein und er der große Bruder, der für sie schwärmte.

Als Bomber ihr nachschaute, versuchte er vergeblich, in dieser spröden Frau auch nur die leiseste Spur des anhänglichen kleinen Mädchens wiederzuerkennen, das er einmal so geliebt hatte. Seit Jahren trauerte er um die Schwester, die er vor langer Zeit verloren hatte, die an seinen Lippen gehangen, auf der Querstange seines Fahrrads gesessen und seine Wurmdose getragen hatte, wenn er angeln ging. Im Gegenzug hatte er ihren Rosenkohl gegessen, ihr das Pfeifen beigebracht und sie auf der Schaukel »bis in den Himmel hoch« angestoßen. Aber diese Schwester gehörte der fernen Vergangenheit an, und seine Gegenwart war die giftige Portia. Er hörte, wie die Tür des Taxis zuschlug.

»Kann ich gefahrlos reinkommen?« Eunice streckte den Kopf um die Küchentür.

Bomber blickte auf und lächelte kleinlaut. »Es tut mir so leid«, sagte er und zeigte auf den Boden rings um ihren Schreibtisch.

Eunice grinste. »Ist nicht deine Schuld, Chef. Egal, ist ja nichts passiert.«

Sie hoben alles vom Boden auf und legten es wieder an Ort und Stelle.

»Ich habe mich zu früh gefreut«, sagte Eunice und blickte auf einen kleinen Gegenstand. Es war ein Bild von einer Dame mit Blumen in der Hand, und das Glas im goldfarbenen Rahmen war zerbrochen. Sie hatte es auf dem Heimweg von ihrem Bewerbungsgespräch gefunden und vom ersten Tag an auf ihrem Schreibtisch aufbewahrt. Es war ihr Talisman. Bomber schaute sich den Schaden an.

»Das hab ich schnell repariert«, sagte er, nahm ihr das Bild aus der Hand und steckte es vorsichtig in einen Umschlag. Ohne ein weiteres Wort zu verlieren, ging er die Treppe hinunter. Eunice rettete auch ihre letzten Sachen noch vom Boden und fegte die Zigarettenasche auf. Gerade als das Wasser im Kessel kochte, kam Bomber gut gelaunt zurück, erneut durchnässt, aber sein breites Lächeln und sein Humor waren wiederhergestellt.

»Der Uhrmacher in der Great Russell Street hat mir zugesichert, dass das Glas spätestens morgen Nachmittag ersetzt ist.«

Sie setzten sich, um ihren arg verspäteten Tee mit Donuts zu sich zu nehmen, und Douglas, der endlich glaubte, dass Portia weg war, schob sich wieder in den Raum in der Hoffnung auf Nachschlag.

»Sie war nicht immer so, musst du wissen«, sagte Bomber nachdenklich und rührte seinen Tee um. »Ich weiß, das ist kaum zu glauben, aber als kleines Mädchen war sie wirklich ganz niedlich und dafür, dass sie die kleine Schwester war, enorm spaßig.«

»Tatsächlich?« Eunice war verständlicherweise skeptisch. »Was ist passiert?«

»Der Treuhandfonds von Großtante Gertrude.«

Hochgezogene Augenbrauen zeugten von Eunices Neugier.

»Das war die Tante meiner Mutter, reich, verhätschelt und streitsüchtig wie nichts Gutes. Sie hat nie geheiratet, sich aber immer nach einer Tochter gesehnt. Leider entsprach Ma absolut nicht ihrer Vorstellung von einem Mädchen, sie ließ sich nicht mit teuren Puppen und hübschen Kleidchen kaufen. Kann sein, dass sie mit einem Pony oder einer Spielzeugeisenbahn mehr Glück gehabt hätte, aber wie dem auch sei ...« Bomber biss in seinen Donut und kleckerte dabei Marmelade auf sein Kinn.

»Portia war etwas anderes. Ma versuchte einzugreifen, hielt einige der üppigeren Geschenke zurück, beschwerte sich bei der Furie Gertrude von Angesicht zu Wasserspeiergesicht. Doch als Portia größer wurde, ließ Mutters Einfluss unweigerlich nach. Wütend über Mutters eifersüchtige Einmischung, wie sie es nannte, rächte sich Großtante Gertie, als sie starb. Sie hinterließ Portia alles. Und das war eine Menge. Natürlich kam Portia erst an das Geld, als sie einundzwanzig war, aber das spielte keine Rolle. Sie wusste, dass es vorhanden war. Sie hörte auf, sich ihren Lebensunterhalt zu verdienen, und wartete darauf, dass ihr alles zufallen würde. Wie du siehst, war Großtante Gerties Vermächtnis ein vergiftetes Geschenk. Portia wurde dadurch reich, aber es nahm ihr jegliche Zielstrebigkeit.«

»Gott sei Dank bin ich nicht stinkreich, wenn es das mit einem Mädchen macht«, scherzte Eunice. »Und wie stinkreich genau?«

»Stinkend.«

Eunice räumte das Teegeschirr ab und machte sich wieder an die Arbeit.

Bomber ärgerte sich offenbar noch immer über die Folgen von Portias Wutanfall. »Ich hoffe, es tut dir nicht leid, dass du hier angefangen hast zu arbeiten.«

Eunice grinste breit. »›Was tut ein Kerl wie ich in dieser Scheiß-Klapsmühle‹«, zitierte sie in ihrer besten Jack-Nicholson-Stimme.

Bomber lachte erleichtert, hob ein Blatt Papier vom Boden neben seinem Schreibtisch auf und zerdrückte es zu einer Kugel. Eunice sprang mit erhobenen Armen auf.

»Fang den Ball, Bomber, rein damit!«

Sie waren in dieser Woche zum dritten Mal in *Einer flog über das Kuckucksnest* gewesen. Sie verbrachten inzwischen so viel Zeit zusammen, sowohl während der Arbeit als auch außerhalb, dass Bomber sich ein Leben ohne sie nicht mehr vorstellen konnte. Der Film hatte einen bleibenden Eindruck hinterlassen, und am Ende waren sie beide in Tränen ausgebrochen. Eunice konnte die Dialoge fast auswendig.

»Also hast du nicht vor, deine Kündigung einzureichen und mich auf Gedeih und Verderb meiner Schwester auszusetzen?«

Bombers Augen füllten sich beinahe erneut mit Tränen, als sie mit einem Zitat vom Ende des Films antwortete.

»›Ich gehe nicht ohne dich, Bomber. So lass ich dich nicht hier … Du kommst mit mir.‹« Dann zwinkerte sie ihm zu. »Womit wir bei meiner Gehaltserhöhung wären …«

14

Das Mädchen sah zu, wie die winzige rote Kuppel auf schwarzen Beinen über ihren Handrücken zur Kurve ihres kleinen Fingers kroch.

»Maikäfer flieg, dein Vater ist im Krieg, deine Mutter ist in Pommerland, Pommerland ist abgebrannt, Maikäfer flieg.«

Der Marienkäfer breitete die Flügel aus.

»Das ist nicht wahr.« Das Mädchen sprach langsam, als zitierte sie ein Gedicht, an das sie sich nur mit Mühe erinnerte. »Es ist nur ein erfundenes Lied.«

Der Marienkäfer flog dennoch fort. Es war warm, September. Das Mädchen saß auf der Holzbank gegenüber dem Padua und ließ die Beine baumeln. Sie hatte gesehen, wie die glänzenden schwarzen Wagen vor dem Haus eingetroffen waren. In dem ersten konnte sie durch die großen Fenster an der Seite eine Kiste für tote Menschen sehen, aus deren Deckel Blumen wuchsen. Eine traurige Frau und ein alter Mann, aber nicht der Mann, der dort wohnte, kamen aus dem Haus. Das Mädchen wusste nicht, wer der alte Mann war, aber die Frau hatte sie oft gesehen, bevor sie traurig war. Der Mann mit dem schwarzen Schornsteinhut hatte die beiden in den zweiten Wagen gesetzt. Dann stellte er sich vor den Wagen mit der Kiste und ging los. Er hatte einen

Stock, humpelte aber nicht. Aber er ging langsam, daher hatte er bestimmt ein krankes Bein. Sie fragte sich, wer in der Kiste lag. Das Denken ging bei ihr langsam. Mit Gefühlen war sie schneller. Von jetzt auf gleich konnte sie glücklich oder traurig sein, wütend oder aufgeregt. Außerdem spürte sie auch andere Dinge, die schwieriger zu erklären waren. Aber das Denken dauerte länger. Gedanken mussten im Kopf geordnet und richtig angeschaut werden, damit das Gehirn das Denken erledigen konnte. Schließlich entschied sie, dass der Mann in der Kiste der sein musste, der in dem Haus wohnte, und das machte sie traurig. Er war immer nett zu ihr gewesen. Das waren nicht alle. Nach langer Zeit (sie hatte eine hübsche Uhr, hatte aber noch nicht mit dem Buch *What's the Time, Mr. Wolf* geübt) kam die traurige Frau alleine zurück. Das Mädchen kratzte sich den Handrücken an der Stelle, an der die Füße des Marienkäfers gekitzelt hatten. Jetzt, nachdem der Mann tot war, brauchte die Frau eine neue Freundin.

Laura schloss die Haustür hinter sich und zog ihre schwarzen Pumps aus. Als sie die kalten Fliesen in der Diele unter ihren Füßen spürte, hüllte sie wieder der Frieden des Hauses ein. Sie ging in die Küche und schenkte sich ein Glas Wein aus dem Kühlschrank ein. Ihr Kühlschrank. Ihre Küche. Ihr Haus. Sie konnte es noch nicht glauben. Am Tag nach Anthonys Tod hatte sie seinen Anwalt angerufen in der Hoffnung, er wüsste, ob es jemanden gab, mit dem sie Kontakt aufnehmen musste; einen entfernten Cousin, von dem sie nichts wusste, oder einen anderen nächsten Verwandten. Er klang, als hätte er mit ihrem Anruf gerechnet. Er teilte ihr mit, Anthony habe ihn angewiesen, Laura gleich nach seinem Tod darüber in Kenntnis zu setzen, dass sie seine Alleinerbin sei, sein gesamter Besitz gehörte nur ihr. Ein Testament lag vor, ebenso ein Brief an sie, dessen Einzelheiten er ihr nach der Trauerfeier unterbreiten würde. Anthonys wichtigstes Anliegen sei jedoch gewesen, dass sie sich keine Sorgen machen solle. Padua würde ihr Zuhause bleiben. Seine Fürsorge machte seinen Tod noch unerträglicher. Laura war nicht in der Lage gewesen, das Telefonat fortzuführen, da ihre Stimme von Tränen erstickt wurde. Nicht nur der Kummer überwältigte sie, sondern die Erleichterung für sich, gefolgt von Schuldgefühlen, dass sie in einem solchen Moment überhaupt so etwas empfinden konnte.

Sie nahm ihren Wein mit ins Arbeitszimmer und setzte sich an den Tisch. Umgeben von Anthonys Schätzen spürte sie einen eigenartigen Trost. Sie war jetzt ihre Hüterin, und sie gaben ihr Sinn und Zweck, obwohl sie noch unsicher war, worin diese bestehen könnten. Vielleicht würde Anthonys Brief eine Erklärung liefern, und dann könnte sie eine Möglichkeit finden, sich diese außergewöhnliche Großzügigkeit ihr gegenüber zu verdienen. Die Trauerfeier war eine Offenbarung gewesen. Laura hatte damit gerechnet, dort nur einer Handvoll Menschen zu begegnen, sie und Anthonys Anwalt eingeschlossen, aber die Kirche war fast voll. Menschen aus Verlagen waren anwesend, die Anthony als Schriftsteller gekannt hatten, und andere, die ihn nur vom Sehen kannten, aber es hatte den Anschein, als habe er das Leben aller berührt, denen er begegnet war, und einen unauslöschlichen Eindruck hinterlassen. Außerdem waren natürlich die Wichtigtuer gekommen: die Mitglieder der lokalen Landfrauengruppe und der Laientheatergruppe, die sich moralisch überlegen fühlten und von Marjory Wadscallop und ihrer treuen Anhängerin Winnie Cripp angeführt wurden. Ihr »herzliches Beileid« – ein wenig zu enthusiastisch vorgetragen, als Laura die Kirche verließ – war begleitet von traurigem, gut einstudiertem Lächeln und unangenehmen Umarmungen, die nach feuchtem Hund und Haarspray rochen.

Der große blaue Knopf, den Laura bei ihrem ersten Besuch im Arbeitszimmer aus der Schublade genommen hatte, lag noch immer auf seinem Etikett auf dem Tisch.

Großer blauer Knopf, von einem Frauenmantel?
Gefunden auf dem Bürgersteig in der Graydown Street,
11. November.

Margaret trug ihre verführerische neue Wäsche. »Weinrote Seide mit üppiger cremefarbener Spitze« hatte die Verkäuferin sie beschrieben, wobei sie sich offensichtlich fragte, wozu Margaret sie kaufte. Sie ähnelte nicht im Entferntesten ihrer üblichen Unterwäsche von Marks & Spencer. Unten wartete ihr Mann gespannt. Sechsundzwanzig Jahre waren sie verheiratet, und er hatte sich Jahr für Jahr die größte Mühe gegeben, Margaret zu zeigen, wie sehr er sie liebte. Er liebte sie mit seinen Fäusten und seinen Füßen. Seine Liebe war die Farbe ihrer Prellungen. Der Klang brechender Knochen. Der Geschmack von Blut. Das wusste natürlich sonst niemand. Niemand in der Bank, in der er stellvertretender Filialleiter war, niemand im Golfclub, in dem er Schatzmeister war, und bestimmt niemand in der Kirche, in der er im ersten Jahr ihrer Ehe als baptistischer Irrer wiedergeboren war. Sie nach Strich und Faden zu verprügeln war Gottes Wille. Offenbar. Aber niemand sonst wusste es, nur er, Gott und Margaret. Seine Ehrbarkeit war wie ein akkurat gebügelter Anzug, eine Uniform, die er trug, um die Außenwelt zu täuschen. Zu Hause aber, in Zivil, erwachte das Monster in ihm. Sie hatten nie Kinder gehabt. Wahrscheinlich war es auch besser so. Womöglich hätte er sie auch geliebt. Warum also war sie bei ihm geblieben? Anfangs aus Liebe. Sie hatte ihn wirklich geliebt. Dann aus Angst, Schwäche, Trostlosigkeit? Alles traf zu. Körper und Geist von Gott und Gordon zertrümmert.

»Wo zum Teufel bleibt mein Abendessen?«, bellte eine

Stimme aus dem Wohnzimmer. Sie sah ihn vor sich, fleischiges, rotes Gesicht, Fettrollen quollen über seinen Hosengürtel; er schaute Rugby im Fernsehen und trank seinen Tee. Tee, den Margaret gemacht hatte, Milch und zwei Stücke Zucker. Und sechs Tramadol. Nicht genug, um ihn umzubringen, nicht ganz. Herr im Himmel, sie hatte die Nase voll. Das letzte Mal, als sie »ausgerutscht« war und ihr Handgelenk brach, hatte der freundliche Arzt im Krankenhaus ihr eine ganze Schachtel mitgegeben. Nicht, dass sie nicht versucht gewesen wäre. Totschlag mit verminderter Schuldfähigkeit schien ein fairer Handel. Aber Margaret wollte, dass er es wusste. Ihr linkes Auge war fast zugeschwollen und hatte die Farbe des Valpolicella, mit dem Gordon sein Abendessen hinunterspülen wollte. Wenn sie es berührte, zuckte sie zusammen, doch dann spürte sie das Flüstern der weichen Seide, die über ihre Haut strich, und sie lächelte. Unten im Wohnzimmer war Gordon nicht ganz er selbst.

Als sie den Raum betrat, schaute sie ihm zum ersten Mal seit Jahren direkt in die Augen. »Ich verlasse dich.«

Sie wartete, um sicherzugehen, dass er begriffen hatte. Der Zorn in seinen Augen war die Bestätigung, die sie brauchte.

»Komm her, du dumme Gans!«

Er versuchte sich aus seinem Sessel zu hieven, doch Margaret hatte bereits das Zimmer verlassen. Sie hörte, wie er zu Boden fiel. Sie nahm den Koffer in der Diele, schloss die Tür hinter sich und ging die Auffahrt hinunter, ohne sich noch einmal umzudrehen. Sie wusste nicht, wohin sie ging, und das machte ihr nichts, solange es sie vom Haus wegführte. Der bitterkalte Novemberwind stach in ihr lädiertes Gesicht. Margaret stellte ihren Koffer einen Augenblick ab, um den obersten Knopf an ihrem alten blauen Mantel zu schließen. Der verschlissene Faden riss, und der Knopf kullerte zwischen ihren Fingern hindurch auf den Bürgersteig. Margaret hob ihren Koffer wieder auf und ließ den Knopf liegen.

»Scheiß drauf«, dachte sie. »Ich werde mir einen neuen Mantel kaufen. Herzlichen Glückwunsch zum Geburtstag, Margaret.«

Laura wurde wach, als es klopfte. Sie war eingeschlafen, über den Tisch gebeugt, und der blaue Knopf zeichnete sich auf ihrer Wange ab, die darauf gelegen hatte. Benebelt vom Schlaf, wurde ihr allmählich klar, dass es an der Haustür klopfte. In der Diele kam sie an ihrem Koffer vorbei, der noch immer darauf wartete, ausgepackt zu werden. Sie hatte beschlossen, an diesem Abend zum ersten Mal im Padua zu bleiben. Irgendwie hatte sie das Gefühl gehabt, bis nach der Trauerfeier warten zu müssen. Erneut klopfte es, hartnäckig, aber nicht drängend. Geduldig. Als würde die Person so lange warten, bis jemand aufmachte. Laura öffnete die Tür. Vor ihr stand ein junges Mädchen mit einem ernsten, hübschen Mondgesicht und kastanienbraunen mandelförmigen Augen. Sie hatte sie schon oft gesehen, auf der Bank jenseits der Grünfläche, aber noch nie aus der Nähe. Das Mädchen richtete sich zu seiner vollen Größe von einem Meter und zweiundfünfzig Zentimetern auf und begann zu sprechen.

»Ich heiße Sunshine, und ich kann deine neue Freundin sein.«

15

»Soll ich eine leckere Tasse Tee machen, wenn der Anwalt kommt?«

Laura lächelte. »Weißt du denn, wie es geht?«

»Nein.«

Anthonys Trauerfeier war zwei Wochen her, und Sunshine war jeden Tag vorbeigekommen, bis auf die Sonntage, an denen ihre Mutter sie zurückgehalten hatte.

»Gib der armen Frau einen freien Tag, Sunshine. Ich bin mir sicher, die möchte nicht, dass du die ganze Zeit ihre Ruhe und ihren Frieden störst.«

Sunshine war unbeeindruckt. »Ich bin kein Störenfried. Ich bin ihre neue Freundin.«

»Hmm ... ob es ihr gefällt oder nicht«, murmelte ihre Mum vor sich hin, während sie die Kartoffeln für das sonntägliche Mittagessen schälte. Sie machte Überstunden als Altenpflegerin und war tagsüber kaum zu Hause, und ihr Mann arbeitete bei der Eisenbahn. Sunshines älterer Bruder sollte ein Auge auf sie haben, aber dem fiel kaum etwas auf, was nicht in HD auf einem Bildschirm von der Größe eines Küchentischs passierte, der fast seine gesamte Schlafzimmerwand einnahm. Im Übrigen war Sunshine neunzehn. Sie konnten sie nicht wie ein kleines Kind einsperren. Um ehrlich zu sein, freute sie sich, dass Sunshine etwas anderes gefunden hatte, als den ganzen Tag auf einer Bank zu sitzen. Aber sie machte sich immer Sorgen um die Reaktion von Fremden auf die plötzliche, begeisterte Anhänglichkeit ihrer Tochter. Sunshine war furchtlos und vertrauensselig, aber ihr Mut und ihre Gutmütigkeit machten sie verwundbar. Ihre Tugenden waren oft ihr größter Nachteil. Ihre Mum hatte vorbeigeschaut, um die Frau kennenzulernen, der das große Haus gehörte – Laura hieß sie –, um zu prüfen, ob sie etwas gegen Sunshines Besuche hatte. Außerdem wollte sie sichergehen, dass Sunshine nichts zustieß. Die Frau schien ganz nett zu sein, wenn auch ein wenig reserviert, und sie sagte, Sunshine sei sehr willkommen. Aber das Haus selbst hatte sie am meisten beruhigt. Es war sehr schön, darüber hinaus strahlte es etwas Wunderbares aus, das sie ihrem Mann Bert kaum beschreiben konnte.

»Es fühlt sich einfach *sicher* an.« Besser konnte sie nicht erklären, warum sie froh war, ihrer Tochter die Besuche im Padua zu erlauben. Für Sunshine war es der Höhepunkt des Tages, und nun saß sie am Küchentisch und wartete geduldig auf Lauras Antwort. Laura hielt inne, den Kessel in der Hand, und schaute in Sunshines ernstes Gesicht.

»Ich könnte dir ja zeigen, wie es geht.«

An manchen Tagen empfand sie Sunshine als lästigen Eindringling in ihr neues und noch unsicheres Leben, als ungebetenen, beharrlichen Gast. Aber das hätte sie nie zugegeben. Sie hatte Sunshines Mum sogar gesagt, ihre Tochter sei sehr willkommen. An manchen Tagen gab Laura vor, nicht da zu sein, ließ Sunshine vor der Tür stehen und geduldig, aber hartnäckig klingeln. Ein Mal hatte sie sich sogar im Garten hinter dem Schuppen versteckt. Aber Sunshine hatte sie am Ende gefunden, und ihr strahlendes Lächeln hatte Laura das Gefühl vermittelt, eine Idiotin erster Güte und eine kaltherzige Zicke zu sein.

Anthonys Rechtsanwalt sollte an diesem Tag mit dem Testament und dem Brief kommen. Laura hatte es Sunshine erklärt, war sich aber nicht sicher, wie viel sie begriff. Sie sah Laura gespannt zu, wie sie den Kessel auf den Herd stellte und ein frisches Deckchen für das Tablett aus der Schublade holte. Mr. Quinlan war für 14.30 Uhr angesagt. Davor gelang es Sunshine, fünf Probedurchläufe einzuschieben, einschließlich Abwasch, und Laura war als Double für Mr. Quinlan gezwungen gewesen, die letzten drei Tassen ihrer Blase zuliebe in die Schusterpalme zu kippen.

Mr. Quinlan kam pünktlich. Sunshine erkannte in ihm den alten Mann wieder, der am Tag von Anthonys Trauerfeier mit Laura aus dem Haus gekommen war. Er trug einen grauen Nadelstreifenanzug und ein hellrosa Hemd, eine goldene Uhrkette führte zu seiner Westentasche. Er sah wichtig aus. Unsicher, wie man jemanden von solchem Stand begrüßte, knickste Sunshine und wollte ihn dann abklatschen.

»Freut mich, dich kennenzulernen, junge Dame. Ich bin Robert Quinlan, und wer bist du?«

»Ich bin Sunshine, die neue Freundin von Laura. Die Leute nennen mich manchmal Sunny.«

Er lächelte. »Was ist dir lieber?«

»Sunshine. Sagen die Leute jemals Räuber zu dir?«

»Das ist Berufsrisiko, fürchte ich.«

Laura führte sie in den Wintergarten, und Sunshine sorgte dafür, dass der Anwalt den besten Stuhl bekam. Sie schaute Laura vielsagend an.

»Soll ich jetzt die leckere Tasse Tee machen?«

»Das wäre sehr hilfreich«, erwiderte Laura und wünschte insgeheim, sie wäre noch schnell zur Toilette gegangen, bevor Mr. Quinlan eingetroffen war.

Mr. Quinlan las Laura den Inhalt des Testaments vor, während Sunshine in der Küche war. Es war klar und einfach. Anthony dankte Laura für ihre Arbeit und ihre Freundschaft, ganz besonders aber dafür, dass sie sich so liebevoll um das Haus und alles, was darin war, gekümmert hatte. Laura sollte alles erben, was er besaß, unter der Bedingung, dass sie im Haus wohnte und den Rosengarten genauso beibehielt, wie er war. Er wusste, dass Laura das Haus fast ebenso in ihr Herz geschlossen hatte wie er, und er war in der sicheren Gewissheit gestorben, dass sie sich auch weiterhin darum kümmern und »den größtmöglichen Vorteil aus dem Glück und dem Frieden ziehen« würde, den es zu bieten hatte.

»Und daher, meine Liebe, gehört alles Ihnen. Außer dem Haus und allen darin befindlichen Gegenständen und Möbeln liegt noch eine beträchtliche Summe auf der Bank, und die Tantiemen aus seiner schriftstellerischen Tätigkeit fallen nun Ihnen zu.« Mr. Quinlan warf ihr über den Rand seiner Hornbrille einen Blick zu und lächelte.

»Hier ist die leckere Tasse Tee.« Sunshine schob die Tür mit dem Ellbogen auf und betrat den Raum Zentimeter für Zentimeter wie eine Seiltänzerin. Ihre Fingerknöchel traten unter dem Gewicht des Tabletts weiß hervor, und ihre Zungenspitze lugte vor Anstrengung und Konzentration aus ihrem kleinen knospenartigen Mund. Mr. Quinlan sprang auf und nahm ihr die Last ab. Er stellte das Tablett auf einen Beistelltisch.

»Soll ich die Mutter machen?«, fragte er.

Sunshine schüttelte den Kopf. »Ich habe eine Mum. Sie ist bei der Arbeit.«

»Ganz recht, junge Dame. Ich meinte damit, ob ich den Tee einschenken soll?«

Sunshine überlegte einen Moment. »Weißt du, wie das geht?«

Er lächelte. »Vielleicht zeigst du es mir lieber.«

Drei fachmännisch eingeschenkte Teetassen und zwei

Kekse mit Vanillefüllung später, alles unter Sunshines unbeirrbarer Aufsicht, näherte sich Mr. Quinlans Besuch dem Ende.

»Nur eins noch«, sagte er zu Laura. »Die dritte Bedingung des Testaments.«

Er reichte ihr einen versiegelten weißen Umschlag, auf dem ihr Name in Anthonys Handschrift stand.

»Ich glaube, der erklärt alles ausführlicher, aber es war Anthonys Wunsch, dass Sie sich bemühen sollten, möglichst viele Gegenstände aus seinem Arbeitszimmer ihren rechtmäßigen Besitzern zurückzugeben.«

Laura fielen die ächzenden Regale und vollgestopften Schubfächer ein, und sie schrak vor dieser enormen Aufgabe zurück. »Aber wie?«

»Ich kann es mir nicht einmal ansatzweise vorstellen. Aber Anthony glaubte offensichtlich an Sie, also brauchen Sie vielleicht nur ein wenig Selbstvertrauen. Ich bin mir sicher, dass Sie eine Möglichkeit finden.«

Das hoffte Laura, sicher war sie sich nicht. Andererseits passte Hoffnung gut zu Glaube, oder nicht?

»Sie hatte schönes rotes Haar, wissen Sie.« Mr. Quinlan hatte das Foto von Therese in die Hand genommen.

»Sind Sie ihr je begegnet?«, fragte Laura.

Wehmütig strich er mit dem Finger an den Umrissen des Gesichts auf dem Foto entlang.

»Ein paar Mal. Sie war eine großartige Frau. Oh, sie hatte eine wilde Seite und konnte aufbrausend sein. Dennoch glaube ich, jeder Mann, der ihr begegnete, war ein wenig ihrem Zauber erlegen.« Er stellte das Foto offensichtlich nur ungern wieder auf den Tisch. »Aber Anthony war der Einzige für sie. Er war viele Jahre mein Freund und Klient, und ich habe noch nie einen verliebteren Mann gesehen. Ihr Tod hat seine Seele zerstört. Es war das Traurigste ...«

Sunshine saß ganz still, lauschte jedem Wort und nahm

sie alle in sich auf, damit sie später versuchen konnte, sie zur richtigen Geschichte zusammenzufügen.

»Lassen Sie mich raten«, sagte Mr. Quinlan, stand auf und ging zum Grammophon hinüber. »›The very thought of you‹ von Al Bowlly?«

Laura lächelte. »Das war ihr Lied.«

»Natürlich. Anthony hat mir die Geschichte erzählt.«

»Die würde ich gern hören.«

Seit Anthonys Tod hatte Laura die Erkenntnis, dass sie so wenig von ihm wusste, immer trauriger gemacht. Ihre Beziehung war fest in der Gegenwart verankert gewesen, geschmiedet von der Alltagsroutine, nicht weil sie eine gemeinsame Vergangenheit hatten oder für die Zukunft planten. Daher war Laura nun darauf erpicht, möglichst viel herauszubekommen. Sie wollte den Mann besser kennen, der ihr vertraut und sie so freundlich und großzügig behandelt hatte. Mr. Quinlan kehrte wieder zu seinem Stuhl zurück.

»Eine der frühesten und kostbarsten Erinnerungen Anthonys war, wie er als kleiner Junge zu der Melodie getanzt hatte. Das war während des Zweiten Weltkriegs, sein Vater war auf Heimaturlaub. Er war Offizier bei der Royal Air Force. An dem Abend gingen seine Eltern zu einer Tanzveranstaltung. Es war eine besondere Gelegenheit und der letzte Abend seines Vaters, weshalb seine Mutter sich ein schönes lilafarbenes Abendkleid von einer Freundin geliehen hatte. Es war ein Schiaparelli-Kleid, glaube ich. Anthony hatte ein Foto davon ... Jedenfalls tranken sie zusammen Cocktails im Wohnzimmer, als Anthony hereinkam, um ihnen gute Nacht zu sagen. Sie tanzten zu diesem Song von Al Bowlly – sein schneidiger Vater und seine elegante Mutter –, und sie hoben ihn zwischen sich auf ihre Arme und tanzten mit ihm. Er sagte, er könne sich noch an den Duft des Parfüms seiner Mutter und die Uniform seines Vaters erinnern. Es war das letzte Mal, dass sie zusammen waren, und das letzte Mal, dass er seinen Vater sah. Er kehrte früh am nächsten Morgen zu seinem Luftstützpunkt zurück, bevor Anthony aufwachte. Drei Monate danach wurde er hinter den feindlichen Linien gefangen genommen und bei dem Versuch umgebracht, aus dem Kriegsgefangenenlager zu fliehen. Viele Jahre später, kurz nachdem sie sich kennengelernt hatten, aß Anthony mit Therese in einer Weinbar in Covent Garden zu Mittag, in der Plakate von Donny Osmond und David Cassidy hingen. Anthony und Therese schienen immer zu einem anderen Zeitalter zu gehören. Der Song von Al Bowlly wurde gespielt, und Anthony erzählte Therese die Geschichte. Sie nahm seine Hand, stand auf und tanzte dort mit ihm, als wären sie die einzigen Gäste.«

Laura begriff allmählich. »Klingt, als wäre sie eine tolle Frau gewesen.«

Mr. Quinlans Antwort kam aus tiefstem Herzen. »Das war sie wirklich.«

Als er begann, seine Papiere in die Aktentasche zu stecken, rührte sich die schweigende Sunshine. »Wie wäre es noch mit einer leckeren Tasse Tee?«

Er lächelte dankbar, schüttelte aber den Kopf. »Ich fürchte, ich muss gehen, sonst verpasse ich meinen Zug.« Doch in der Diele blieb er stehen und wandte sich an Laura.

»Ob ich wohl die Toilette benutzen darf, bevor ich gehe?«

16

Der Brieföffner war aus massivem Silber mit einem Griff in Form eines ägyptischen Pharaos. Laura ließ die Klinge zwischen die Falten aus dickem weißem Papier gleiten. Als der Briefumschlag aufsprang, stellte sie sich vor, dass Anthonys Geheimnisse wie eine flüsternde Wolke daraus entwichen. Sie hatte gewartet, bis Sunshine nach Hause gegangen war, und dann erst den Brief ins Arbeitszimmer gebracht. Der Wintergarten war gemütlicher, aber sie fand es passender, wenn sie ihn inmitten der Dinge las, um die es darin ging. Die milden Sommerabende waren unmerklich in kühles herbstliches Zwielicht übergegangen, und Laura war fast versucht, Feuer im Kamin zu machen. Stattdessen zog sie die Ärmel ihres Pullovers über die Hände und holte den Brief aus dem Umschlag. Sie faltete die steifen Papierbögen auseinander und legte sie vor sich auf den Tisch.

Meine liebe Laura,

Anthonys tiefe, freundliche Stimme klang in ihren Ohren, und die schwarze Schrift verschwamm vor ihren Augen, fortgespült von den Tränen, die ihre Augen füllten. Sie schniefte laut und wischte sich die Augen mit dem Ärmel ab.

»Um Himmels willen, Laura, reiß dich zusammen!«, ermahnte sie sich und war überrascht über das Lächeln, das sich auf ihre Lippen stahl.

Meine liebe Laura,

inzwischen werden Sie wissen, dass Padua und alles darin Ihnen gehört. Ich hoffe, dass Sie dort sehr glücklich sein und mir meine alberne Sentimentalität wegen des Rosengartens verzeihen werden. Wissen Sie, ich habe ihn für Therese angelegt, die nach der heiligen Therese der Rosen benannt war. Als sie starb, habe ich ihre Asche zwischen die Rosen gestreut, damit ich ihr immer nah sein konnte, und wenn Sie sich überwinden könnten, dann hätte ich meine Asche dort auch gern verstreut. Falls das zu grausam für Sie ist, können Sie vielleicht Freddy darum bitten. Ich bin mir sicher, er hätte nichts dagegen; der Gute ist hart im Nehmen.

Und nun muss ich Ihnen von den Dingen im Arbeitszimmer erzählen. Auch hier fängt es mit dem Rosengarten an. An dem Tag, an dem ich ihn pflanzte, machte Therese mir ein Geschenk. Es war ein Medaillon, das sie zur Erstkommunion bekommen hatte. Sie sagte mir, damit wolle sie mir für den Rosengarten danken, es sollte mich daran erinnern, dass sie mich immer lieben würde, was auch geschehen möge. Ich musste ihr versprechen, es immer bei mir zu tragen. Es war das Wertvollste, das ich je besessen habe. Und ich habe es verloren. An dem Tag, an dem Therese starb. Ich hatte es an dem Morgen in meiner Tasche, als ich das Padua verließ, aber als ich zurückkam, war es nicht mehr da. Ich hatte das Gefühl, als wäre der letzte Faden gerissen, der Therese und mich aneinanderband. Wie eine Uhr, die nicht aufgezogen worden ist, blieb ich stehen. Ich hörte auf zu leben und existierte nur noch. Ich atmete, aß, trank und schlief. Aber nur in dem Maße, in dem ich es brauchte, mehr nicht.

Robert hat mich schließlich wieder zur Vernunft gebracht. »Was würde Therese wohl dazu sagen?«, fragte er mich. Und er hatte recht. Sie war so voller Leben gewesen, und es war ihr gestohlen worden. Ich lebte noch, hatte mich aber dafür entschieden, nur dahinzuvegetieren. Sie wäre wütend gewesen. »Und es hätte ihr das Herz gebrochen«, sagte Robert. Ich begann, spazieren zu gehen, die Welt wieder zu besuchen. Eines Tages fand ich einen Handschuh, den einer Frau, marineblaues Leder, der rechte. Ich nahm ihn mit nach Hause und versah ihn mit einem Etikett – was es war, wann und wo gefunden. Und so fing ich mit meiner Sammlung verlorener Dinge an. Vielleicht dachte ich, wenn ich jeden verlorenen Gegenstand rettete, den ich fand, würde jemand das Einzige auf der ganzen Welt retten, an dem mir wirklich etwas lag, und ich würde es eines Tages zurückbekommen, um mein gebrochenes Versprechen doch noch einzulösen. Der Fall trat nie ein, aber ich gab die Hoffnung nicht auf; hörte nie auf, Dinge zu sammeln, die andere Menschen verloren hatten. Und diese winzigen Fetzen aus dem Leben anderer Menschen inspirierten mich zu meinen Geschichten und halfen mir, wieder zu schreiben.

Ich weiß, dass die meisten Fundstücke wahrscheinlich wertlos sind, und niemand wird sie zurückhaben wollen. Aber wenn Sie nur einen Menschen glücklich machen können, ein gebrochenes Herz heilen und jemandem das zurückgeben, was er verloren hat, dann hat es sich gelohnt. Sie werden sich fragen, warum ich das alles geheim gehalten, die Tür zum Arbeitszimmer all die Jahre verschlossen habe. Das kann ich selbst kaum sagen, es sei denn, ich hatte vielleicht Angst davor, man könnte mich für ein bisschen verrückt halten. Das also ist die Aufgabe, die ich Ihnen hinterlasse, Laura. Ich bitte Sie nur, es zu versuchen.

Ich hoffe, dass Ihr neues Leben all das ist, was Sie sich wünschen, und dass Sie andere finden, die es mit Ihnen teilen. Denken Sie daran, Laura, es gibt eine Welt außerhalb des Padua, und es lohnt sich, sie hin und wieder zu besuchen.

Ein Letztes noch – da sitzt oft ein Mädchen auf der Bank jenseits der Grünfläche des Hauses. Sie scheint so eine Art verlorene Seele zu sein. Ich habe mir oft gewünscht, ich könnte mehr für sie tun als ein paar freundliche Worte, aber leider ist es heutzutage schwierig für einen alten Mann, einer jungen Dame zu helfen, ohne auf üble Weise missverstanden zu werden. Vielleicht können Sie sie »einsammeln« und ihr ein wenig Freundschaft anbieten? Machen Sie, was Sie für das Beste halten.

Mit tief empfundenem Dank und den besten Wünschen,
alles Gute
Anthony

Als Laura sich auf ihrem Stuhl im Arbeitszimmer rührte, waren ihre Glieder steif vor Kälte. Draußen hing ein perlmuttfarbener, perfekt runder Mond am schwarzen Himmel. Sie ging in die warme Küche und machte Wasser heiß, während sie über Anthonys Bitten nachdachte. Seine Asche würde sie gern verstreuen. Die verlorenen Dinge zurückzugeben war hingegen nicht so einfach. Wieder einmal spürte sie die Steine in ihrer Tasche, die sie daran erinnerten, wer sie wirklich war. Ihre Eltern waren inzwischen seit einigen Jahren tot, aber sie hatte nie das Gefühl ablegen können, sie enttäuscht zu haben. Sie hatten nie etwas in dieser Richtung gesagt, aber mal ehrlich, was hatte sie je getan, um ihre bedingungslose Liebe und Loyalität zu erwidern und sie stolz zu machen? Sie hatte das Studium abgebrochen, ihre Ehe war eine Katastrophe gewesen, und sie hatte ihnen kein Enkelkind geschenkt. Als ihre Mutter starb, hatte Laura gerade Fish and Chips in Cornwall gegessen. Dass es ihr erster Urlaub war, nachdem sie Vince verlassen hatte, war keine Entschuldigung. Als ihr Vater nur sechs Monate später gestorben war, hatte Anthony einen Teil der Leere gefüllt, die zurückgeblieben war. Vielleicht war die Aufgabe, die er ihr hinterlassen hatte, jetzt ihre Chance, etwas wiedergutzumachen? Vielleicht war das hier ihre Gelegenheit, endlich Erfolg zu haben.

Dann gab es noch Sunshine. Damit war sie Anthony zumindest zuvorgekommen, aber sie konnte es sich nicht als Verdienst anrechnen. Sunshine hatte ihr von sich aus die Freundschaft angeboten, und selbst da hatte Laura gezögert, sie zu erwidern. Sie dachte daran, wie oft sie Sunshine gesehen hatte, bevor Anthony gestorben war, ohne etwas zu unternehmen. Zu sagen. Nicht einmal »hallo«. Aber Anthony hatte das getan, was er konnte, auch wenn es wenig war, sogar noch nach seinem Tod. Laura war von sich enttäuscht, aber sie war entschlossen, den Versuch zu unternehmen und sich zu ändern. Sie nahm ihren Tee mit nach oben in das nach Rosen duftende Schlafzimmer, das sie für sich ausgesucht hatte. Besser gesagt, das sie mit Therese teilte. Denn sie war noch immer da. Ihre Sachen waren noch da. Natürlich nicht ihre Kleidung, aber ihr Frisiertisch, das Foto von ihr mit Anthony, das auf unerklärliche Weise erneut mit dem Gesicht nach unten lag, und die kleine blaue Emaille-Uhr. 11.55 Uhr. Wieder stehengeblieben. Laura stellte ihre Tasse ab und zog die Uhr auf, bis das leise Ticken wieder einsetzte. Sie ging zu Bett und ließ die Vorhänge weit offen; draußen verschleierte der perfekte Mond den Rosengarten mit einem gespenstischen Damast aus Licht und Schatten.

17

Eunice

1984

»At Christmas time we da-di-da and we vanish shade ...«

Mrs. Doyle war gut bei Stimme, während sie den Mann vor Eunice mit zwei Scheiben Fleischpastete und zwei Stücken Tottenham Cake bediente. Sie hielt inne, um Luft zu holen und Eunice zu begrüßen.

»Ist ein toller Bursche, dieser Bob Geldof, dass er die ganzen Popsänger dazu überredet, eine Platte zu machen für diese armen Würmer in Äthio...« – der Rest des Wortes entwischte Mrs. Doyles lexikalischem Fassungsvermögen – »... in der Wüste.«

Eunice lächelte zustimmend. »Er ist fast ein Heiliger.«

Mrs. Doyle begann, Donuts in eine Tüte zu stecken. »Allerdings«, fuhr sie fort, »es ist ja nicht so, als könnten Boy George und Midge Ure und die anderen alle sich keine Wohltätigkeit leisten. Und diese Bananaramas – prächtige Mädels, aber die scheinen ja wohl keine Haarbürste zu kennen, so wie es aussieht.«

Douglas ließ sich von Eunices Schritten auf der Treppe

nicht stören. Seine graue Schnauze zuckte, und seine Vorderpfoten bewegten sich, als er von Gott weiß was träumte. Aber es musste ein glücklicher Traum sein, dachte Eunice, weil seine Mundwinkel zu einem Lächeln nach oben gezogen waren. Bomber beobachtete ihn von seinem Schreibtisch aus wie ein ängstliches Kind vom Fenster aus seinen Schneemann, der unweigerlich anfängt zu schmelzen. Sie wollte ihn beruhigen, konnte aber nichts sagen. Douglas wurde alt. Seine Tage wurden kürzer. Er würde sterben, Herzen würden brechen. Aber vorerst hatte er es warm, und er war zufrieden, und wenn er schließlich aufwachte, würde ein cremiger Donut auf ihn warten. Der Wechsel von Marmelade zu Creme (eigentlich Marmelade *und* Creme) war das Bemühen, Douglas' alte Knochen mit ein wenig Fleisch zu polstern, das sich von Jahr zu Jahr auf mysteriöse Weise weiter aufzulösen schien.

Bomber erlebte jedoch genau das Gegenteil. In den zehn Jahren, die Eunice ihn nun kannte, war es ihm gelungen, einen sehr bescheidenen Bauch wachsen zu lassen, der seiner noch immer langgliedrigen Gestalt etwas Weichheit verlieh. Er tätschelte ihn liebevoll, als er zum x-ten Mal sagte: »Wir müssen aufhören, so viele Donuts zu essen.« Ein Kommentar, der ernste Absichten vermissen ließ und von Eunice geflissentlich überhört wurde.

»Kommen deine Eltern diese Woche in die Stadt?«

Eunice hatte Grace und Godfrey sehr ins Herz geschlossen und freute sich auf ihre Besuche, die leider immer seltener wurden. Das Alter war ganz offensichtlich gnadenlos. Besonders Godfrey ließ sowohl körperlich als auch geistig nach, sein Verstand und seine Robustheit stahlen sich unaufhaltsam davon.

»Nein, diese Woche nicht. Sie sind ein bisschen indisponiert. Es sollte mich nicht wundern, wenn sie den Ofen angeheizt, sich mit Whiskey eingedeckt und die Fallgitter eingezogen hätten.« Bomber saß mit gerunzelter Stirn über einem Manuskript, das aufgeschlagen auf seinem Schreibtisch lag.

»Warum? Was ist los?« Eunice war besorgt.

»Tja, einer ihrer guten Freunde ist bei dem Bombenanschlag in Brighton umgekommen, und dann gab es da vor zwei Wochen einen Brand in der U-Bahn-Station, die auf ihrer normalen Strecke liegt. Ich glaube, sie haben das Gefühl, dass es zu Hause momentan am sichersten ist.« Bomber klappte das Manuskript zu. »Wahrscheinlich auch ganz gut so. Ich glaube, Ma hätte sich verpflichtet gefühlt, sich nach dem hier zu erkundigen.«

Er wedelte mit dem Manuskript vor Eunice herum, als wäre es ein fauler Fisch. Schließlich rührte Douglas sich in seiner Ecke. Er nahm seine Umgebung mit alternden, schimmernden Augen auf, und als er festgestellt hatte, dass sie sicher und vertraut war, brachte er die Energie auf, leicht mit der Schwanzspitze zu wedeln. Eunice eilte zu ihm, drückte ihm einen Kuss auf den vom Schlaf warmen Kopf und brachte ihm den Donut, der bereits in Häppchen geschnitten auf einem Teller lag. Aber sie hatte den faulenden Fisch nicht vergessen.

»Was ist es?«

Bomber seufzte übertrieben. »Es hat den Titel *Großkopf und Frömmler.*«

»Klingt interessant.«

»Na ja, so kann man das neueste *livre terrible* meiner lieben Schwester auch nennen. Es handelt von den fünf Töchtern eines bankrotten Fußballtrainers. Ihre Mutter ist fest entschlossen, sie mit Popstars oder Fußballspielern oder mit jemandem zu verheiraten, der reich ist. Sie stellt sie beim Jagdball im Ort zur Schau, bei dem die Älteste, Janet, vom Ehrengast zum Tanzen aufgefordert wird, einem jungen, gut aussehenden Besitzer eines Landhotels, Mr. Bingo. Ihre

Schwester Izzy ist ziemlich hingerissen von seinem rätselhaften Freund, Mr. Arsey, einem weltberühmten Konzertpianisten, aber er hält das Benehmen der Jungbauern vor Ort für reichlich vulgär und weigert sich, Izzy bei einem Karaoke-Duett zu begleiten. Sie nennt ihn einen Snob und geht verärgert fort. Um eine lange und eigenartig vertraute Geschichte abzukürzen: Die jüngste Tochter brennt mit einem zweitklassigen Fußballer nach Margate durch, wo sie sich gleiche Tattoos machen lassen. Sie wird schwanger, wird fallengelassen und landet in einem möblierten Zimmer in Peckham. Nach einer wohlmeinenden, aber ziemlich aufgeblasenen Einmischung von Mr. Arsey heiratet Janet schließlich Mr. Bingo, und nachdem sein Agent es verbietet, macht Mr. Arsey am Ende seichte Musik mit Izzy.«

Eunice hatte inzwischen den Versuch aufgegeben, eine nichtssagende Miene beizubehalten, und brüllte vor Lachen über Portias neuesten literarischen Diebstahl. Bomber fuhr nichtsdestotrotz fort:

»Der Cousin der Mädchen, Mr. Coffins, ein Religionslehrer an einer extrem teuren und völlig inkompetenten Privatschule für Mädchen, bietet an, eine der Schwestern zu heiraten, aber zur Verzweiflung ihrer Mutter will keine, weil er aus dem Mund stinkt und sein Bauchnabel hervortritt, weshalb er ihre andere Cousine heiratet, Charmaine, um sich zu trösten. Charmaine ist froh, ihn zu haben, da sie einen leichten Schnurrbart hat und mit einundzwanzigeinhalb schon zum alten Eisen gehört.«

»Arme Charmaine. Wenn sie sich im Alter von einundzwanzigeinhalb mit schlechtem Atem und einem hervorstehenden Bauchnabel abfinden muss, welche Hoffnung bleibt mir dann noch mit fast einunddreißig?«

Bomber grinste. »Oh, ich bin mir sicher, wir könnten einen netten Mr. Coffins für dich finden, wenn du wirklich einen willst.«

Eunice bewarf ihn mit einer Büroklammer.

Am Abend schlenderte sie durch den Garten hinter Bombers Wohnung, während er unter der strengen Aufsicht von Douglas das Abendessen kochte. Sie würde nie heiraten. Das wusste sie inzwischen. Bomber würde sie nie heiraten, und einen anderen wollte sie nicht, also war die Sache damit erledigt. In der Vergangenheit hatte sie sich gelegentlich mit einem hoffnungsvollen jungen Mann verabredet, manchmal sogar ein paar Mal. Aber Eunice war sich immer unehrlich vorgekommen. Kein Mann konnte Bomber das Wasser reichen, und keiner hatte es verdient, ewig der Zweite zu sein. Jede Beziehung wäre nur Freundschaft und Sex, niemals Liebe, und keine Freundschaft wäre jemals so kostbar wie die mit Bomber. Schließlich verabredete sie sich gar nicht mehr. Sie dachte an ihren Geburtstagsausflug nach Brighton vor langer Zeit. Das war inzwischen zehn Jahre her. Es war ein wunderschöner Tag gewesen, aber am Ende war ihr das Herz gebrochen worden. Auf dem Heimweg im Zug neben dem Mann, den sie liebte, hatte Eunice gegen die Tränen angekämpft, denn sie wusste, dass sie nie die Richtige für Bomber wäre. Aber sie waren Freunde, beste Freunde. Und für Eunice war das allemal besser, als würde er überhaupt nicht zu ihrem Leben gehören.

Während er die Sauce Bolognese in der Küche anrührte, dachte Bomber an die Unterhaltung, die sie zuvor geführt hatten. Eunice war eine verblüffende junge Frau mit rascher Auffassungsgabe, war schlagfertig und hatte eine erstaunliche Hutsammlung. Unfassbar, dass sie nie umworben wurde oder eine ihrer spektakulären Kopfbedeckungen einem jungen Mann aufsetzte, der es verdiente.

»Stört dich das?« Er sprach seine Gedanken laut aus, wenn auch ein wenig sorglos, denn die Frage war nicht ernst gemeint. Es schien ein wenig unverblümt, das zu fragen.

»Was stört mich?« Eunice kam herein, wedelte mit einem

Stück Knabbergebäck wie mit dem Taktstock eines Dirigenten und nippte an einem Glas Rotwein.

»Dass du keinen gutaussehenden Typen mit einem roten Sportwagen, einem Filofax und einer Wohnung in Chelsea hast?«

Eunice biss das Ende der Knabberstange entschlossen ab. »Was um alles in der Welt sollte ich damit, wenn ich dich und Douglas habe?«

18

Die Frau will die nicht zurückhaben.«

Sunshine stellte Tasse und Untertasse auf den Tisch vor Laura.

»Die solltest du für die leckere Tasse Tee behalten.«

Das cremefarbene Porzellan war beinahe durchsichtig, handbemalt mit lilafarbenen und goldgetupften Veilchen. Laura schaute in Sunshines ernstes Gesicht. Sie hatte Sunshine am Morgen mit ins Arbeitszimmer genommen und ihr ausführlich den Inhalt von Anthonys Brief erklärt.

»Er hat gesagt, du und ich sollen aufeinander aufpassen«, erklärte sie seine Worte.

Zum ersten Mal hatte sie Sunshine lächeln sehen. Neugierig und eifrig hatte sie die Gegenstände im Arbeitszimmer angefasst, ohne um Erlaubnis zu bitten, aber mit einer Sanftheit und Achtung, die Anthony begeistert hätten, so wie sie Laura beruhigten. Sie umfasste jedes Objekt mit ihren weichen Händen, als wäre es ein Vogelküken mit gebrochenem Flügel. Laura richtete ihre Aufmerksamkeit wieder auf die Tasse mit Untertasse und das dazugehörige Etikett. So etwas zu verlieren, war auf jeden Fall eigenartig.

»Aber das wissen wir nicht, Sunshine. Wir wissen nicht, wem sie gehört hat.«

Sunshines Überzeugung war unumstößlich. »Ich weiß es. Das war die Frau, und die will es nicht zurückhaben.«

Sie trug ihre Worte ohne einen Hauch Arroganz oder Gereiztheit vor. Sie stellte lediglich eine Tatsache fest.

»Aber woher weißt du das?«

Sunshine nahm die Tasse und hielt sie an ihre Brust. »Ich kann es spüren. Ich denke das nicht in meinem Kopf, ich fühle es einfach.« Sie stellte die Tasse wieder auf die Untertasse. »Und die Frau hatte einen Vogel«, fügte sie der Vollständigkeit halber hinzu.

Laura seufzte. Das Schicksal der verlorenen Dinge hing über ihr, schwer wie die Kleidung eines Ertrinkenden. Anthony hatte sie als seine Nachfolgerin ausgewählt, und sie war stolz und dankbar, fürchtete aber auch, ihm nicht gerecht zu werden; und nach der Tasse mit Untertasse zu urteilen, könnten Sunshines »Gefühle« am Ende eher ein Hindernis als eine Hilfe sein.

Porzellantasse mit Untertasse.
Gefunden auf einer Bank in Riviera Public Gardens,
31. Oktober.

Eulalia rührte sich schließlich in ihrem Sessel, nahm ihre Umgebung mit altersdunklen Augen auf. Sie stellte fest, dass sie ihr vertraut und sie selbst quicklebendig und nicht tot war, und ein strahlendes Lächeln breitete sich auf ihrem runzligen braunen Gesicht aus, wobei ihre wenigen noch immer weißen Zähne sichtbar wurden.

»Gelobt sei Jesus Christus für einen weiteren Tag auf dieser Seite der Himmelspforte«, dachte sie. »Und verflucht soll er auch sein«, als ihre Arthritis Schmerzen wie Schwerter durch ihre knochigen Beine schoss, während sie versuchte aufzustehen. Sie mochte zwar am Leben sein, aber quicklebendig war sie mit Sicherheit nicht. Sie war in letzter Zeit dazu übergegangen, unten in ihrem Sessel zu schlafen. Das obere Stockwerk wurde rasch zu einem unerreichbaren Gebiet. Deshalb zog sie um. Betreutes Wohnen nannten sie es. Für sie war es Kapitulation, das Hissen der weißen Fahne. Aber es war nicht zu ändern. Ein Raum mit Nasszelle, ein Gemeinschaftsraum, Gemeinschaftsküche und zubereitetes Essen, falls gewünscht. Eine Plastikhülle über der Matratze, falls man ins Bett machte. Eulalia schlurfte in die Küche, schlüpfte in ihre Hausschuhe und nahm ihre Stöcke zur Hand wie eine geriatrische Ski-Langläuferin. Sie setzte einen Kessel Wasser auf, hängte einen Teebeutel in den Becher, öffnete die Hintertür und ließ den Sonnenschein ein. Früher war sie einmal stolz auf ihren Garten gewesen. Sie hatte ihn geplant und angelegt, ihn all die Jahre genährt und gepflegt. Doch nun war er ihr über den Kopf gewachsen wie ein ungezogener Teenager und verkommen. Die Elster tauchte zu ihren Füßen auf, sobald die Tür offen stand. Sie sah aus, als hätte sie einen schlechten Tag, einen Beinahe-Zusammenstoß mit der Katze von nebenan vielleicht. Aber ihre Augen waren hell, und sie krähte Eulalia leise an, während sie den Kopf zur einen und zur anderen Seite neigte.

»Guten Morgen, Rossini, mein Freund« – das war ihr kleiner gemeinsamer Scherz –, »du möchtest dein Frühstück haben, vermute ich.«

Der Vogel hüpfte hinter ihr her in die Küche und wartete geduldig, bis sie eine Handvoll Rosinen aus einer Dose auf dem Abtropfbrett holte.

»Was wirst du nur ohne mich machen?«, fragte sie, als sie zwei auf den Küchenboden warf. Der Vogel pickte sie auf und schaute sie an, weil er mehr haben wollte.

»Jetzt raus, mein Freund«, sagte sie und verstreute den Rest der Rosinen auf der Treppe.

Sie nahm ihren Tee mit ins Wohnzimmer. Mit nur einem Stock kam sie unsicher voran und ließ sich vorsichtig auf ihrem Stuhl nieder. Der Raum war voll hübscher Sachen, bizarrer und wunderschöner Weihnachtskugeln und Zierrat. Eulalia war ihr Leben lang eine Elster gewesen, hatte sich mit funkelnden und glitzernden Dingen umgeben, mit schimmernden und samtweichen, zauberhaften und makabren. Aber jetzt war die Zeit gekommen, alles loszulassen. Das waren ihre Schätze, und sie würde über ihr Schicksal entscheiden. Sie konnte sie nicht mitnehmen, konnte aber auch den Gedanken nicht ertragen, dass ihre Kostbarkeiten von einem Lastwagenfahrer namens Dave mitgenommen wurden: »Haushaltsauflösungen. Für uns ist nichts zu groß oder zu klein!« Im Übrigen könnten einige Sachen sie in Schwierigkeiten bringen. Manches war nicht ganz ... legal. In ihren Schränken befanden sich Skelette. Echte.

Als sie ihren karierten Einkaufstrolley mit den ausgesuchten Gegenständen gefüllt hatte, war es fast Mittag. Ihre steifen Knochen waren durch die Bewegung warm geworden und bewegten sich jetzt besser, als sie sich auf den Weg in den Park machte. Sie würde ihre Sachen fortgeben. Sie würde sie liegen lassen, wo andere sie finden würden, so viele Sachen, wie sie in ihrem Rollwagen ziehen konnte. Den Rest würde niemand haben wollen. Es war ein Schultag, der Park war menschenleer bis auf zwei Hundesitter und eine arme, unglückliche Seele, die noch im Musikpavillon schlief. Niemand sah Eulalia, als sie vier Schneekugeln, einen Kaninchenschädel und eine goldene Taschenuhr auf die kleine Mauer legte, die den Zierbrunnen umgab. Weiter hinten im Park wurden zwei silberne Kerzenhalter aus einer Kirche, ein ausgestopftes Wiesel und ein Satz vergoldeter künstlicher Zähne in den Nischen des Kriegerdenkmals versteckt. Ein mumifizierter Schweinepenis und die goldbronzene Spieluhr aus Paris wurden auf den Stufen am Teich hinterlassen, ebenso die Brautpuppe aus Porzellan mit leeren Augenhöhlen auf einer Schaukel. Die Kristallkugel legte sie in eine steinerne Vogeltränke, und der Filzhut mit einer Kokarde aus Krähenfedern kam oben auf die Sonnenuhr. Die Ebenholzschale wurde unter einen Ahornbaum gestellt, dessen Blätter ein flüssiges Kaleidoskop aus Scharlachrot, Orange und Gelb waren. Sie machte weiter, bis der fast leere Trolley hinter ihr auf wackeligen Rädern hüpfte. Sie setzte sich auf eine Parkbank und seufzte zufrieden. Alles erledigt – fast. Der letzte Gegenstand auf der Bank neben ihr war eine Porzellantasse mit Untertasse, bemalt mit goldgetupften Veilchen. Sie klapperte, als bei einer Explosion zwei Straßen weiter ein Postbote ums Leben kam und ein Fußgänger schwer verletzt wurde. Eine dicke Qualmwolke stieg wie eine dunkle Säule in den Nachmittagshimmel, und Eulalia lächelte, als ihr einfiel, dass sie das Gas nicht abgestellt hatte.

»Mach das Gas unter dem Kessel an, gib Tee in die Teekanne und Milch ins Kännchen.«

Laura kam wieder in die Küche und musste lächeln, als Sunshine sich die Anweisungen zum Teekochen selbst gab, wie stets bei allen Aufgaben, die Konzentration erforderten. An der Hintertür klopfte es, und Freddy kam herein, ohne eine Antwort abzuwarten. Laura hatte am Abend zuvor mit ihm gesprochen, um ihm mitzuteilen, dass er seinen Job behalten konnte, falls er wollte, und ihn aufzufordern, zum Tee in die Küche zu kommen, statt ihn wie üblich allein im Garten zu trinken. Er war seit der Trauerfeier nicht da gewesen und wusste noch nichts von der neuen Situation im Padua.

Laura war von sich selbst überrascht, als sie die Einladung aussprach, hatte sich aber überlegt, dass sie in seiner Gegenwart weniger verlegen wäre, je öfter sie ihn sähe. Denn sie kam nicht umhin, ihn immer attraktiver zu finden.

»Zwei Stück Zucker, bitte«, sagte er und zwinkerte Sunshine zu, die hochrot wurde und etwas Faszinierendes auf dem Teelöffel in ihrer Hand fand, das sie betrachten konnte. Laura wusste, wie es ihr ging. Dieser lakonische Mann, der den Garten mit großer Sorgfalt pflegte und alle Arbeiten um das Haus herum mit stiller Effizienz erledigte, hatte etwas Verblüffendes an sich. Laura wusste kaum etwas über sein Leben; er verriet so wenig, und sie hatte bisher noch nicht den Mut aufgebracht, ihn zu fragen. Aber sie arbeitete darauf hin, das hatte sie sich fest vorgenommen. Er musste anscheinend nur wissen, was zu tun war und ob es Kekse gab.

»Freddy, das ist Sunshine, meine neue Freundin und Assistentin. Sunshine, das ist Freddy.«

Sunshine riss den Blick vom Teelöffel los und versuchte Freddy in die Augen zu schauen.

»Hi, Sunshine. Wie geht's?«

»Wie geht was? Ich bin neunzehn, und ich habe Daunendrom.«

Freddy lächelte. »Ich bin dreiunddreißigdreiviertel und Steinbock.«

Sunshine stellte eine Tasse Tee vor Freddy, dann das Milchkännchen und die Zuckerschale. Dann einen Teelöffel und einen Teller mit Keksen. Und dann eine Gabel, eine Flasche Spülmittel, eine Packung Cornflakes und einen Schneebesen. Und eine Schachtel Streichhölzer. Freddys gutmütiges Lächeln wurde immer breiter und gab den Blick auf perfekte weiße Zähne frei. Das Lächeln wurde zu einem tiefen, kehligen Gelächter. Wie Sunshines Prüfung auch ausgesehen hatte, er hatte sie bestanden. Sie setzte sich neben ihn.

»Der heilige Anthony hat all die verlorenen Dinge Laura hinterlassen, und wir müssen sie den richtigen Leuten wieder zurückgeben. Außer der Tasse und der Untertasse.«

»Stimmt das?«

»Ja. Soll ich sie dir zeigen?«

»Heute nicht. Ich trinke noch meinen Tee und das Spülmittel, und dann muss ich noch was erledigen. Aber das nächste Mal, wenn ich hier bin, haben wir eine Verabredung.«

Sunshine lächelte beinahe. Laura kam sich allmählich ein wenig überflüssig vor. »Anthony war sicherlich ein sehr guter Mann, Sunshine, aber genau genommen war er kein Heiliger.«

Freddy leerte seine Tasse. »Na ja, er hätte einer sein können. Haben Sie nie vom heiligen Antonius von Padua gehört, dem Schutzheiligen verlorener Dinge?«

Laura schüttelte den Kopf.

»Das ist kein Scherz. Es stimmt. Fünf Jahre Sonntagsschule«, fügte er als Erklärung hinzu.

Sunshine lächelte triumphierend. Jetzt hatte sie zwei Freunde.

19

Laura warf ihr altes Leben fort. Es war ein chaotisches Unterfangen. Sie warf einen Karton Gerümpel in den Müllcontainer und knallte den Deckel zu, wobei ihr eine Wolke aus Staub und Dreck ins Gesicht wehte. Sie hatte die letzten Sachen durchgesehen, die sie aus ihrer Wohnung mitgebracht hatte. Vieles hatte sie gar nicht ausgepackt, nachdem sie aus dem Haus ausgezogen war, das sie mit Vince geteilt hatte. Wenn sie das in den vergangenen sechs Jahren nicht gebraucht hatte, würde sie es jetzt auch nicht mehr brauchen. Der Wohltätigkeitsladen im Ort hätte sich wahrscheinlich über einige Sachen aus ihrem »Müll« gefreut, aber das hätte eine Fahrt in die Stadt bedeutet, zu der Laura keine Lust hatte. »Dafür habe ich im Moment zu viel zu tun«, redete sie sich ein. Dann fiel ihr Anthonys Brief ein: *Es gibt eine Welt außerhalb des Padua, und es lohnt sich, ihr hin und wieder einen Besuch abzustatten.* »An einem anderen Tag«, nahm sie sich vor.

Sie wischte sich den Schmutz aus dem Gesicht und rieb sich die Hände an ihrer Jeans ab. Herrgott, war sie dreckig, höchste Zeit für eine Dusche.

»Hallo. Arbeiten Sie hier?«

Die Frage kam von einer langbeinigen Blondine. In hautenger Jeans und hellrosa Gucci-Wildlederslippern, die perfekt zu ihrem Kaschmirpullover passten, stand sie auf dem Weg. Lauras dümmlicher Ausdruck veranlasste die junge Frau offenbar zu der Annahme, dass sie entweder fremd war, begriffsstutzig oder taub. Sie versuchte es noch einmal, sprach sehr langsam und etwas zu laut.

»Ich suche Freddo – den Gärtner.«

Zum Glück tauchte Freddy in diesem Moment auf, ging mit einer Holzkiste voll frisch ausgegrabener Kartoffeln durch den Garten und stellte sie Laura zu Füßen.

»Freddo, Schätzchen!«

Die junge Frau schlang ihre Arme um seinen Hals und küsste ihn begeistert auf den Mund. Freddy befreite sich sanft und ergriff ihre Hand.

»Felicity, was machst du hier, um Himmels willen?«

»Ich bin gekommen, um meinen Schatz zum Mittagessen auszuführen.«

Freddy grinste. Er wirkte unangenehm berührt. »Felicity, das ist Laura. Laura, das ist Felicity.«

»Das hab ich mitbekommen.« Laura nickte, reichte ihr aber nicht die Hand, was auch gut so war, weil Felicity »den Hilfskräften« nicht die Hand zu schütteln pflegte. Das glückliche Paar trottete Arm in Arm davon, Laura nahm die Kartoffeln mit in die Küche und knallte die Kiste auf den Tisch.

»Was bildet die Kuh sich ein?«, schäumte sie. »Sehe ich aus, als würde ich hier arbeiten?«

Als sie sich im Spiegel in der Diele erblickte, erschrak sie. Mit ihren ungekämmten Haaren, die sie nachlässig unter ein getupftes Kopftuch gesteckt hatte, den Schmutzflecken im Gesicht und ihrem schlabberigen, formlosen Sweatshirt sah sie aus wie ein modernes Küchenmädchen.

»Blöde Kuh!«

Sie stampfte nach oben und nahm eine lange heiße Dusche, aber als sie danach auf ihrem Bett saß, in ein Handtuch gehüllt, war klar, dass das Wasser nur den Schmutz, nicht aber ihre Wut hatte abspülen können. Sie war eifersüchtig. Sie schämte sich, es zuzugeben, aber es stimmte. Mit ansehen zu müssen, wie diese dämliche Frau Freddy geküsst hatte, war einfach nur ärgerlich gewesen. Laura zog die Augenbrauen hoch, als sie sich im Spiegel des Frisiertischs sah, und lächelte dümmlich.

»Ich kann auch zum Mittagessen ausgehen, wenn ich will.«

Das war es. Sie *würde* zum Mittagessen ausgehen. Anthony hatte gewollt, dass sie ausging, und das würde sie auch. Heute. Sofort.

The Moon is Missing war ein Pub mit lässigem Schick, der ein gewisses Publikum anzog. Seine Nähe zu St. Luke bedeutete, dass er gern aufgesucht wurde, wenn man sich nach einer Beerdigung stärken oder vor einer Hochzeit Mut antrinken wollte. Laura bestellte einen Whisky mit Soda, dazu »Kabeljaustreifen in Kräuterpanade mit handgeschnittenen Kartoffelschnitzen und einer leicht aufgeschäumten Sauce Tartare« und nahm in einer der Nischen an der Wand gegenüber der Bar Platz. Kaum hatte sie das Haus verlassen, hatte sie den Mut verloren, und was als Vergnügen gedacht war, wurde zu einer Last, wie ein Besuch beim Zahnarzt oder eine Autofahrt im Feierabendverkehr. Laura war froh, dass sie früh genug gekommen war, um eine Nische zu ergattern, und dass sie daran gedacht hatte, sich ein Buch mitzunehmen, hinter dem sie sich verstecken konnte, falls jemand sie ansprechen sollte. Auf ihrem Weg hierher war ihr plötzlich und ziemlich besorgniserregend in den Sinn gekommen, dass Freddy und die muntere Felicity vielleicht auch in diesem Pub zu Mittag aßen, doch obwohl der Gedanke sie in Angst und Schrecken versetzte, war sie zu stur, um umzukehren. Also saß sie hier, trank Alkohol am helllichten Tag, was noch nie vorgekommen war, und tat, als läse sie ein Buch, das sie eigentlich nicht interessierte, während sie auf eine Mahlzeit wartete, die sie gar nicht wollte. Alles nur, um sich selbst etwas zu beweisen und Anthony nicht zu enttäuschen. Und wenn man bedachte, dass sie zu Hause sein und den Herd putzen könnte ... Selbst Laura musste unwillkürlich über ihre eigene Lächerlichkeit lächeln.

Der Pub füllte sich, und gerade als die Kellnerin ihr die schicken Fischstäbchen mit Pommes brachte, wurde die Nische neben Laura mit viel Schnaufen und Keuchen belegt, Mäntel und Einkaufstüten wurden abgeworfen. Als ihre neuen Nachbarinnen laut aus der Speisekarte vorlasen, erkannte Laura den herrischen Alt von Marjory Wadscallop, begleitet von der zittrigen Oberstimme von Winnie Cripp. Nachdem sie sich für »Suppe von Champignons und knuspriges Stubenküken« entschieden und bestellt hatten, stießen die beiden mit Gin Tonic an und begannen, die *Geisterkomödie* zu besprechen, die gerade von ihrer Laientheatergruppe geprobt wurde.

»Natürlich bin ich technisch gesehen viel zu jung, um Madame Arcati zu spielen«, behauptete Marjory, »andererseits erfordert die Rolle eine Schauspielerin mit außergewöhnlicher Bandbreite und großem Einfühlungsvermögen, daher vermute ich, wenn man die Dramatis personae bedenkt, die Everard zur Verfügung steht, dass ich die einzig richtige Wahl war.«

»Ja, natürlich, meine Liebe«, stimmte Winnie ihr zu, »und Gillian ist ein absoluter Profi, was Kostüme und Make-up betrifft, daher wird sie dich schnell alt aussehen lassen.«

Marjory war sich offenbar nicht sicher, ob sie darüber erfreut sein sollte oder nicht. »Na ja, wenn man die Menge an Make-up bedenkt, die sie normalerweise aufträgt, ist sie auf jeden Fall ein Profi«, erwiderte sie gereizt.

»Wie böse!«, kicherte Winnie und verstummte dann reumütig, als die Kellnerin mit ihren Hühnchen und den Pilzsuppen kam, zu denen »eine Auswahl Bauernbrötchen«

gereicht wurde. Eine kurze Pause trat ein, während sie ihre Suppen salzten und Butter auf ihre Brötchen strichen.

»Ich bin ein bisschen nervös wegen des Theaterspiels, Edith«, gestand Winnie. »Das ist bisher meine größte Rolle, und ich muss schrecklich viel Text auswendig lernen, dazu kommt noch, dass ich Getränke hin und her tragen muss.«

»Du meinst ›Bühnenarbeit‹ und ›Arrangement‹, Winnie. Es ist immens wichtig, die richtige Terminologie zu verwenden«, wandte Marjory ein. »Ich würde mir keine allzu großen Sorgen machen, Liebes«, fügte sie dann hinzu. »Schließlich ist Edith nur eine Hausmagd, also wird man von dir nicht verlangen, wirklich zu schauspielern.«

Laura hatte fertig gegessen und bat um die Rechnung. Gerade als sie ihre Sachen einsammelte, um zu gehen, ließ die Erwähnung eines bekannten Namens am Nebentisch sie aufhorchen.

»Ich bin mir sicher, dass Geoffrey ein absolut tauglicher Charles Condomine sein wird, aber in seinen jüngeren Jahren wäre Anthony Peardew die Idealbesetzung gewesen, groß, dunkel, gut aussehend und so charmant.« Marjorys Stimme klang beinahe sehnsüchtig.

»Außerdem war er auch im wahren Leben ein Schriftsteller«, fügte Winnie hinzu.

»Ziemlich seltsam, dass er alles dieser zickigen Haushälterin Laura hinterlassen hat«, sagte Marjory.

»Hmm. Ja, das ist seltsam, stimmt. Sollte mich nicht wundern, wenn es da ein bisschen anrüchig zuging«, fügte Winnie doppeldeutig hinzu.

»Tja, ich gehe davon aus, dass sie ein bisschen mehr für ihn getan hat als nur Putzen und Staubsaugen«, sagte Marjory und kicherte.

Laura hatte beabsichtigt, sich an ihnen vorbeizudrücken, ohne erkannt zu werden, aber nun drehte sie sich um und schenkte ihnen ein schamloses Lächeln.

»Fellatio«, verkündete sie. »Jeden Freitag.«

Und ohne ein weiteres Wort rauschte sie hinaus.

Winnie wandte sich mit verblüffter Miene an Marjory. »Was ist das?«

»Italienisch«, sagte Marjory und tupfte sich den Mund mit einer Serviette ab. »Das hatte ich mal in einem Restaurant.«

20

Sunshine setzte die Nadel auf die sich drehende Lakritzscheibe und wurde mit den wohlklingenden Tönen von Etta James belohnt, scharf und köstlich wie geräucherte Paprika.

Freddy saß in der Küche am Tisch, während Laura Sandwiches zum Mittagessen machte.

»Sie hat einen tollen Geschmack.« Freddy deutete mit dem Kopf in die Richtung, aus der die Musik kam.

Laura lächelte. »Sie sucht die Musik aus, die uns begleiten soll, wenn wir Anthonys Asche verstreuen. Sie sagt, es ist wie in dem Film, in dem der Hund einen Knochen bekommt und die Uhren stehen bleiben, weil der heilige Anthony tot ist, aber er wird für immer mit Therese zusammen sein. Sie nennt sie ›Die Herrin der Blumen‹. Keine Ahnung, welchen Film sie meint.«

Sie schnitt Gurke in hauchdünne Scheiben und goss eine Dose Lachs ab.

»Sie möchte auch eine Rede halten, obwohl ich mir nicht sicher bin, ob wir daraus schlau werden.«

»Bestimmt werden wir sie verstehen.« Freddy spielte mit einem Teelöffel, der auf dem Tisch herumlag. »Sie hat einfach ihre eigene Art, etwas auszudrücken, mehr nicht. Sie kennt die Wörter, die wir alle benutzen, aber ich nehme an, sie mag ihre lieber.«

Laura leckte ein wenig verschmierte Butter vom Finger ab. Sie war es nicht gewöhnt, eine richtige Unterhaltung mit Freddy zu führen. Seine Art, sich verständlich zu machen, war für gewöhnlich eine Kombination aus Nicken, Schulterzucken und Grunzen. Aber Sunshine wollte davon nichts wissen. Mit ihren ernsten Augen und der weichen, fließenden Stimme lockte sie die Wörter aus ihm heraus wie eine Schlangenbeschwörerin.

»Aber macht sie sich das Leben nicht schwerer, wenn sie sich noch weiter absondert ...«

Laura verstummte, matt gesetzt durch Political Correctness. Freddy wog ihre Worte sorgfältig und ohne Wertung ab.

»Weiter von ›normalen‹ Menschen, meinen Sie?«

Jetzt war es an Laura, mit den Schultern zu zucken. Sie wusste nicht genau, was sie meinte. Sie wusste, dass Sunshine in der Schule nur wenig Freunde gehabt hatte und dass sie von den Teenagern, die im Park abhingen, billigen Apfelwein tranken, die Schaukeln beschädigten und Sex hatten, gnadenlos verspottet worden war. Waren die normal? Und wenn, warum sollte Sunshine so sein wollen wie sie? Freddy balancierte den Teelöffel auf seinem Zeigefinger. Laura machte sich wieder an die Sandwiches und fing an, sie grimmig in Dreiecke zu schneiden. Jetzt würde er denken, sie sei ... was? Bigott? Bescheuert? Vielleicht war sie es. Je öfter sie Freddy sah, desto wichtiger wurde ihr, was er von ihr hielt. Ihre Idee, Freddy einzuladen, seine Pausen in der Küche zu verbringen, damit ihre Beziehung entspannter wurde, konnte man noch nicht als Erfolg bezeichnen, aber die Zeit, die sie miteinander verbrachten, war der Teil des Tages, auf den sie sich am meisten freute.

Freddy legte den Teelöffel sorgfältig vor sich auf den Tisch und fing an, mit seinem Stuhl zu kippeln. Am liebsten hätte sie ihn ermahnt, er solle anständig am Tisch sitzen, ließ es aber.

»Ich glaube, es ist so etwas wie eine Tarnung« – er stellte den Stuhl wieder auf alle vier Beine –, »wie sie spricht. Es ist wie ein Jackson Pollock. Da sind so viele Flecken und Spritzer, dass niemand sehen kann, ob einer davon ein Versehen ist. Wenn Sunshine ein Wort falsch versteht, werden wir es nie wissen.« Er schüttelte den Kopf und grinste. »Es ist genial.«

In dem Augenblick kam das Genie auf der Suche nach dem Mittagessen in die Küche. Laura dachte noch darüber nach, was Freddy gesagt hatte. Ein Gärtner, der die Kunst eines Jackson Pollock als sprachwissenschaftliche Metapher verwendete, kam ein wenig unerwartet und war eine weitere verblüffende Einsicht in den Mann, der er wirklich war. Laura war fest entschlossen, mehr herauszufinden.

»Übrigens«, sagte Freddy zu Laura, »der Film. Es ist *Vier Hochzeiten und ein Todesfall.*«

Sunshine grinste und setzte sich neben ihren neuesten Freund.

Nach dem Mittagessen gingen sie alle hinüber ins Arbeitszimmer. Sunshine wollte Freddy unbedingt Anthonys Museum der verlorenen Dinge zeigen, und Laura spielte mit dem Gedanken, ihn zu fragen, ob er eine Idee habe, wie man sie ihren rechtmäßigen Besitzern zurückgeben könnte. Jedes Mal, wenn Laura ins Arbeitszimmer kam, hatte es den Anschein, als würde der Raum voller: weniger Platz, mehr Sachen. Und sie kam sich kleiner vor, schrumpfend, versinkend. Die Regale schienen zu ächzen, drohten zusammenzubrechen, und die Schubladen knarrten, als wollten sie auseinanderbrechen. Sie befürchtete, unter einer Lawine aus verlorenem Eigentum begraben zu werden. Für Sunshine jedoch war es eine Schatzkammer. Sie streichelte und drückte die Sachen an sich, redete leise mit sich selbst – womöglich auch mit den Sachen – und las sichtbar verzaubert ihre Etiketten. Freddy war erstaunt.

»Wer hätte das gedacht?«, flüsterte er und betrachtete alles in Ruhe. »Deshalb hatte er immer eine Tasche dabei.«

Die schwache Oktobersonne hatte Mühe, das Muster aus Blumen und Blättern auf den Gardinen zu durchdringen, und der Raum war dunkel, von Schatten befleckt. Freddy zog die Gardine zurück, woraufhin ein Meteoritenschauer aus schimmernden Staubflocken durch den Raum schwebte.

»Lasst uns ein wenig Licht ins Dunkel bringen, ja?«

Sunshine führte ihn herum wie eine Kuratorin, die stolz eine Kunstsammlung präsentiert. Sie zeigte ihm Knöpfe und Ringe, Handschuhe, Teddybären, ein Glasauge, Juwelen, ein Puzzlestück, Schlüssel, Münzen, Plastikspielzeug, Pinzetten, vier Stück Zahnersatz und den Kopf einer Puppe. Das war der Inhalt nur eines Schubfachs. Die cremefarbene Tasse mit Untertasse, bemalt mit Veilchen, stand noch auf dem Tisch. Sunshine hob sie hoch und reichte sie Freddy.

»Das ist hübsch, nicht wahr? Die Frau will sie nicht zurückhaben, deshalb wird Laura sie für die leckere Tasse Tee behalten.«

Laura wollte ihr schon widersprechen, doch Sunshines Gesicht strahlte eine solche Entschlossenheit aus, dass die Wörter in ihrem Mund erstarben.

»Dann ist es Ihre.«

Als Laura Freddy Tasse und Untertasse abnahm, streifte sein Finger ihre Hand, und er hielt ihren Blick kurz fest, bevor er sich abwandte und auf Anthonys Stuhl Platz nahm.

»Und Sie wollen versuchen, den Rest hier«, dabei machte er eine weit ausholende Geste durch den Raum, »dorthin zurückzubringen, wohin er gehört?« Sein gleichmütiger Tonfall verriet nichts über die Ungeheuerlichkeit der Aufgabe.

»Das ist die Idee«, erwiderte Laura.

Sunshine wurde durch einen Gegenstand abgelenkt, der

aus einer geöffneten Schublade gefallen war. Sie hob ihn vom Boden auf, ließ ihn aber gleich wieder fallen und jaulte vor Schmerz auf.

Damenhandschuh, marineblaues Leder, rechte Hand. Gefunden auf dem Rasenstück am Fuß der Cow Bridge, 23. Dezember.

Es war bitterkalt. Zu kalt für Schnee. Rose schaute in den schwarzen Himmel, den ein filigranes Muster aus Sternen und einer grellen Mondsichel zierte. Sie war zwanzig Minuten stramm marschiert, aber ihre Füße waren taub, ihre Finger steif gefroren. Zu traurig für Tränen. Sie war fast da. Zum Glück waren keine Autos vorbeigekommen, niemand, der sie ablenken oder einschreiten konnte. Zu spät, um nachzudenken. Hier. Hier war die Stelle. Über die Brücke und dann nur ein schmales, mit Gras bewachsenes Ufer. Sie zog einen Handschuh aus und holte das Foto aus ihrer Tasche. Sie küsste das Gesicht des kleinen Mädchens, das sie anlächelte. Zu dunkel, um etwas zu sehen, aber sie wusste, dass sie da war. »Mama hat dich lieb.« Ihre bloße Hand hielt sich auf dem Weg zum Wasser hinunter an rasiermesserscharfem gefrorenem Gras fest. Unten spürte sie Schiefer unter den Füßen. »Mama hat dich lieb«, flüsterte sie erneut, während die fernen Lichter die Dunkelheit durchstachen und die Schienen zu summen begannen. Zu schwer, um zu leben.

»Zu schwer, um zu leben. Die Frau ist gestorben.« Sunshine zitterte, als sie versuchte, ihr Gefühl zu erklären.

Freddy zog sie an sich und drückte sie. »Ich glaube, was du brauchst, ist eine leckere Tasse Tee.«

Er machte sie, unter Sunshines strenger Aufsicht. Zwei Tassen Tee und einen Keks später versuchte sie, ihnen ein wenig mehr zu erzählen.

»Die Frau hat ihr kleines Mädchen lieb gehabt, aber sie war sehr traurig«, war das Einzige, was ihr dazu einfiel.

Laura war eigenartig beunruhigt. »Sunshine, vielleicht wäre es besser, wenn du nicht mehr ins Arbeitszimmer gehst.«

»Warum?«

Laura zögerte. Irgendwie wollte sie nicht, dass Sunshine zu sehr hineingezogen wurde. Sie wusste, es war egoistisch, aber sie suchte verzweifelt eine Möglichkeit, Anthony und vielleicht sogar ihre Eltern stolz zu machen. Posthum natürlich. Es war ihre Chance, endlich etwas richtig zu machen, und sie wollte keine Ablenkungen.

»Falls es noch andere Sachen gibt, die dich aus der Fassung bringen.«

Sunshine schüttelte entschieden den Kopf. »Mir geht es jetzt wieder gut.«

Laura war nicht überzeugt, aber Sunshine insistierte.

»Wenn man nie traurig ist, woher soll man dann wissen, wie es ist, glücklich zu sein?«, fragte sie. »Und übrigens sterben alle.«

»Ich glaube, damit hat sie Sie schachmatt gesetzt«, murmelte Freddy.

Laura gestand die Niederlage mit einem zaghaften Lächeln ein.

»Aber«, fuhr Freddy fort, »es könnte sein, dass ich genau das Richtige habe, um Sie aufzumuntern. Ich habe einen Plan.«

21

Sunshine stand neben der Sonnenuhr und wartete, eine feierliche Gestalt in einem rosa Dufflecoat und Stiefeln, die mit silbernen Pailletten besetzt waren. Der feuchte Oktobernachmittag versickerte bereits, die Ränder des Himmels waren mit dem Rhabarberrot eines bevorstehenden Sonnenuntergangs eingefärbt. Auf Sunshines Zeichen hin machte Freddy die Musik an und nahm seinen Platz neben Laura ein, um durch den »Gang« aus flackernden Teelichtern auf Sunshine zuzuschreiten, die darauf wartete, die Zeremonie zu beginnen. Freddy trug Anthonys Asche in einer schlichten Holzurne, und Laura hielt einen schicken Karton voller Rosenblätter und das Foto von Therese aus dem Wintergarten in den Händen. Sie kämpfte gegen das Bedürfnis an zu kichern, während sie zu der unvermeidlichen Begleitmusik von Al Bowlly möglichst langsam einen Fuß vor den anderen setzte. Sunshine hatte alles bis ins kleinste Detail geplant. Das Grammophon war der Einfachheit halber ans Fenster geschoben worden, damit Freddy nur hineinlangen musste, um es zu bedienen, und das Konfetti sowie die Teelichter mit Rosenduft waren extra bestellt worden. Sunshine hatte abwarten wollen, bis die Rosen wieder blühten, doch Laura konnte den Gedanken nicht ertragen, dass Anthonys Asche die nächsten neun Monate auf einem Regal stehen würde. Sie konnte ihn nicht länger von Therese fernhalten. Die Kerzen mit Rosenduft und das Konfetti waren ein hart erkämpfter Kompromiss. Freddy und Laura erreichten Sunshine, als Mr. Bowlly zur letzten Strophe ansetzte. Und Laura lauschte, hörte den Worten vielleicht zum ersten Mal richtig zu.

Es hätte für Anthony und Therese geschrieben sein können. Sunshine ließ eine Pause eintreten, gerade lang genug, um dramatisch zu sein, bevor sie auf das Stück Papier sah, das sie umklammerte.

»Liebe Gemeinde, wir haben uns vor den Augen Gottes und allen Widrigkeiten zum Trotz hier versammelt, um diesen Mann, den heiligen Anthony« – sie tippte auf seine Urne –, »und diese Frau, die Herrin der Blumen« – sie deutete auf das Foto –, »in den heiligen Stand der Ehe zusammenzubringen. Der heilige Anthony nimmt die Herrin der Blumen zu seiner rechtmäßigen Ehefrau, sie zu lieben, zu achten und zu ehren vom heutigen Tage an, in guten wie in schlechten Zeiten, sie zu lieben und zu ehren, jetzt, da der Tod euch vereint. So passt es«, fügte sie stolz hinzu.

Sie hielt noch einmal inne, diesmal so lange, dass es beinahe unangenehm wurde, aber zweifellos in der Absicht, die Feierlichkeit der Situation zu betonen, um dann frei nach David Bowie zu rezitieren:

»Earth to earth, ashes to ashes, funk to punky. We know Major Tom's a monkey. We can be heroes just for today.«

Sie beugte sich vor und flüsterte Freddy und Laura hörbar zu: »Jetzt müsst ihr die Asche verstreuen und das Konfetti.« Dann: »Mir nach!«

Sie umrundeten in einer seltsamen kleinen Prozession den Rosengarten. Sunshine führte sie zwischen die trostlosen Büsche, deren sommerliche Pracht zu einer Ansammlung durchnässter, gelb gewordener Blätter verkommen war, die sich noch hartnäckig am Stengel hielten. Freddy folgte Sunshine und leerte dabei die Urne so sanft wie möglich. Hinter ihm kam Laura und versuchte einem Windzug auszuweichen, während sie die Rosenblätter über die feine graue Spur von Anthonys Überresten verstreute. Das Verstreuen von Asche hatte sich in Lauras Ohren immer wie ein feierlicher Akt angehört, aber in Wirklichkeit, überlegte sie, glich es eher dem Ausschütten eines Staubsaugerbeutels. Als die Urne schließlich leer war, schaute Sunshine noch einmal auf ihrem Stück Papier nach.

»Er war ihr Norden, ihr Süden, ihr Osten, ihr Westen, ihre Arbeitswoche und ihre Sonntagswesten. Sie war sein Mond und seine Sterne, seine Lieblingsmelodie, sie dachten, Liebe würde ewig halten, und sie irrten sich nie.«

Freddy zwinkerte ihr breit lächelnd zu. »Und so passt es auch«, gab er ihr mit stummen Lippenbewegungen zu verstehen.

Sunshine ließ sich nicht ablenken. »Ich erkläre euch nunmehr zu Mann und Frau. Wen Gott und Sunshine zusammengefügt haben, den soll niemand trennen.«

Sie nickte Freddy zu, der in Richtung Grammophon flitzte.

»Und jetzt ist es Zeit für den ersten Tanz der Braut und des Bräutigams.«

Während die untergehende Sonne den eisblauen Himmel purpurrot färbte und der Ruf einer Amsel durch die zunehmende Dämmerung hallte, um vor einer herumstreunenden Katze zu warnen, verkündete Etta James »At last« – endlich.

Die letzte Note erhob sich in die kühle Luft, und Laura schaute zu Freddy hinüber. Er sah sie direkt an, und als ihre Blicke sich trafen, lächelte er. Laura machte sich daran, die Teelichter einzusammeln. Aber Sunshine war noch nicht ganz fertig. Sie schüttelte ihr Papier und räusperte sich.

»Ich bin die Auferstehung und das Licht, sagt der Herr: Wer an mich glaubt, wird leben, ob er gleich stürbe. Und gute Nacht von mir und gute Nacht von ihm.«

Als Laura an diesem Abend zu Bett ging, kam ihr das Zimmer irgendwie anders vor. Vielleicht war es wärmer. Oder es lag nur am Wein, den sie mit Freddy und Sunshine zusammen getrunken hatte, um das Wiedersehen von Therese und Anthony zu feiern. Die Sachen auf dem Frisiertisch standen alle auf ihrem gewohnten Platz, und die kleine blaue Uhr war wie immer um 11.55 Uhr stehengeblieben. Laura zog sie auf, damit sie morgen um dieselbe Zeit wieder stehenbleiben konnte, machte die Vorhänge zu, drehte sich um und wollte zu Bett gehen.

Auf der Bettdecke lagen Blätter des Rosenkonfettis.

22

Eunice

1987

Bette trabte vor ihnen her und suchte den Park nach Unerwünschtem ab. Hin und wieder drehte sie sich um und sah nach, ob sie ihr auch gehorsam folgten, ihr Samtgesicht in komische Falten gelegt. Sie war nach der Schauspielerin benannt, mit der sie ziemliche Ähnlichkeit hatte, aber Eunice und Bomber waren dazu übergegangen, sie nach einer der denkwürdigsten Rollen ihrer Namensgeberin Baby Jane zu nennen.

Douglas' Tod hatte Bomber erschüttert. Er hatte den kleinen Hund noch lange nach dessen letztem Atemzug in den Armen gehalten, während das weiche Fell kalt wurde und sich eigenartig anfühlte. Eunice hatte vor Schmerz aufgeheult, aber Bomber saß wie versteinert und mit trockenen Augen da, während eine Aschewolke aus Trauer sich auf ihn herabsenkte und seine Tränen erstickte. Douglas' leeren Platz im Büro zu sehen schmerzte jeden Tag. Sie waren ein Mann weniger und ein Donut zu viel. Eunice machte weiter, zunächst auf Autopilot geschaltet, aber immerhin funktionierte sie. Bomber aber brach zusammen und verbrannte. Er ertränkte seinen Schmerz und schlief dann den Kater aus.

Am Ende vermochte ihn nur ein Mann zu erreichen. Es war schwer zu sagen, wer sich am meisten in Tom Cruise verliebt hatte, Bomber oder Eunice, während er mit seiner Ray-Ban-Sonnenbrille vom Fahrrad zur Bar und zum Flugzeug schwankte. Sie hatten *Top Gun* an drei Abenden hintereinander gesehen, nachdem der Film im vergangenen Jahr im Odeon angelaufen war. Drei Wochen nach Douglas' Tod stürmte Eunice mit ihrem Ersatzschlüssel in Bombers Wohnung und scheuchte ihn aus dem Bett. Als er am Küchentisch saß und endlich den Tränen freien Lauf ließ, die über sein Gesicht rannen und in den Becher mit schwarzem Kaffee tropften, den Eunice gemacht hatte, ergriff sie seine Hand.

»Herrgott, er flog gern mit dir, Bomber. Aber er wäre sowieso geflogen ... ohne dich. Er hätte es nicht gern gemacht, aber er hätte es gemacht.«

Am nächsten Tag kam Bomber nüchtern ins Büro, und in der darauffolgenden Woche war Baby Jane aus dem Hundeheim in Battersea eingetroffen, ein herrisches Bündel aus schwarzem und blondem Samt. Baby Jane mochte keine Donuts. Das erste Mal, als ihr einer angeboten wurde, schnüffelte sie angewidert daran und wandte sich ab. Es hätte ebenso gut ein Hundehaufen sein können. Baby Jane mochte Wiener Strudel. Für eine Streunerin hatte sie einen teuren Geschmack.

Als der kleine Mops an einer leeren Chipstüte im Gras schnüffelte, schaute Eunice zu Bomber auf und erkannte ihn fast wieder. Die Trauer lag noch immer auf seinem Gesicht, aber sein Lächeln lockerte sich, und die trostlos herabhängenden Schultern richteten sich auf. Baby Jane würde nie ein Ersatz sein, aber sie war eine Ablenkung, und wenn sie ihren Willen bekam, was normalerweise der Fall war, hatte Eunice keinerlei Zweifel daran, dass sie am Ende ein Superstar allererster Güte würde.

Wieder im Büro, setzte Eunice Wasser auf, während Bomber die Post durchsah. Baby Jane ließ sich auf ihrem Kissen nieder, legte den Kopf auf die Vorderpfoten und sammelte sich für die anstrengende Aufgabe, ihren Kuchen zu fressen. Als Eunice mit dem Tee kam, wedelte Bomber mit einem schmalen Band Kurzgeschichten, der gerade von einem Konkurrenzverlag eingetroffen war.

»*Verloren und gefunden* von Anthony Peardew. Hmm. Habe davon gehört. Es läuft ganz gut. Ich frage mich, warum der alte Bruce es mir geschickt hat.«

Eunice nahm den Begleitbrief zur Hand und las ihn. »Um sich zu brüsten«, antwortete sie und las laut vor: »›Bomber, hier kommt ein Exemplar dieser enorm erfolgreichen Sammlung mit besten Grüßen. Sie hatten Ihre Chance, Alter, aber Sie haben es vermasselt!‹«

Bomber schüttelte den Kopf. »Keine Ahnung, wovon er spricht. Hätte dieser Peardew es zuerst bei uns eingereicht, hätten wir es uns geschnappt. Bruce hat zu viel Haarspray aufgetragen. Es hat ihm das Hirn vernebelt.«

Eunice nahm das Buch und blätterte es durch. Der Name des Autors und der Titel zusammen schlugen wie zwei Feuersteine Funken in ihrer Erinnerung – ein Manuskript? Sie zermarterte sich das Hirn, aber es war wie Äpfel angeln, immer wenn sie dachte, sie hätte ihn mit knapper Not erwischt, entschlüpfte er ihr. Baby Jane seufzte theatralisch. Ihr Kuchen ließ auf sich warten, und sie war schwach vor Hunger. Eunice lachte und kraulte die weichen Samtrollen auf ihrem Kopf.

»Du bist so eine Diva, junge Dame! Du wirst dick, und dann ist Schluss mit Kuchen für dich. Dann gibt es nur noch Joggen durch den Park und hin und wieder Stangensellerie. Wenn du Glück hast.«

Baby Jane schaute trübselig mit ihren schwarzen Knopfaugen zu Eunice auf. Das funktionierte jedes Mal. Sie bekam ihren Kuchen. Endlich.

Gerade als sie sich auf der optimistischen Suche nach verbleibenden Teigkrümeln die Lippen leckte, klingelte das Telefon. Nach jedem zweiten Klingelton folgte ein herrisches Gebell. Gleich nach ihrer Ankunft hatte Baby Jane eine leitende Position eingenommen und führte in ihrem Hundezwinger ein strenges Regiment. Bomber meldete sich.

»Ma.«

Er hörte einen Augenblick zu. Eunice beobachtete seine Miene und wusste sofort, dass es keine guten Nachrichten waren. Bomber war aufgestanden.

»Soll ich kommen? Ich komme jetzt gleich, wenn du willst. Stell dich nicht an, Ma, natürlich macht es keine Umstände.«

Wahrscheinlich ging es um Godfrey. Der reizende, freundliche, lustige, höfliche Godfrey, dessen Demenz ihn seeuntauglich machte. Eine einst majestätische Galeone, deren Segel verschlissen und zerrissen waren, konnte nicht mehr allein auf Kurs bleiben, sondern war auf Gedeih und Verderb jeder Sturmbö ausgesetzt. Im letzten Monat hatte er es geschafft, das Haus unter Wasser und gleichzeitig in Brand zu setzen. Er hatte Wasser in die Badewanne eingelassen und es dann vergessen, war hinuntergegangen, um sein Hemd zu trocknen, das er auf der Herdplatte liegen ließ, bevor er in den Ort aufbrach, um sich eine Zeitung zu kaufen. Als Grace vom Gewächshaus zurückkam, hatte das durch die Küchendecke sickernde Wasser das brennende Hemd gelöscht. Sie hatte nicht gewusst, ob sie lachen oder weinen sollte. Aber sie weigerte sich, zuzugeben, dass sie Hilfe brauchte. Er war ihr Mann, und sie liebte ihn. Sie hatte ihm versprochen, in guten wie in schlechten Zeiten für ihn da zu sein. Bis dass der Tod sie schied. Sie konnte den Gedanken nicht ertragen, dass er in einem Heim untergebracht sein sollte, in dem zur Inneneinrichtung Sessel mit eingebauten Toilettenschüsseln gehörten. Trotzdem ... Diesmal war er weggelaufen. Na ja, wohl eher umhergeirrt. Nach einer Stunde hektischer Suche im Ort war Grace nach Hause gekommen, um die Polizei anzurufen. Am Tor erwartete sie der Pfarrer, der auf seinem Weg zu einem Gemeindemitglied Godfrey gefunden hatte, wie er mitten auf der Straße ging, einen Besen wie ein Gewehr geschultert und Graces rote Baskenmütze auf dem Kopf. Er erzählte Pfarrer Addlestrop, er kehre nach einem Wochenendurlaub zu seinem Regiment zurück.

Bomber legte mit resigniertem Seufzer auf.

»Soll ich mitkommen oder hierbleiben und mit Baby Jane die Stellung halten?«

Bevor er antworten konnte, klingelte es an der Tür.

Portia nahm die Nachricht von der neuesten Eskapade ihres Vaters mit entsetzlicher Ruhe auf. Sie wollte Bomber nicht begleiten und ihre Eltern sehen, erst recht keine Hilfe oder Unterstützung anbieten. Bomber versuchte vergeblich, ihre herzlose Gemütsruhe zu durchbrechen.

»Das ist etwas Ernstes, Sis. Wir können von Ma nicht erwarten, dass sie ihn Tag und Nacht jede Minute beaufsichtigt, und er bringt sich selbst in Gefahr. Über kurz oder lang wahrscheinlich auch sie, Gott bewahre.«

Portia betrachtete prüfend ihre roten Fingernägel. Sie hatte sie gerade machen lassen und war recht zufrieden. Sie hatte der jungen Frau sogar ein Pfund Trinkgeld gegeben.

»Und? Was soll ich deiner Meinung nach tun? Er gehört in ein Heim.«

»Er ist in einem Heim«, zischte Eunice. »Seinem Zuhause.«

»Ach, halten Sie den Mund, Eunuch. Das geht Sie nichts an.«

»Wenigstens kümmert sie sich!«, fuhr Bomber sie an.

Von Bombers schmerzhaftem Vorwurf getroffen und insgeheim erschrocken über die Krankheit ihres Vaters, reagierte Portia mit Beleidigungen, weil sie nicht anders konnte.

»Du herzloser Bastard! Natürlich kümmere ich mich um ihn. Ich bin nur ehrlich. Wenn er gefährlich ist, gehört er hinter Schloss und Riegel. Wenigstens habe ich den Mut, das laut auszusprechen. Du hast noch nie Rückgrat gehabt. Du bist immer um Ma und Pa herumscharwenzelt und hast ihnen nie Kontra gegeben wie ich!«

Baby Jane sah, dass die Sache aus dem Ruder lief. Sie konnte nicht zulassen, dass man in diesem Ton mit ihren Freunden sprach. Mit leisem Knurren brachte sie ihr Missfallen zum Ausdruck. Portia suchte die Quelle der Ermahnung und entdeckte den streitlustigen kleinen Mops, der sich auf eine Schlacht vorbereitete.

»Ist dieser widerwärtige Bettnässer noch immer hier? Ich dachte, du hättest genug gehabt, als das andere kleine Monster endlich tot war.«

Eunice warf einen Blick auf Bombers Schreibtisch, auf dem Douglas' Asche in einem Kasten stand, und entschuldigte sich im Stillen bei ihm. Sie fragte sich gerade, wie man dieser abscheulichen Frau angemessene, qualvolle Schmerzen zufügen könnte, als ihr klar wurde, dass Baby Jane schon zu einem Entschluss gekommen war. Sie verließ ihr Kissen mit dem drohenden Knurren eines Löwen, der gerade eine zitternde Gazelle erblickt hat, fixierte Portia mit ihrem finstersten Blick und drehte die Lautstärke auf, bis ihr ganzer Körper vibrierte. Sie zog die Lefzen zurück und zeigte ein kleines, aber gefährliches Gebiss. Portia versuchte vergeblich, sie mit wedelnden Händen zu verscheuchen, denn Baby Jane setzte ihren Weg fort, den Blick fest auf ihre Beute gerichtet, das Knurren inzwischen von dramatischem Fauchen unterbrochen.

»Schh! Schh! Sitz! Zurück auf die Decke!«

Baby Jane kam immer näher.

Als sie die halbe Strecke zurückgelegt hatte, kapitulierte Portia mit einem würdelosen Rückzieher und einem Trommelfeuer undamenhafter Schimpfwörter.

Bomber begann, seine Sachen einzusammeln.

Eunice wiederholte ihr Hilfsangebot. »Ich komme mit, wenn du willst.«

Er lächelte dankbar, schüttelte aber den Kopf. »Nein, nein. Es geht schon. Bleib du hier und pass auf Madame auf«, sagte er und bückte sich, um Baby Janes Ohren zu kraulen, während sie ihn anhimmelte.

»Wenigstens wissen wir jetzt, dass es stimmt«, fügte er mit boshaftem Grinsen hinzu.

»Was? Dass Portia eine absolute Verschwendung aus heißer Luft und Pumps ist?«

Er schüttelte den Kopf und hob sacht mit der Hand eine blonde Pfote hoch.

»Niemand stellt Baby Jane in eine Ecke«, zitierte er.

Eunice brach in schallendes Gelächter aus.

»Raus mit dir, Patrick Swayze!«

23

Verloren und gefunden von Anthony Peardew. Ich wusste, dass ein Exemplar im Haus ist!«

Laura kam triumphierend in die Küche und wedelte mit einem dünnen Band. Freddy schaute vom Laptop auf, über den er sich am Küchentisch gebeugt hatte. Er nahm das Buch und blätterte es durch.

»Taugt das was?«

»Hängt davon ab, was du unter ›taugen‹ verstehst.« Laura setzte sich auf den Stuhl ihm gegenüber. »Es ist ganz gut gelaufen. Offensichtlich war Anthonys Herausgeber damals sehr froh. Er war ein besonders kleiner Mann, soweit ich ihn in Erinnerung habe. Er ist ein oder zwei Mal hier im Haus gewesen. Benutzte viel zu viel Haarspray.«

»Zu viel?«, protestierte Freddy. »Ich würde sagen, jedes bisschen ist zu viel. Es sei denn, du bist Liberace. Oder Turniertänzer.«

»Es nennt sich Körperpflege für Männer.« Laura lächelte. »Aber ich glaube nicht, dass das zu deinen Spezialgebieten gehört«, fügte sie hinzu und betrachtete den zerzausten dunklen Lockenschopf, der über seinen Hemdkragen ragte, und den Dreitagebart, der die Konturen seines Gesichts verdunkelte.

»Nicht nötig«, erwiderte er und zwinkerte ihr zu. »Ich sehe von Natur aus gut aus.«

Das stimmte, musste Laura im Stillen zugeben. O Gott! Sie hoffte, es war im Stillen gewesen. Aber vielleicht hatte sie genickt. Sie spürte, wie verräterische Röte an ihrem Hals aufstieg. Scheiße! Vielleicht würde er es einfach nur auf ihr Alter schieben. Doppelte Scheiße! Vielleicht dachte er ja wirklich, es läge an ihrem Alter. Mittelalt. Zeit für Liebestöter, Hitzewallungen und Nachthemden aus Baumwollflanell. Aber das war absolut nicht der Fall. In Wirklichkeit hatte sie ein Date.

»Aber hat es dir denn gefallen?«

Freddy hatte etwas gesagt.

»Entschuldige, ich war woanders. Was hast du gesagt?«

Freddy winkte ihr mit dem Buch zu. »*Verloren und gefunden* – was hältst du davon?«

Laura seufzte und spreizte die Hände auf dem Tisch vor sich.

»Es war wunderschön geschrieben, wie immer, aber der Inhalt hatte etwas von seinem üblichen Biss verloren. Es war ein bisschen zu sehr auf Happy End getrimmt für mein Empfinden. Fast so, als bekäme er auch eins, wenn er nur genug für andere erfand.«

»Aber das kam nie?«

Laura lächelte traurig. »Bis jetzt.«

Sie drückte die Daumen für Anthony und Therese.

»Hat er deswegen aufgehört zu schreiben?«

Sie schüttelte den Kopf. »Nein. Er hat mehrere Bände mit diesen Kurzgeschichten geschrieben – auf Grundlage der Dinge, die er gefunden hatte, vermute ich inzwischen. Zuerst waren es optimistische Erzählungen, sympathisch und fröhlich. Sein Verleger Bruce war begeistert von ihnen und zweifellos von dem Geld, das sie einbrachten. Doch mit der Zeit wurden die Geschichten düsterer, die Charaktere doppeldeutiger, sogar mit Fehlern behaftet. Das Happy End wich allmählich unangenehmen Rätseln und offenen Fragen. Das alles war natürlich vor meiner Zeit, aber als ich sie schließlich las, fand ich sie viel besser. Anthony sagte mir, Bruce sei wütend gewesen. Er wollte einfach mehr von den ›netten‹ Geschichten, literarische Limonade. Aber Anthony hatte ihm Absinth gegeben. Bruce weigerte sich, sie zu veröffentlichen, und damit hatte es sich.«

»Hat Anthony sich nicht einen anderen Verleger gesucht?«

»Das weiß ich nicht. Als ich bei ihm anfing, schien er die Geschichten eher für sich als für andere zu schreiben. Schließlich gab er mir gar nichts mehr zu tippen, bis auf einen Brief ab und zu.«

Laura nahm das Buch vom Tisch und strich sanft über die Titelseite. Ihr alter Freund fehlte ihr.

»Vielleicht sollten wir die Webseite so nennen – ›Verloren und gefunden‹?«

Die Webseite war Freddys Idee gewesen. Zunächst war Laura unsicher. Anthony hatte sich viele Jahre lang gegen das Eindringen von Technologie in sein ruhiges Haus gewehrt, und dem Internet und den mit ihm verwandten Kobolden Tor und Tür zu öffnen, nachdem er gestorben war, kam ihr irgendwie wie Verrat vor. Aber Freddy überredete sie.

»Anthony hat dich darum gebeten, einzig und allein den Rosengarten unverändert zu lassen. Er hat dir das Haus vererbt, weil er wusste, du würdest das Richtige tun. Das hier ist jetzt dein Zuhause, aber es kam mit einer Verpflichtung im Schlepptau, und Anthony hat dir vertraut, jede Methode anzuwenden, die du für geeignet hältst, um diese Sachen den Menschen zurückzugeben, die sie vermissen.«

Die Webseite sollte eine riesige Liste der verlorenen Dinge sein, in der Menschen die Sachen durchstöbern konnten, die Anthony gefunden hatte, um dann wieder einzufordern, was ihnen gehörte. Laura und Freddy arbeiteten noch an den Einzelheiten, unter anderem am Namen.

»›Verloren und gefunden‹? Zu langweilig.« Auf der Suche nach Keksen war Sunshine aus dem Arbeitszimmer gekommen.

»Soll ich die leckere Tasse Tee machen?«

Freddy rieb sich in übertriebener Begeisterung die Hände. »Ich dachte schon, du würdest gar nicht mehr fragen. Ich bin trocken wie James Bonds Martini.«

Sunshine füllte den Wasserkessel und stellte ihn vorsichtig auf den Herd.

»Wie kann ein Getränk, das nass ist, weil es ein Getränk ist, trocken sein?«

»Das ist eine gute Frage, Kleine«, sagte Freddy und dachte: *auf die ich keine Antwort weiß.*

Laura war seine Rettung. »Wie wäre es mit ›Das Königreich der verlorenen Dinge‹?«

Sunshine rümpfte missbilligend die Nase. »Der heilige Anthony hat alle verlorenen Dinge gefunden und aufbewahrt. Wir sollten die Seite ›Mr. Peardews Sammlung der verlorenen Dinge‹ nennen.«

»Ausgezeichnet!«, sagte Freddy.

»Wo sind die Kekse?«, fragte Sunshine.

Laura kam gerade vom Friseur zurück, als Freddy Feierabend machte.

»Du siehst anders aus«, sagte er beinahe vorwurfsvoll. »Hast du einen neuen Pullover?«

Am liebsten hätte sie ihm einen Tritt versetzt. Ihr Pullover war ein paar Jahre alt und hatte schon etliche Knötchen. Aber sie hatte gerade gut zwei Stunden und siebzig Pfund damit vertan, sich die Haare schneiden und sich Strähnchen färben zu lassen, in einer Farbe, die ihre Friseurin als »poliertes Kupfer« beschrieben hatte. Als sie den Salon verließ und ihre glänzende kastanienbraune Mähne wie ein verspieltes Zirkuspferd nach hinten warf, hatte sie sich umwerfend gefühlt. Jetzt hatte sie aus irgendeinem Grund das Gefühl, das Geld hinausgeworfen zu haben.

»Ich habe mir nur die Haare machen lassen«, brachte sie zwischen zusammengebissenen Zähnen hervor.

»Oh, genau. Das muss es sein«, sagte er und kramte in seinem Rucksack nach den Autoschlüsseln. Er fand sie, schenkte ihr ein flüchtiges Grinsen und ging zur Tür.

»Ich bin dann mal weg. Bis morgen.«

Die Tür fiel hinter ihm zu, und Laura versetzte dem Schirmständer aus Bambus einen verdrießlichen Tritt, woraufhin er umkippte und sein Inhalt auf den Boden fiel. Während sie die verstreuten Schirme und Gehstöcke einsammelte, sagte sie sich, dass ihre neue Frisur ohnehin nicht für Freddy gedacht war, daher spielte es kaum eine Rolle, wenn sie ihm nicht aufgefallen war.

Oben bewunderte sie das neue schwarze Kleid, das am Schrank hing. Es war elegant und geschmackvoll, aber ein klein wenig sexy, da es für eine Frau in ihrem Alter genau die richtige Menge Bein und Dekolleté zeigte, wenn man der Verkäuferin glauben wollte, die Lauras Kreditkarte entgegengenommen hatte. Laura fand es ein wenig eng und verdammt teuer.

Der Mann, mit dem sie verabredet war, hieß Graham. Er war Vinces Gebietsleiter, und sie war ihm auf dem Parkplatz vom Pub nach ihrem Mittagessen über den Weg gelaufen. Sie war ihm oft bei Weihnachtsfeiern und zahlreichen anderen gesellschaftlichen Prüfungen begegnet, als sie noch mit Vince verheiratet war und Graham mit Sandra. Aber sie war es nicht mehr, und auch er war neuerdings wieder Single, deshalb hatte er sie eingeladen. Und da sie gerade zum ersten Mal Felicity begegnet war, dachte sie »Warum nicht?« und sagte zu.

Aber jetzt war sie sich nicht mehr sicher. Als sie sich in ihr Kleid zwängte und ihre Frisur noch einmal im Spiegel prüfte, kamen ihr die ersten Zweifel. Elise zufolge, deren Salonstuhl für die meisten Kundinnen gleichzeitig als Beichtstuhl diente, war Laura derzeit das Gesprächsthema Nummer eins im Ort. Zu Lebzeiten hatte Anthony den Status einer kleinen Berühmtheit genossen. Auch nach seinem Tod waren alle an seinen Angelegenheiten interessiert. Die Einschätzung Lauras durch die Leute reichte von »eine hinterhältige Erbschleicherin« und »eine goldgrabende Schlampe« bis hin zu »eine treue Freundin und zu Recht Begünstigte« und »ehemalige Meisterin im irischen Volkstanz«.

»Aber ich glaube, Mrs. Morrissey hat Sie da vielleicht mit einer anderen verwechselt«, musste Elise eingestehen. »Na ja, sie ist fast neunundachtzig und isst nur donnerstags Kohl.«

Vielleicht, dachte Laura, sollte sie gar nicht ausgehen. Die Leute könnten meinen, sie würde sich zu schnell nach Anthonys Tod amüsieren. In ihrem neuen Kleid und mit der neuen Frisur könnte es so aussehen, als verprasse sie ihr Erbe, als tanze sie auf Anthonys Grab, bevor die Erde zur Ruhe gekommen war. Nur war er natürlich eingeäschert und verstreut worden, also gab es technisch gesehen kein Grab. Sie schaute auf ihre Armbanduhr. Na ja, jetzt war es zu spät. Außerdem war Graham allem Anschein nach ein netter Mann. Ein Gentleman.

»Das geht schon in Ordnung«, sagte sie sich. »Es ist nur ein Abendessen.«

Aber als ihr Taxi eintraf, war ihr der Hunger vergangen.

Graham war tatsächlich ein Gentleman. Er erwartete sie im Restaurant mit einem Champagnercocktail und einem leicht nervösen Lächeln. Er nahm ihr den Mantel ab, küsste sie auf die Wange und sagte ihr, sie sehe prächtig aus. Während Laura ihren Cocktail trank, entspannte sie sich allmählich. Na ja, so gut es eben ging in der Enge ihres Kleides. Vielleicht würde es ja doch ein netter Abend werden. Das

Essen war köstlich, und Laura aß so viel, wie ihr Kleid es zuließ, während Graham ihr vom Ende seiner Ehe erzählte – es habe einfach nicht mehr gefunkt; sie seien noch Freunde, liebten sich aber nicht mehr; dann sein neues Interesse am Nordic Walking – »eine total körperliche Variante des Gehens mit Hilfe von Glasfaserstöcken«. Laura unterdrückte das Bedürfnis, einen Scherz darüber zu machen, dass er nicht so alt aussah, als ob er auch nur einen Stock brauchte, erst recht keine zwei, aber sie musste zugeben, dass er tatsächlich fit aussah. Er ging auf die Sechsundvierzig zu, seine Schultern wirkten breit und muskulös unter seinem gut gebügelten Hemd.

Während sie auf der Damentoilette ihre Lippen nachzog, gratulierte Laura sich.

Mit meinem Date ist auf jeden Fall alles in Ordnung, dachte sie. Außerdem hatte er gute Tischmanieren. Sie presste die Lippen zusammen und steckte den Lippenstift wieder in die Tasche.

Graham bestand darauf, Laura im Taxi nach Hause zu begleiten, und da sie vom Wein und Grahams unterhaltsamer Gesellschaft entspannt war, legte sie ihren Kopf kurz an seine Schulter, während sie dem Fahrer den Weg zum Padua beschrieb. Aber sie würde Graham nicht zum Kaffee einladen oder auf einen Drink oder wie man es sonst nannte. Sie wusste, dass ihr der Tratsch nichts ausmachen sollte, aber sie kam nicht dagegen an. Die Bezeichnung »Schlampe« war es, was am meisten schmerzte. Sie hatte in ihrem Leben nur mit drei Männern geschlafen, und einer von ihnen war Vince, also zählte er nicht. Sie war nicht stolz darauf, eigentlich wünschte sie sich, es wären mehr gewesen. Hätte sie mehr Männer ausprobiert, hätte sie womöglich den Richtigen gefunden. Aber nicht bei einem ersten Date. Und Graham war ohnehin ein Gentleman. Er würde es nicht erwarten.

Zehn Minuten später saß ein ziemlich fassungsloser

Graham im Taxi auf dem Weg nach Hause. Er hatte es nicht einmal über die Veranda geschafft, schon gar nicht bis zum Vorspiel.

Laura war im Bad und gurgelte mit antibakteriellem Mundwasser. Als sie die scharfe Flüssigkeit ins Waschbecken spuckte, erblickte sie ihre noch immer verblüffte Miene im Spiegel. Mit Wimperntusche versetzte Tränen zogen bereits schwarze Spuren über ihre Wangen, und ihr Lippenstift war zu einem grotesken Clownslächeln verschmiert. Sie sah aus wie eine Schlampe. Wütend versuchte sie, ihrem Kleid zu entkommen, wand es über ihren Kopf und zerknüllte es zu einer Kugel. In der Küche warf sie es in den Abfalleimer und riss die Kühlschranktür auf. Nach der Mundspülung schmeckte der Prosecco schal, aber Laura hielt durch und schluckte ihn. Sie nahm die Flasche mit in den Wintergarten und zündete das Feuer im Kamin an. Als sie sich wieder setzte, stieß sie ihr Glas um, das zu Boden fiel und zersplitterte.

»Mist! Schwachsinn! Scheiße! Blödes Glas!«, beschimpfte sie die scharfen Teile, die im Feuerschein funkelten. »Bleib doch einfach kaputt da liegen. Ist mir doch egal!«

Auf unsicheren Beinen ging sie zurück in die Küche und holte ein anderes Glas. Während sie sich über den Rest der Flasche hermachte, starrte sie in die Flammen und fragte sich, was zum Teufel sie geritten hatte.

Total betrunken und von Schluchzen und Schluckauf erschöpft, schlief Laura auf dem Sofa ein, ihr geschwollenes Gesicht unter den schönen, frisch gefärbten Haaren begraben.

24

Sie schlief zehn Stunden, doch als sie aufwachte, sah sie aus, als hätte sie einige Wochen geschlafen. Das Pochen in ihrem Kopf wurde bald von einem lauten Klopfen an der Fenstertür erwidert. Mit beträchtlicher Mühe richtete Laura sich gerade so weit auf, um nachzusehen, wer ihre ohnehin schon grauenhaften Kopfschmerzen noch schlimmer machte. Freddy. Als sie schließlich saß, stand er mit versteinertem Gesicht vor ihr und hielt einen Becher mit dampfendem Kaffee in der Hand. Laura schlang eine Decke fest um ihren schmerzenden Körper, während Freddy die beiden Sektgläser registrierte, die leeren Flaschen und Lauras aufgelösten Zustand.

»Wie ich sehe, ist dein Date gut gelaufen.« Sein Tonfall war nur ein bisschen spitzer als sonst.

Laura nahm den Kaffee entgegen und murmelte etwas Unverständliches.

»Sunshine hat gesagt, du seist mit deinem Freund ausgegangen.«

Laura schlürfte ihren Kaffee und schauderte. »Er ist nicht mein Freund«, krächzte sie.

Freddy zog die Augenbrauen hoch. »Na ja, für mich sieht es so aus, als wäre es ziemlich *freundschaftlich* zugegangen.«

Lauras Augen füllten sich mit Tränen, aber in ihrem Bauch entstand Wut. »Was geht dich das an?«, fuhr sie ihn an.

Freddy zuckte mit den Schultern. »Du hast recht. Es geht mich nichts an.« Er drehte sich um und wollte gehen. »Und danke für den Kaffee, Fred«, murmelte er.

»Ach, verpiss dich!«, erwiderte Laura kaum hörbar.

Sie trank noch einen Schluck. Warum in Gottes Namen hatte sie Sunshine von ihrem Date erzählt?

Laura spürte die warnende Ansammlung von Speichel im Mund. Sie wusste, sie würde es nicht bis ins Bad schaffen, aber es wäre unfein, wenn sie es nicht wenigstens versuchte. Auf halbem Weg über den Parkettboden wurde ihr schlecht. Sehr schlecht. Als sie frierend und elend mit vollgekotzten Beinen dastand, den Kaffeebecher noch immer in beiden Händen, war sie froh, dass sie wenigstens den Perserteppich verschont hatte.

Eine Stunde später, nachdem sie sich noch zwei Mal übergeben, das Chaos beseitigt, zehn Minuten geduscht und sich etwas angezogen hatte, saß Laura am Küchentisch mit einer Tasse Tee und starrte auf eine trockene Toastscheibe. Ihr Date war katastrophal gelaufen. Die Erinnerung an Grahams Zunge, die sich lethargisch in ihrem Mund wand wie eine besonders feuchte Nacktschnecke im Todeskampf, ließ sie in kalten Schweiß ausbrechen. Na ja, das und die Nachwehen von zwei Flaschen Sekt. Wie hatte sie so blöd sein können? Die Klingel an der Tür durchbohrte ihre schwermütige Träumerei. Sunshine. »O Gott, bitte nicht heute«, dachte sie. Sie würde endlos Fragen über den gestrigen Abend stellen, und dem fühlte Laura sich nicht gewachsen. Sie versteckte sich in der Vorratskammer. Sunshine würde schließlich um das Haus herum an die Hintertür kommen, wenn niemand aufmachte, und wenn Laura dort blieb, wo sie war, zusammengesunken am Tisch, würde Sunshine sie sehen.

Es klingelte weiter, geduldig und hartnäckig, dann ging die Hintertür auf, und Freddy kam herein.

»Was um alles in der Welt machst du hier?«

Laura bedeutete ihm hektisch, still zu sein, und winkte ihn in die Vorratskammer. Selbst nach dieser leichten Bewegung begannen ihre Schläfen zu hämmern. Sie hielt sich an einem der mit alten Gewürzgurkengläsern beladenen Regale fest.

»Meine Güte, siehst du gerupft aus«, sagte Freddy äußerst hilfreich. Erneut legte Laura einen Finger auf den Mund.

»Was?« Er verlor allmählich die Geduld.

Laura seufzte. »Sunshine steht vor der Haustür, und ich kann sie heute wirklich nicht ertragen. Ich weiß, du hältst mich wahrscheinlich für erbärmlich, aber ich verkrafte ihre vielen Fragen nicht. Nicht heute.«

Freddy schüttelte spöttisch den Kopf. »Ich finde es nicht erbärmlich. Ich halte es schlicht für gemein. Du bist eine erwachsene Frau, die sich vor einem jungen Mädchen versteckt, das dich toll findet und gern in deiner Nähe ist, nur weil du einen ordentlichen und wahrscheinlich verdienten Kater hast. Hab wenigstens den Mumm und entschuldige dich persönlich bei ihr!«

Freddys Worte brannten wie Nesseln auf bloßer Haut, aber bevor Laura etwas erwidern konnte, änderte sich plötzlich die Stimmung vor der Haustür.

Sunshine hatte keine Ahnung, wer die blonde Frau war, die den Pfad heraufkam, aber sie sah ziemlich sauer aus.

»Hallo, ich bin Sunshine. Ich bin die Freundin von Laura. Wer bist du?«

Die Frau kniff die Augen zusammen und musterte Sunshine von oben bis unten, wobei sie versuchte zu entscheiden, ob sie antworten sollte oder nicht.

»Ist Freddo hier?«, erkundigte sie sich.

»Nö«, erwiderte Sunshine.

»Bist du sicher? Denn das da in der Auffahrt ist sein verdammter Land Rover.«

Sunshine sah interessiert zu, wie die Frau immer roter und wütender wurde und den Klingelknopf mit ihrem makellos manikürten Finger bearbeitete.

»Das ist Freddys verdammter Land Rover«, erwiderte sie ruhig.

»Also ist er hier, das blöde Arschloch!«, fauchte die Frau.

Sie drückte wieder auf den Klingelknopf und schlug mit der Faust gegen die Tür.

»Die wird nicht aufmachen«, sagte Sunshine. »Wahrscheinlich versteckt sie sich.«

Felicity hörte einen Augenblick auf zu schlagen. »Wer?«

»Laura.«

»Wie, diese komische Haushälterin? Warum in Gottes Namen sollte sie sich verstecken?«

»Vor mir«, erwiderte Sunshine mit traurigem Lächeln.

»Dieses verdammte Arschloch Freddo sollte sich lieber nicht vor mir verstecken!«

Sunshine beschloss zu helfen. Die blonde Frau sah wirklich wütend aus, und Sunshine befürchtete, sie könnte die Klingel kaputtmachen.

»Vielleicht versteckt er sich mit Laura«, schlug sie vor. »Er mag sie wirklich«, fügte sie hinzu.

Sunshines Worte waren offenbar nicht so hilfreich, wie sie gehofft hatte.

»Soll das heißen, der Bastard vögelt womöglich die Haushälterin?« Die Frau ging in die Hocke und brüllte durch den Briefkastenschlitz.

Freddy schob sich neben Laura in die Speisekammer und zog die Tür hinter sich zu. Jetzt war es an Laura, die Augenbrauen hochzuziehen.

»Das ist Felicity«, zischte er. Der Spott war gänzlich aus seiner Stimme verschwunden, Verzweiflung klang durch.

»Und …?«

Jetzt musste Freddy seufzen. »Wir waren gestern Abend verabredet, aber ich konnte nicht. Das Problem ist, ich habe es ihr nicht so richtig gesagt, bis es zu spät war, und ich vermute, sie ist ziemlich angefressen …« Er verstummte.

Obwohl ihr kalt und schlecht war und ihr Kopf kurz davor stand zu platzen, musste Laura unwillkürlich lächeln.

»Na ja, dann bring wenigstens den Mumm auf, dich persönlich bei ihr zu entschuldigen.«

Freddy schaute sie erstaunt an, dann verzog sich sein hübsches Gesicht zu einem schiefen Grinsen.

»Ich weiß, dass du da drinnen bist, du Schweinehund!« Felicitys Stimme ertönte schrill durch den Briefkastenschlitz. »Du und diese Nutte von Haushälterin! Na, wenn du nicht mehr als diese vertrocknete schlampige alte Stadtstreicherin schaffst, dann hast du dich mit mir deutlich übernommen. Du bist sowieso bloß ein Schlappschwanz. Du kannst sie haben!«

Sunshine stand neben der zornesroten Felicity und wusste nicht, was sie machen sollte. Sie hatte alle Wörter in sich aufgenommen, die ausgesprochen, vielmehr gebrüllt worden waren, und hoffte, sie später zu verstehen. Vielleicht würde Laura ihr helfen, wenn sie sich nicht mehr versteckte. Felicity schien ihren Dampf abgelassen zu haben. Sie versetzte der Haustür noch einen letzten Schlag und ging den Weg zurück, den sie gekommen war. Kurz darauf hörte Sunshine eine Autotür, einen Wagen, der zurücksetzte, und quietschende Reifen, als Felicity eine Menge Gummi auf dem Asphalt hinterließ. Gerade als Sunshine nach Hause gehen wollte, traf eine weitere Besucherin ein. Diese Frau war älter, gut gekleidet, und sie lächelte.

»Hallo«, sagte sie. »Wohnt Laura hier?«

Sunshine fragte sich, was diese Frau wohl tun würde.

»Ja. Aber sie versteckt sich wahrscheinlich.«

Die Frau schien ganz und gar nicht überrascht. »Ich bin Sarah«, stellte sie sich vor. »Ich bin eine alte Freundin von Laura.«

»High five«, sagte Sunshine und hob eine Hand zum Abklatschen. »Ich bin Sunshine. Ich bin die neue Freundin von Laura.«

»Na, ich bin mir sicher, dass sie großes Glück hat, dich zu haben«, erwiderte die Frau.

Sunshine mochte die neue Frau.

»Brüllst du auch durch den Briefkastenschlitz?«, fragte sie.

Sarah überlegte einen Moment. »Tja, eigentlich wollte ich es mit der Klingel probieren.«

Sunshine hatte Hunger. Es sah nicht so aus, als würde sie an diesem Tag im Padua etwas zu Mittag bekommen.

»Viel Glück«, wünschte sie Sarah und machte sich auf den Heimweg.

Freddy und Laura steckten noch in der Vorratskammer und spitzten die Ohren, ob noch jemand vor der Haustür stand. Es klingelte erneut. Nur ein Mal, gefolgt von einer höflichen Pause. Laura zog sich zu den Essiggurken zurück.

»Geh du«, bat sie Freddy. »Bitte.«

Freddy gab nach, angetrieben von seinem schlechten Gewissen wegen der Beleidigungen, die Felicity gegen Laura ausgestoßen hatte.

Als er die Tür öffnete, stand eine attraktive Brünette mittleren Alters mit zuversichtlichem Lächeln und festem Händedruck davor.

»Hallo, ich bin Sarah. Kann ich Laura sprechen?«

Freddy trat zurück, um sie hereinzulassen. »Ja, wenn sie aus ihrem Versteck in der Vorratskammer kommt.«

Beim Klang von Sarahs Stimme eilte Laura in die Diele, um sie zu begrüßen. »Du hast dich auch da drinnen versteckt!«, rief sie Freddy ins Gedächtnis.

Sarah schaute sie beide an und zwinkerte Laura zu.

»›In der Vorratskammer verstecken.‹ Das ist eine Umschreibung, die ich noch nie gehört habe.«

»Keine Chance!« Freddys Antwort war ein Reflex, aber trotzdem ein Schlag ins Gesicht für Laura.

Sarah merkte wie üblich, was erforderlich war. Sie nahm Laura am Arm.

»Mach mir doch eine schöne Tasse Tee. Im Übrigen sieht deine Frisur toll aus.«

25

Sarah Trouvay war eine erstklassige Rechtsanwältin mit steiler Karriere, verheiratet mit einem robusten Architekten und Mutter zweier gesunder, wilder Jungs. Außerdem hatte sie ein verblüffendes Talent zum Jodeln, das ihr als Maria in der Schultheateraufführung des Musicals *The Sound of Music* tosenden Applaus beschert hatte. Sie und Laura hatten sich in der Schule kennengelernt und waren seither enge Freundinnen geblieben. Sie sahen oder sprachen sich zwar kaum öfter als zwei oder drei Mal im Jahr, aber die Verbindung zwischen ihnen, die schon so lange bestand und durch gemeinsame Triumphe und Tragödien stark geworden war, blieb ebenso dauerhaft wie zuverlässig. Sarah hatte mit angesehen, wie die intelligente, lebhafte, furchtlose junge Laura gnadenlos unter einer schlechten Ehe und einem Sperrfeuer aus Selbstzweifeln dahinschwand. Aber sie hatte nie die Hoffnung aufgegeben, dass die echte Laura eines Tages siegreich in prächtigem leuchtendem Technicolor wieder auftauchen würde.

»Was um alles in der Welt machst du denn hier?«, fragte Laura, während sie Wasser in den Kessel laufen ließ.

»Na ja, die sechs total betrunkenen und ziemlich unverständlichen Nachrichten, die du mir in den frühen Morgenstunden auf meiner Mailbox hinterlassen hast, könnten etwas damit zu tun haben.«

»O Gott! Sag, dass das nicht wahr ist.« Laura verbarg ihr Gesicht in beiden Händen.

»Aber ja. Und jetzt will ich alles wissen. Bis ins letzte schäbige Detail. Und ich glaube, wir fangen mit dem ›armen Graham‹ an. Wer zum Teufel ist der ›arme Graham‹?«

Laura erzählte ihr fast alles. Angefangen bei dem Kleid, das noch immer halb aus dem Abfalleimer hing, bis hin zur zweiten Flasche Prosecco vor dem Kamin. Der Rest der Nacht – einschließlich Anrufen – war ein für alle Mal in alkoholbedingte Vergessenheit geraten.

»Armer Graham«, pflichtete Sarah ihr bei. »Was hat dich überhaupt dazu bewogen, dich auf das Date einzulassen?«

Laura wirkte verlegen. »Oh, ich weiß nicht. Vielleicht nur, weil er gefragt hat. Das hat sonst niemand getan. Er schien immer ganz nett. Offensichtlich kein Alptraum.«

Sarah schüttelte ungläubig den Kopf. »Kein Alptraum macht noch lange keinen Traummann aus ihm.«

Laura seufzte und schlug erneut die Hände vors Gesicht.

»Scheiß auf den verdammten Gärtner!« Sie hatte es laut ausgesprochen, bevor sie sich bremsen konnte.

»Wer?«

Laura lächelte kleinlaut. »Ach, nichts. Ich führe nur Selbstgespräche.«

»Das ist das erste Anzeichen, weißt du.«

»Das erste Anzeichen wofür?«

»Für die Wechseljahre!«

Laura warf einen Keks nach ihr. »Ich hätte wissen sollen, dass es niemals funktionieren würde, als er anfing, über Nordic Walking zu schwafeln.«

»Er hat versucht, dich mit seiner Stange zu beeindrucken!« Sarah brach in Gelächter aus, und selbst Laura konnte ein schuldbewusstes Kichern nicht unterdrücken.

Dann erzählte sie ihr vom Kuss auf der Veranda. Diesem entsetzlichen endlosen Kuss.

Sarah schaute sie an und zog verärgert die Schultern hoch. »Tja, was hast du denn erwartet, um Himmels willen? Du schwärmst nicht für ihn. Ist doch klar, dass es dann nicht mehr werden kann, als wenn man Karton küssen würde!«

Laura schüttelte nachdrücklich den Kopf. »Nein. Es war viel, viel schlimmer. Karton wäre entschieden besser gewesen.« Angewidert dachte sie an die Schnecke. »Und nicht annähernd so nass.«

»Mal ehrlich, Laura, warum hast du ihm nicht einfach die Wange hingehalten, oder, falls das nicht ging, dich einfach schnell zurückgezogen?«

Vor Lachen und Verlegenheit überzogen sich Lauras Wangen mit roten Flecken.

»Ich wollte nicht unfreundlich sein. Im Übrigen klebten seine Lippen an meinem Gesicht wie eine andockende Mondfähre.«

Sarah kriegte sich nicht mehr ein. Laura hatte ein schlechtes Gewissen. Armer Graham. Er hatte es nicht verdient, dass man sich über ihn lustig machte. Ihr fiel sein verblüffter Gesichtsausdruck ein, als sie sich schließlich aus der Lage befreite, sich unbeholfen verabschiedete, ins Haus floh und die Tür hinter sich zuschlug. Armer Graham. Aber das hieß nicht, dass sie ihn jemals wiedersehen wollte.

»Scheiß auf den armen Graham!« Sarah hatte immer schon die unheimliche Gabe gehabt, Lauras Gedanken zu erraten. »Klingt für mich eher nach ›arme Laura‹. Er küsst schlecht und hat eine zweifelhafte Stange. Spül dir den Mund aus und schau nach vorn!«

Laura musste unwillkürlich lächeln, doch dann fiel ihr etwas ein.

»Scheiße!« Sie sackte auf ihrem Stuhl nach vorn und verbarg erneut den Kopf in den Händen.

Sarah stellte ihre Tasse Tee ab und bereitete sich auf die nächste Offenbarung vor.

»Freddy«, stöhnte Laura unglücklich. »Er hat mich heute Morgen gefunden.«

»Na und?«

»Er hat mich heute Morgen gefunden, mein Gesicht klebte mit Sabber am Sofa, ich trug nicht viel mehr als mein verschmiertes Make-up von gestern Abend, war umgeben von leeren Flaschen und zwei Gläsern. Zwei, Sarah! Er wird annehmen, dass Graham ›auf einen Kaffee mit reingekommen‹ ist.«

»Tja, die Beweislage mag zwar offensichtlich sein, aber das ist doch egal. Im Übrigen, wieso spielt es eine Rolle, was Freddy denkt?«

»Er wird mich für eine betrunkene Schlampe halten!«

Sarah lächelte und sprach freundlich und langsam wie mit einem kleinen Kind. »Na ja, wenn das so wichtig ist, dann sag ihm, wie es wirklich war.«

Laura seufzte bedrückt. »Dann wird er mich tatsächlich für eine ›vertrocknete schlampige alte Stadtstreicherin‹ halten.«

»Stimmt!« Sarah schlug mit flachen Händen auf den Tisch. »Genug gejammert und in Selbstmitleid gesuhlt. Ab nach oben mit dir, du Stadtstreicherin, und mach dich salonfähig. Nachdem du mich von der Arbeit abgehalten hast, damit ich mir dein erbärmliches, ermüdendes Gejammere anhöre, kannst du mich wenigstens zum Lunch ausführen. Und damit meine ich nicht einfach bloß ein Sandwich, ich meine ein richtiges warmes Essen. Und Nachtisch!«

Laura versetzte Sarah einen spielerischen Klaps auf den Kopf, als sie an ihr vorbeiging, um die Küche zu verlassen, und zerzauste ihre perfekt geschnittene, geföhnte Frisur. Fast gleichzeitig kam Freddy zur Hintertür herein.

Sarah stand auf, reichte ihm die Hand und schenkte ihm ihr breitestes Lächeln.

»Noch einmal hallo. Ich fürchte, ich habe mich nicht richtig vorgestellt. Ich bin Sarah Trouvay, eine alte Freundin von Laura.«

Freddy schüttelte ihr die Hand, wich aber ihrem Blick aus, drehte sich stattdessen zum Spülbecken um und füllte den Kessel mit Wasser.

»Freddy. Ich bin nur reingekommen, um Kaffee zu machen. Für Sie auch?«

»Nein danke. Wir gehen gleich aus.«

Das Schweigen, das Sarah mit Absicht, Freddy hingegen aus Verlegenheit einhielt, wurde nur durchbrochen vom Sprudeln des kochenden Wassers. Freddys Blick, der außer zu Sarah überall hinwanderte, blieb an Lauras Kleid haften, das aus dem Abfalleimer hing. Er fischte es heraus und hielt es hoch.

»Hmm. Schönes Kleid.«

»Ja. Ich wette, Laura hat darin umwerfend ausgesehen.«

Freddy trat unbehaglich in seinen schmutzigen Stiefeln von einem Fuß auf den anderen. »Keine Ahnung.«

Als sie Laura die Treppe herunterkommen hörte, stand Sarah auf.

»Ich weiß, es geht mich wohl nichts an, aber manchmal muss man etwas sagen, auch wenn man die falsche Person dafür ist. Gestern Abend war es nicht so, wie es den Anschein hatte.«

Sie drehte sich um und wollte die Küche verlassen, fügte dann aber über die Schulter hinzu: »Nur falls es Sie interessiert.«

»Auch das geht mich nichts an«, murmelte Freddy düster vor sich hin, während er kochendes Wasser in seinen Becher goss.

Lügner!, dachte Sarah.

The Moon is Missing veranstaltete einen Leichenschmaus für einen zweiundneunzigjährigen ehemaligen Boxtrainer und Pferdehändler namens Eddy der Esel O'Regan. Die Trauernden hatten offensichtlich schon ausgiebig auf den Verstorbenen angestoßen, und die Stimmung war ausgelassen, laut und sentimental. Laura und Sarah gelang es, sich in eine der Nischen zu zwängen, und bei Saucisse Cassoulet und Kartoffelpüree, mit einem Glas rotem Hauswein für Sarah und einer Cola light für Laura heruntergespült, tauschten sie Neuigkeiten aus. Sie hatten kurz miteinander gesprochen, nachdem Anthony gestorben war, aber seither hatte Sarah an einem wichtigen Fall gearbeitet, der gerade erst vor Gericht verhandelt worden war.

»Hast du gewonnen?«, fragte Laura.

»Natürlich«, erwiderte Sarah und stach mit der Gabel in den ziemlich trocken aussehenden Wurst-Bohnen-Eintopf auf ihrem Teller. »Aber egal. Erzähl mal von dir.«

Und Laura erzählte. Von Anthonys Testament und dem Brief, dem Arbeitszimmer voller Dinge, dass sie sich vor Sunshine versteckt hatte, dass sie das neueste, interessanteste Gesprächsthema im Ort war. Und von Felicity.

»Ich meine, es ist einerseits wunderbar, das Haus ist schön, aber die riesige Sammlung verlorener Dinge steht auf einem ganz anderen Blatt. Wie zum Teufel soll ich das ganze Zeug zurückgeben? Es ist der Wahnsinn. Ich habe keine Ahnung, was ich mit Sunshine anfangen soll, es gibt keine Garantie, dass die Webseite funktioniert, und die meisten im Ort halten mich für eine geldgierige Schlampe. Am Ende werde ich in einem Haus voller Mäuse und Spinnweben und verlorener Sachen anderer Menschen wohnen, bis ich einhundertundvier bin, und wenn ich dann sterbe, wird es Monate dauern, bis es jemand merkt, und wenn sie dann einbrechen und mich finden, werde ich mich auf dem Sofa verflüssigen.«

»Und das nicht zum ersten Mal«, erwiderte Sarah zwinkernd. Doch dann legte sie Messer und Gabel hin und schob ihren Teller beiseite.

»Laura. Meine liebe, wunderbare, lustige, kluge, absolut verdammt nervige Laura. Dir wurde ein tolles, großes Haus hinterlassen, angefüllt mit Schätzen und einem attraktiven Gärtner obendrein. Anthony hat dich wie eine Tochter geliebt und dir alles anvertraut, was ihm kostbar war, und statt Purzelbäume zu schlagen, sitzt du hier rum und jammerst. Er hat an dich geglaubt; ich habe immer an dich geglaubt. Du versteckst dich nicht vor Sunshine, sondern vor allem. Und es ist höchste Zeit, damit aufzuhören und das Leben in vollen Zügen zu genießen. Scheiß drauf, was andere denken«, fügte sie noch hinzu.

Laura trank einen Schluck Cola light. Sie war nicht überzeugt. Und sie hatte Angst, noch einen Menschen zu enttäuschen, der sie liebte.

Sarah schaute ihrer liebsten Freundin ins besorgte Gesicht. Sie streckte den Arm aus und legte ihre Hand auf die von Laura. Es war an der Zeit für ein paar überfällige unbequeme Wahrheiten.

»Laura, du musst die Vergangenheit hinter dir lassen. Du hast es verdient, glücklich zu sein, aber du musst selbst dazu beitragen. Es hängt von dir ab. Du warst siebzehn, als du Vince kennengelernt hast, noch ein Kind, aber jetzt bist du eine erwachsene Frau, also fang endlich an, dich auch so zu verhalten. Bestrafe dich nicht länger für etwas, was du damals gemacht hast, benutze es aber auch nicht als Ausrede. Du hast jetzt die Chance, dir ein wirklich gutes Leben aufzubauen. Pack es bei den Eiern und leg los.«

Sarah lehnte sich zurück, um zu sehen, welchen Effekt ihre Worte hatten. Sie war vermutlich die Einzige auf der ganzen Welt, die so mit Laura sprechen konnte und wollte. Sie war fest entschlossen, die Frau zu finden, von der sie noch wusste, dass sie da war, und sie herauszuholen. Mit Gewalt, wenn nötig.

»Dir ist doch klar, dass wir damals alle für Vince schwärmten, oder?«

Laura schaute sie fassungslos an.

»Im Ernst. Das warst nicht nur du. Er sah gut aus, fuhr ein schickes Auto und rauchte Sobranie. Was wollte ein Mädchen mehr? Wir dachten alle, er sei Sex auf zwei Beinen. Dass er dich auserwählt hat, war einfach nur Pech.«

Laura lächelte. »Du warst immer schon eine unerträgliche Klugscheißerin.«

»Ja, aber ich habe recht. Oder nicht? Komm schon, Laura. Du kannst es doch besser! Wann hast du dich in so einen Jammerlappen verwandelt? Das hier ist eine einmalige, vierundzwanzigkarätige, verdammt phantastische Gelegenheit, von der die meisten Menschen nur träumen. Wenn du dich davor drückst, werde ich dir das nie verzeihen. Aber was viel wichtiger ist, du wirst dir selbst nie verzeihen!« Sarah prostete Laura zu. »Und was den Wahnsinn betrifft, das sollte dir doch gerade recht kommen. Du warst immer schon total durchgeknallt!«

Laura lächelte. Das hatte Sarah schon früher zu ihr gesagt, als das Leben noch aufregend und voller Möglichkeiten war.

»Du Arsch ...«, murmelte sie.

»Wie bitte?« Selbst die sonst so unerschütterliche Sarah wirkte ein wenig schockiert.

Laura grinste. »Ich, nicht du.«

»Das wusste ich.« Sarah erwiderte ihr Grinsen.

Langsam und allmählich dämmerte Laura, dass das Leben *trotzdem* noch aufregend und voller Möglichkeiten war; Möglichkeiten, die sie sich gewünscht, aber nicht verfolgt und somit Jahre ihres Lebens vergeudet hatte. Sie musste ernsthaft aufholen.

»Was ist mit Sunshine?«, fragte sie. »Hast du irgendeinen Rat?«

»Sprich mit ihr. Sie hat das Down-Syndrom, sie ist nicht dumm. Sag ihr, wie es dir geht. Denk dir eine Lösung aus. Und dabei sag ihr, was bei deinem Date wirklich passiert ist. Wenn du es Freddy nicht erzählen willst, dann bin ich mir sicher, dass sie es übernimmt.«

Laura schüttelte den Kopf. »Kann sein, aber ihm ist es ohnehin egal. Du hast doch gehört, was er sagte, als du vermutet hast, dass wir es in der Vorratskammer getrieben hätten: ›Keine Chance.‹«

»Ach, Laura! Manchmal bist du echt schwer von Begriff«, stöhnte Sarah.

Laura widerstand dem Bedürfnis, ihr die Gabel in den Handrücken zu stechen.

»Erinnerst du dich an Nicholas Barker von der Jungsschule?«

Laura erinnerte sich an einen großen, sommersprossigen Jungen mit starken Armen und abgewetzten Schuhen. »Er hat mich im Bus immer an den Haaren gezogen oder mich komplett ignoriert.«

Sarah grinste. »Der war schüchtern. Das hat er gemacht, weil er dich angehimmelt hat!«

Laura stöhnte. »O Gott. Jetzt sag nicht, wir sind noch so blind wie in der fünften Klasse.«

»Du sprichst von dir. Aber meiner Meinung nach hast du einen guten Grund, aufzuholen. Besonders, wenn du in Freddy so verknallt bist wie er offensichtlich in dich. Und jetzt möchte ich Nachtisch!«

Sarah rief vom Pub aus ein Taxi, das sie zurück zum Bahnhof bringen sollte. Während sie auf dem Parkplatz darauf warteten, umarmte Laura ihre Freundin dankbar.

»Vielen Dank, dass du gekommen bist. Tut mir leid, wenn ich so eine Nervensäge war.«

»Daran hat sich nichts geändert«, scherzte Sarah. »Aber im Ernst, ist schon gut. Du würdest für mich dasselbe tun.«

»Bestimmt nicht!«

Das war Laura, immer versteckte sie sich hinter einem Scherz und schüttelte Komplimente ab. Aber Sarah würde nie vergessen, dass es diese Laura war, die sich vor acht Jahren im Krankenhaus die Tränen abgewischt hatte, während ihr erschütterter Mann auf dem Parkplatz kettenrauchend und schluchzend auf und ab ging. Laura hatte ihr die Hand gehalten, als sie ihr erstes Kind zur Welt brachte, eine kostbare Tochter, die starb, bevor sie Gelegenheit hatten, sich kennenzulernen. Eine Tochter, die auf den Namen Laura-Jane hätte getauft werden sollen.

Am Spätnachmittag machte Laura sich auf die Suche nach Sunshine und fand sie auf der Bank jenseits der Grünfläche vor dem Haus.

»Darf ich mich setzen?«, fragte sie.

Sunshine lächelte. Ein warmes, von Herzen kommendes Lächeln, das Laura mit Schuldgefühlen und Scham erfüllte.

»Ich möchte mich entschuldigen«, sagte sie.

»Wofür?«

»Dass ich dir keine gute Freundin war, so wie du mir.«

Sunshine dachte einen Augenblick nach. »Magst du mich?«

»Ja. Sehr sogar.«

»Warum versteckst du dich dann?«, fragte Sunshine traurig.

Laura seufzte. »Weil das alles hier neu für mich ist, Sunshine. In diesem Haus zu leben, die verlorenen Dinge, versuchen zu tun, was Anthony gewollt hätte. Manchmal werde ich sauer und durcheinander und muss allein sein.«

»Warum hast du es mir dann nicht einfach gesagt?«

Laura schenkte ihr ein Lächeln. »Weil ich manchmal einfach ein blödes Arschloch bin.«

»Hast du jemals Angst?«

»Manchmal ja.«

Sunshine nahm ihre Hand und drückte sie. Ihre weichen, pummeligen Finger waren eiskalt. Laura zog sie von der Bank.

»Komm, wir machen uns die leckere Tasse Tee.«

26

Ich glaube, er braucht einen Keks«, sagte Sunshine und streichelte zärtlich das Bündel aus Fell und Knochen. Der Hund beobachtete sie aus verängstigten Augen, in denen sich die Schläge widerspiegelten, die er bekommen hatte. Ihrer Quälerei überdrüssig, hatten seine Peiniger ihn ausgesetzt. Freddy hatte ihn am Abend zuvor auf dem Rasenstück vor dem Padua gefunden. Es regnete in Strömen, und das Tier war durchnässt und zu erschöpft, um sich zu wehren, als Freddy ihn aufgehoben und ins Haus getragen hatte. Er war von einem Auto angefahren worden und hatte eine oberflächliche Wunde am Rumpf, die Laura gereinigt und verbunden hatte, während Freddy den zitternden, in ein Handtuch gewickelten Hund festgehalten hatte. Er weigerte sich, etwas zu fressen, trank aber ein wenig Wasser, und Laura blieb die ganze Nacht bei ihm und schlief unruhig in einem Sessel, während der Hund reglos vor dem Kamin lag, in eine Decke gehüllt. Als das erste gespenstische Licht einer winterlichen Morgendämmerung durch die Gardinen in Anthonys Arbeitszimmer drang, rührte Laura sich. Ihr Hals war steif und beschwerte sich nach einer Nacht, die sie irgendwie zusammengefaltet in einem Sessel verbracht hatte. Das Feuer war bis auf ein bisschen glühende Asche heruntergebrannt, aber der Hund hatte sich nicht bewegt.

Bitte, lieber Gott, dachte sie, als sie sich vorbeugte und das Auf und Ab der Decke prüfte, das beweisen würde, dass ihr Gebet erhört worden war. Nichts. Keine Regung. Kein Laut. Aber bevor die Tränen, die ihr in die Augen getreten waren, überlaufen konnten, zuckte die Decke plötzlich. Stockend wurde eingeatmet, und das volltönende Schnarchen, bei dem Laura irgendwie hatte schlafen können, begann wieder.

Sunshine war begeistert, als sie an diesem Morgen eintraf und feststellte, dass sie einen Hund zu Gast hatten. So lebhaft hatte Laura die sonst eher ernste und bedächtige Sunshine noch nie erlebt. Gemeinsam hatten sie ihm gut zugeredet, etwas gebratenes Huhn und ein Butterbrot zu fressen. Sunshine hatte ihn sanft untersucht und war entschlossen, ihn mit allem Möglichen zu füttern.

»Wir dürfen ihm nicht gleich zu viel geben. Sein Magen ist wahrscheinlich geschrumpft, und wenn wir es übertreiben, wird ihm schlecht«, warnte Laura.

Sunshine verzog das Gesicht, was auf bewundernswerte Weise ihre Abneigung gegen Erbrechen zum Ausdruck brachte.

»Vielleicht braucht er noch was zu trinken?«, schlug sie hoffnungsvoll vor. Laura hatte Verständnis für ihren Eifer. Sie wollte unbedingt etwas tun, damit es dem Geschöpf besser ging, dass es zunahm und gesund wurde. Aber manchmal war es notwendig, nichts zu tun, auch wenn es schwerfiel.

»Ich glaube, er muss sich einfach ausruhen«, sagte sie. »Deck ihn zu und lass ihn ein wenig in Ruhe.«

Sunshine deckte ihn zehn Minuten lang sehr sorgfältig zu, bis Laura sie schließlich überredete, ihr mit der Webseite zu helfen. Freddy war früher als sonst gekommen und hatte sie alle im Arbeitszimmer vorgefunden.

»Wie geht es dem armen Kerl?«

Laura brachte es nicht über sich, vom Bildschirm aufzuschauen. »Ein bisschen besser, glaube ich.«

Seit dem Vorfall in der Vorratskammer hing die Unbeholfenheit wie Rauch zwischen Freddy und Laura. Laura wollte unbedingt reinen Tisch machen und ihm sagen, was bei ihrem Date tatsächlich passiert war, aber irgendwie fand sie keine Möglichkeit, es ihm zu sagen. Er ging zum Kamin und hockte sich neben die Decke. Ein Paar große, sorgenvolle Augen spähten zu ihm auf. Freddy hielt dem Hund den Handrücken hin, damit er daran riechen konnte, aber der Hund zuckte nach den bitteren Erfahrungen, die er gemacht hatte, instinktiv zurück.

»Hey, hey, ganz ruhig, mein Junge. Hier tut dir keiner was. Ich habe dich gefunden.«

Der Hund lauschte der sanften Stimme und streckte die Nase argwöhnisch unter der Decke hervor, um einmal vorsichtig zu schnüffeln. Sunshine beobachtete diesen Austausch mit Argusaugen. Mit übertriebenem Seufzer stemmte sie beide Hände in die Hüften.

»Er soll sich ausruhen«, sagte sie tadelnd.

Freddy hob ergeben beide Hände und kam an den Tisch, an dem Laura vor dem Laptop saß.

»Du wirst ihn also behalten?«

Sunshine kam Laura zuvor. »Darauf kannst du Gift nehmen, Hand aufs Herz, so wahr ich hier stehe, wir werden ihn behalten! Er war verloren, und du hast ihn gefunden. Das machen wir«, sagte sie und streckte beide Hände in die Höhe, um ihren Worten Nachdruck zu verleihen. Sie brauchte eine Weile, bis ihr Denken ihre Gefühle eingeholt hatte, aber dann fügte sie trotzig hinzu: »Aber wir geben ihn nicht zurück.«

Sie schaute abwechselnd zu Freddy und Laura auf der Suche nach Bestätigung. Freddy zwinkerte ihr zu und lächelte.

»Keine Bange, Sunshine. Ich glaube, es gibt niemanden, der ihn zurückhaben will.« Doch dann fügte er hinzu, als würde er sich seiner Stellung bewusst: »Natürlich liegt die Entscheidung bei Laura.«

Laura schaute zu dem Deckenbündel, das noch immer vor dem Kamin lag und nicht wusste, dass es hier in diesem Haus in Sicherheit war. Vom ersten Augenblick an hatte der Hund ihr gehört.

»Wir müssen ihm einen Namen geben«, sagte sie.

Wieder einmal kam Sunshine ihr zuvor.

»Er heißt Carrot.«

»Ach ja?«, fragte Freddy. »Und warum?«

»Weil er in der dunklen Nacht vom Auto angefahren wurde, weil er es nicht gesehen hat.«

»Und?«, fuhr Freddy fort und legte fragend den Kopf schief.

»Karotten helfen, dass man im Dunkeln besser sehen kann.«

Sunshine brachte ihre Lösung laut und langsam vor, wie ein englischer Tourist im Ausland.

Nach der leckeren Tasse Tee, die Sunshine gnädigerweise von Laura zubereiten ließ, während sie bei Carrot Wache hielt, ging Freddy hinaus, um im Garten zu arbeiten. Laura und Sunshine richteten ihre Aufmerksamkeit wieder auf *Mr. Peardews Sammlung der verlorenen Dinge*. Laura hatte sich an die Herkulesaufgabe gesetzt, Einzelheiten aller verlorenen Gegenstände in eine Datei einzugeben, die man über die Webseite abrufen konnte. Sunshine wählte Sachen aus den Regalen und Schubfächern aus. Sobald Laura die Details eines bestimmten Gegenstands eingegeben hatte, wurde er mit einem goldenen Klebestern versehen, die in Fünfzigerpackungen aus der Poststelle kamen. Sie hatten zehn Packungen gekauft, doch nachdem sie nun damit begonnen hatten, wurde Laura das Gefühl nicht los, dass sie eine Menge Nachschub brauchten. Sunshine legte die Gegenstände ordentlich aufgereiht auf den Tisch: eine Pinzette, eine Mini-Spielkarte (Kreuzkönig) und einen Soldaten aus Plastik. Das Freundschaftsbändchen behielt sie in der Hand.

Rot-schwarzes Knüpfarmband.
Gefunden in der Unterführung zwischen Fools Green und Maitland Road, 21. Mai.

Chloe spürte, wie ihr Mund wässrig wurde, kurz bevor der erste Brechanfall kam. Beim Würgen beugte sie sich tief hinunter, um ihre neuen Schuhe nicht zu bespritzen. Die Betonwände der Unterführung hallten vom Geräusch ihrer Scham und Demütigung wider.

Alle mochten Mr. Mitchell. Er war der coolste Lehrer an der Schule. »Die Jungen wollen so sein wie er, und die Mädchen wollen mit ihm zusammen sein«, hatte ihre Freundin Claire ihr erst gestern zugeflüstert, als er im Flur an ihnen vorbeigegangen war. Chloe nicht. Nicht mehr. Sie wollte überall sein, nur nicht bei ihm. Mr. Mitchell (»Sagt ruhig Mitch zu mir«) unterrichtete Musik, und anfangs hätte auch sie zu jeder Melodie getanzt, die er aussuchte. Er wirkte überaus glaubwürdig. Außerdem hatte er ein hübsches Gesicht und war charmant; man musste Mr. Mitchell einfach anhimmeln. Chloe hatte ihre Mutter um den privaten Gesangsunterricht gebeten, den Mr. Mitchell ihres Wissens gab. Bei sich zu Hause. Ihre Mutter war überrascht. Ihre Tochter war ein ruhiges Mädchen und normalerweise zufrieden damit, im Chor zu singen, statt ins Rampenlicht zu treten. Sie war ein »gutes« Mädchen. Ein »nettes« Mädchen. Das Geld für den Gesangsunterricht wäre schwer aufzutreiben, aber vielleicht dachte ihre Mutter, es würde sich lohnen, wenn er Chloe ein wenig mehr Selbstvertrauen schenkte. Und Mr. Mitchell war so ein hervorragender Lehrer. Seine Schüler und Schülerinnen schienen ihm wirklich am Herzen zu liegen. Er war anders als einige seiner Kollegen, die einfach nur ihre Stunden ableisteten, das Geld einsackten und dann nichts mehr damit zu tun hatten.

Am Anfang war es aufregend gewesen. Der Blickkontakt mit ihm hielt in der Klasse ein wenig zu lange an; er lächelte in ihre Richtung. Sie war etwas Besonderes für ihn, dessen war sie sich sicher. Auf dem Weg zur ersten Gesangsstunde war sie zappelig vor Nervosität. Unterwegs trug sie rosa Lipgloss auf, wischte ihn aber schnell wieder ab. In der dritten Unterrichtsstunde sollte sie sich neben ihn ans Klavier setzen. Seine Hand an ihrer Taille war aufregend, erregend. Aber falsch. Es war, als nähme man spätabends eine Abkürzung durch eine dunkle Gasse. Das sollte man nicht. Man weiß, es ist gefährlich, aber vielleicht geht es diesmal gut. Beim nächsten Mal stand er hinter ihr und legte ihr die Hände auf die Brust; sacht, liebkosend. Er sagte, er müsse prüfen, ob sie richtig atme. Die Romanze in ihrer Vorstellung wurde grob durch die dreckige Realität seiner grapschenden Hände und seines heißen, stoßweisen Atems in ihrem Ohr ersetzt. Warum also war sie wieder hingegangen? Selbst danach war sie wieder zu ihm gegangen. Was blieb ihr anderes übrig? Was sollte sie denn ihrer Mutter sagen? Sie wollte es ebenso wie er. Das hatte er ihr gesagt, und die gefährliche Wahrheit in seinen Worten fesselte sie. Das war ja zuerst auch so gewesen, oder?

Der körperliche Schmerz hallte noch immer in ihrem Körper wider. Sie hatte Nein gesagt. Nein geschrien. Aber vielleicht nur in ihrem Kopf und nicht laut. Der Körper, der ihr einmal gehört hatte, war für immer verloren gegangen; genommen oder hingegeben, das wusste sie noch nicht. Sie wischte sich wieder den Mund ab, und dabei fiel ihr Blick auf das Freundschaftsbändchen. Er hatte es ihr am Ende der ersten Unterrichtsstunde geschenkt, weil sie, wie er sagte, ganz besondere Freunde sein würden. Sie riss es sich vom Handgelenk und warf es fort. Genommen. Dessen war sie sich jetzt sicher.

Sunshine drückte das Bändchen fest in der Hand. Laura sah nicht, wie sie zusammenfuhr, weil ihre Augen auf den Bildschirm gerichtet waren und ihre Finger auf der Tastatur klapperten. Sunshine hob einen warnenden Finger an die Lippen für Carrot und warf das Bändchen ins Feuer. Dann ging sie wieder an die Schubladen, um noch mehr Sachen zu holen.

Hoch oben auf dem Regal wartete die Keksdose noch immer auf ihren goldenen Stern.

27

Soll ich die leckere Tasse Tee machen, wenn der Breitwandmann kommt?«, fragte Sunshine hilfsbereit.

Laura nickte zerstreut, in Gedanken damit beschäftigt, wo sie den riesigen Weihnachtsbaum aufstellen sollten, der neuerdings schräg und stachelig den größten Teil des Dielenbodens einnahm. Freddy behauptete steif und fest, seinen Messungen zufolge blieben noch dreißig Zentimeter zwischen Baumspitze und Decke, wenn sie ihn aufgestellt hatten, und holte den Metallständer aus dem Schuppen, um es zu beweisen, bevor ein richtiger Streit ausbrach. Am späten Vormittag erwarteten sie einen Mann, der den Breitbandanschluss installieren sollte.

»Wir können Ihnen keinen genauen Zeitpunkt angeben«, hatte die Frau vom Kundendienst Laura mitgeteilt, »aber wir können Ihnen ein Zeitfenster zwischen 10.39 Uhr und 15.14 Uhr nennen.«

Sunshine behielt die Uhr in der Diele im Auge, zumindest das, was sie davon durch die Zweige sehen konnte. Laura hatte Sunshine endlich beigebracht, die Uhr zu lesen – mehr oder weniger –, was sie neuerdings wie besessen so oft wie möglich machte. Durch die Unruhe neugierig geworden, hatte Carrot sein bequemes Lager neben dem Kamin verlassen und sich auf einen vorsichtigen Erkundungsgang begeben. Ein kurzer Blick auf die Forstwirtschaft, die in der Diele lauerte, reichte aus, ihn wieder ins Arbeitszimmer zu treiben. Freddy kam mit dem Baumständer zurück, und nachdem sie beschlossen hatten, dass die Diele vielleicht die beste Stelle war, um der gewaltigen Höhe und dem Umfang des Baums gerecht zu werden, versuchten er und Laura, ihn unter Sunshines ziemlich konfuser Anleitung aufzurichten. In dem Moment klingelte es, Sunshine rannte zur Tür, um zu öffnen, während Freddy und Laura stehen blieben und unbeholfen den riesigen Nadelbaum umarmten.

Der Mann, der vor der Tür wartete, strahlte eine Überheblichkeit aus, die weder durch seine Stellung, seine Erscheinung, seine Schulbildung, noch durch seine Fähigkeiten zu rechtfertigen war. Kurzum, er war ein arroganter Schnösel. Sunshine wusste das noch nicht, aber sie spürte es.

»Bist du der Breitwandmann?«, fragte sie vorsichtig.

Der Mann überging ihre Frage. »Ich bin hier mit Laura verabredet.«

Sunshine schaute auf ihre Armbanduhr.

»Du bist zu früh. Es ist erst zehn Uhr. Dein Fenster geht noch nicht auf.«

Der Mann schaute sie an, wie die anderen Kinder in ihrer Schule sie angeschaut hatten, wenn sie über Sunshine lachten und sie auf dem Spielplatz ärgerten.

»Was zum Teufel faselst du da? Ich will einfach nur zu Laura.«

Er schob sich an ihr vorbei in die Diele, in der Laura und Freddy noch immer mit dem Baum rangen. Sunshine folgte ihm sichtlich aufgebracht.

»Da ist der Breitwandmann«, verkündete sie, »und der ist nicht sehr nett.«

Laura ließ den Baum los. Das traf Freddy unerwartet, der unter dem Gewicht beinahe umgekippt wäre und den Baum fallen ließ. Der verpasste den Eindringling nur um wenige Zentimeter, was ihn zu dem wütenden Aufschrei veranlasste: »Herrgott, Laura! Was zum Teufel machst du da? Willst du mich umbringen?«

Laura stellte sich ihm entgegen, wie sie es noch nie gemacht hatte, mit ruhigem Blick und stählerner Haltung.

»Das ist mal eine Idee.«

Der Mann war offenbar überrascht von dieser neuen Laura, und sie genoss allem Anschein nach seine Unbehaglichkeit. Freddy war fasziniert von dieser neuen Wendung der Ereignisse, gab sich aber die größte Mühe, Gleichgültigkeit vorzutäuschen. Sunshine fragte sich, wie es sein konnte, dass Laura diesen Breitwandmann, falls sie ihn tatsächlich kannte, gebeten hatte, ins Padua zu kommen, obwohl er so entsetzlich war. Dem würde sie auf keinen Fall die leckere Tasse Tee machen. Laura durchbrach schließlich die angespannte Lage.

»Was willst du, Vince?«, seufzte sie. »Komm lieber mit in die Küche.«

Als er ihr durch die Diele folgte, kam er nicht umhin, Freddy kurz zu mustern, und Freddy starrte finster zurück. In der Küche bot ihm Laura nichts anderes als die kurze Gelegenheit, seine Gegenwart zu erklären.

»Krieg ich nicht mal eine Tasse Tee?«, fragte er in bettelndem Tonfall, wie sie ihn zu Beginn ihrer Ehe so oft im Schlafzimmer gehört hatte. Aber damals hatte er nicht um Tee gebeten. Sie schauderte bei dem Gedanken. Selina vom Kundendienst war das inzwischen ohne Zweifel auch furchtbar vertraut. Sie tat ihr fast leid.

»Vince, warum bist du hier? Was willst du?«

Er schenkte ihr ein strahlendes Lächeln, das verführerisch sein sollte, aber schmierig wirkte.

»Ich möchte, dass wir Freunde sind.«

Laura lachte laut auf.

»Doch«, fuhr er fort und klang dabei allmählich verzweifelt.

»Was ist mit Selina?«

Er setzte sich und vergrub den Kopf in beiden Händen. Das war dermaßen dick aufgetragen, dass Laura fast lachen musste.

»Wir haben Schluss gemacht. Ich habe sie nie so lieben können wie dich.«

»Wie schön für sie. Sie hat dich verlassen, nicht wahr?«

Vince war noch nicht bereit aufzugeben.

»Hör zu, Laura, ich habe nie aufgehört, dich zu lieben.«

»Auch als du Selina besprungen hast?«

Vince stand auf und versuchte, ihre Hand zu nehmen. »Das war rein körperlich. Bloß Sex. Ich habe nie aufgehört, an dich zu denken, dich zu vermissen, dich wiederhaben zu wollen.«

Laura schüttelte ungläubig den Kopf.

»Ist es dann nicht eigenartig, dass du erst jetzt auf die Idee kommst, wieder Kontakt mit mir aufzunehmen? Kein Geburtstagsgruß, keine Karte zu Weihnachten, kein Anruf. Sag mir, Vince, wieso? Warum jetzt? Hat vermutlich nichts mit diesem großen Haus zu tun, das ich zufällig geerbt habe, oder?«

Vince setzte sich wieder und versuchte, ein schlüssiges Argument zu finden. Laura war immer zu klug für ihn gewesen, schon als junges Mädchen. Er hatte sie damals wirklich geliebt, auf seine Art, obwohl er wusste, dass sie eigentlich eine Nummer zu groß für ihn war, mit ihrer tollen Schulbildung und guten Manieren. Damals hatte er allerdings Möglichkeiten gefunden, ihr zu imponieren. Wenn ihr Kind überlebt hätte oder es ihnen gelungen wäre, wieder eins zu zeugen, wäre es vielleicht anders gelaufen. Er hätte gern einen Sohn gehabt, mit dem er Fußball spielen könnte, oder ein kleines Mädchen, das er zum Reitunterricht bringen würde, aber es hatte nicht sein sollen, und am Ende hatten ihre fruchtlosen Bemühungen, Eltern zu werden, unter anderem auch dazu geführt, dass sie sich auseinanderlebten. Im Lauf der Jahre, während Laura erwachsen wurde, war sie ihm allmählich ebenbürtig geworden. Sie bemerkte seine Fehler, und er wiederum übertrieb sie, um Laura zu ärgern. Das war seine einzige Verteidigung. Wenigstens hatten Selina seine Ellbogen auf dem Tisch oder der hochgeklappte Toilettensitz nichts ausgemacht. Na ja, anfangs nicht.

Laura wartete noch immer in aller Ruhe auf seine Antwort. Ihre Haltung machte ihn so wütend, dass ihm schließlich die Maske des Anstands vom Gesicht fiel und die hässliche Wahrheit ans Licht kam.

»Ich hab von deinem Date mit Graham gehört. Du warst immer schon eine frigide Kuh«, spie er aus.

Bevor er hierhergekommen war, hatte er sich geschworen, nicht auszurasten. Er würde Miss Großkotz schon zeigen, dass er genauso gut war wie sie. Aber wie üblich brachte sie ihn aus dem Konzept, weil sie eben Laura war. Und Laura war besser als er.

Laura reichte es. Sie griff nach dem Nächstbesten, einer offenen Packung Milch, deren Haltbarkeit, so es das Glück wollte, abgelaufen war, und schüttete den Inhalt in Vinces grinsendes Gesicht. Sie verpasste es, traf ihn aber mitten auf die Brust, wobei die ranzige Flüssigkeit über sein Designer-Polohemd lief und das dunkle Wildleder seines teuren Jacketts durchtränkte. Laura schaute sich gerade nach weiterer Munition um, als die Küchentür aufging. Es war Freddy.

»Ist alles in Ordnung?«

Sie knallte die Flasche Spülmittel wieder auf das Abtropfbrett.

»Ja, alles ist bestens. Vince wollte gerade gehen, nicht wahr?«

Vince taumelte an Freddy vorbei in die Diele, in der Sunshine unsicher wartete. Er wandte sich an Laura, um seine letzte Beleidigung mit entsprechender Souveränität loszuwerden.

»Ich hoffe, du wirst in deinem großen Haus mit deiner kleinen behämmerten Freundin und deinem Lustknaben glücklich.«

Sunshine, die nicht mehr das Kind auf dem Spielplatz war, antwortete ihm mit bewundernswerter Haltung. »Ich bin nicht behämmert, ich hab Daunendrom.«

Freddy mischte sich ein, lässig und bedrohlicher: »Und niemand spricht so mit meinen Mädchen, also verpiss dich und komm nie wieder.«

Vince hatte noch nie gewusst, wann er den Mund zu halten hatte.

»Sonst was?«

Kurz nachdem er die Antwort erhalten hatte, hielt Vince sich die blutende Nase, lag auf dem Rücken und war bemüht, sich aus den stacheligen Fängen des Weihnachtsbaums zu befreien. Als er schließlich auf die Beine kam, rannte er zur Haustür und drohte, die Polizei und seinen Anwalt zu rufen. Als er aus dem Haus polterte, tauchte Carrots Kopf hinter der Tür zum Arbeitszimmer auf, und er bellte Vinces Geruchsspur nur ein Mal, aber sehr streng an. Die drei schauten den Hund verwundert an. Er hatte zum ersten Mal seit seiner Ankunft im Padua gebellt.

»Gut gemacht, Kumpel«, sagte Freddy und beugte sich hinunter, um Carrot hinter den Ohren zu kraulen. »Das hat ihn bestimmt in die Flucht geschlagen.«

Das Geräusch der Türklingel ließ Carrot wieder ins Arbeitszimmer zurückweichen. Freddy stürmte durch die Diele und riss die Tür auf. Vor ihm stand ein ziemlich verblüfft wirkender junger Mann mit einer Plastikkarte um den Hals, in der Hand einen schwarzen Werkzeugkasten.

»Ich bin Lee«, sagte er und zeigte seine Karte. »Ich bin hier, um Ihren Breitbandanschluss zu installieren.«

Freddy trat zur Seite, um ihn hereinzulassen, und Laura führte ihn um den noch immer liegenden Weihnachtsbaum herum ins Arbeitszimmer, das umgehend von Carrot in Überschallgeschwindigkeit geräumt wurde. Sunshine trottete hinter ihm her, dachte mit aller Kraft nach und versuchte noch immer, sich darüber klar zu werden, was genau hier vor sich ging. Schließlich verdrehte sie die Augen und seufzte laut.

»Du bist der Breitwandmann.« Sie schaute prüfend auf ihre Armbanduhr. »Du bist zum Fenster reingekommen.«

Lee lächelte, unsicher, was er sagen sollte. Er war schon bei einigen merkwürdigen Kunden gewesen, und dieser Job hier entwickelte sich auch in diese Richtung.

»Soll ich dir die leckere Tasse Tee machen?«

Das Lächeln des jungen Mannes wurde breiter. Vielleicht war es doch nicht so schlecht.

»Ich hätte gern eine Tasse Kaffee, wenn das geht?«

Sunshine schüttelte den Kopf. »Kaffee mache ich nicht. Ich mache nur Tee.«

Lee klappte seinen Werkzeugkoffer auf. Am besten war wohl, wenn er einfach nur seine Arbeit erledigte und verschwand.

»Natürlich können Sie einen Kaffee haben«, schaltete Laura sich hastig ein. »Wie trinken Sie ihn? Komm schon, Sunshine, ich mache ihn, du kannst mir dabei zusehen und weißt das nächste Mal, wie es geht.«

Sunshine überlegte eine Weile, und als ihr Vinces Drohungen einfielen, ließ sie sich überreden.

»Wenn dann die Polizei kommt, kann ich denen auch die leckere Tasse Kaffee machen.«

28

The very thought of you.

Das Lied weckte Laura, obwohl sie nicht sicher war, ob sie es im Traum gehört hatte, oder ob es echte Musik war, die unten aus dem Wintergarten kam. Sie lag still und lauschte, in ihre Daunendecke gekuschelt. Schweigen. Zögernd kroch sie hinaus in die nach Rosen duftende kalte Luft, warf ihren Morgenrock über und trat ans Fenster, um den Wintermorgen hereinzulassen.

Und erblickte einen Geist.

Sie spähte durch das mit Raureif überzogene Glas und wollte nicht glauben, was sie dort sah: einen Schatten, vielleicht eine Gestalt, durchsichtig wie die Spinnweben, die zitternd in der eiskalten Brise zwischen den Rosenbüschen schwebten. Laura schüttelte den Kopf. Da war nichts. Ihr gesunder Menschenverstand war vorübergehend außer Betrieb, und ihre Phantasie war mit ihr durchgegangen, hatte mit Partyknallern und einem albernen Hut in ihrer Vernunft randaliert. Mehr nicht. Vinces Besuch hatte sie aus der Fassung gebracht. Er hatte schmutzige Fußstapfen in ihrem neuen Leben hinterlassen. Aber jetzt war er fort und würde nicht mehr wiederkommen. Sie lächelte zufrieden bei der Erinnerung an die saure Milch, die in sein Hemd sickerte, und das Entsetzen auf seinem Gesicht, als er wie eine umgedrehte Schildkröte in den Zweigen des Weihnachtsbaums strampelte. Aber vielleicht hatte sie auch noch etwas aus der Fassung gebracht. Freddy. Er hatte sie als »sein Mädchen« bezeichnet. Lächerlich, aber sie hatte sich gefährlich geschmeichelt gefühlt. Sie hatte den Augenblick immer und immer wieder vor ihrem inneren Auge ablaufen lassen, hartnäckig und nervtötend begleitet von einer warnenden Stimme, die ihr sagte, sie solle nicht dumm sein. Nein, sie wagte überhaupt nicht, daran zu denken. Zeit für die leckere Tasse Tee.

Unten drang der Geruch des Tannenbaums durch jeden Raum. Es war wunderschön. Am Baum selbst glitzerten und funkelten Lametta und Kugeln sowie Baumschmuck aller Art, den Laura in einer Kiste gefunden hatte. Anthony hatte zu Weihnachten immer einen Baum aufgestellt, aber seiner war für gewöhnlich eine weitaus bescheidenere Angelegenheit gewesen, und der meiste Schmuck war kaum je benutzt worden. Laura steckte zwei Scheiben Brot in den Toaster und schenkte sich eine Tasse Tee ein. Geräusche in der Küche hatten Carrot schließlich aus seinem Lager am Kamin im Arbeitszimmer getrieben. Er setzte sich Laura zu Füßen und wartete auf sein Frühstück aus Toast und leichtem Rührei. Obwohl sie sich die größte Mühe gaben, ihn zu mästen, hatte er kaum »eine dickere Haut« bekommen, wie Freddy es ausdrückte. Aber er sah inzwischen viel glücklicher aus und begann, das Leben als ein seltsames Abenteuer zu betrachten, nicht mehr als entsetzliche Qual. Heute würde Sunshine mit ihrer Mum Weihnachtseinkäufe tätigen, und Freddy besuchte seine Schwester und deren Familie in Slough. Er hatte Laura erzählt, sein vorweihnachtlicher Besuch reiche aus, um seinem Ruf als »guter großer Bruder« gerecht zu werden, vorausgesetzt, er wurde ergänzt durch großzügige Geschenke (vorzugsweise Geld) für seine undankbare Nichte und seinen missmutigen Neffen. Laura leerte ihre Teetasse und streifte Toastkrümel von den Fingern ab. Vielleicht würde ein Tag allein ihr guttun. Im Übrigen hatte sie Carrot, dessen sanfter Kopf auf ihrem Schoß ruhte.

Nach einem kurzen Rundgang durch den gefrorenen Garten, bei dem Carrot an einigen Bäumen das Bein heben und Laura nachprüfen konnte, dass keine Gespenster, Geister oder Todesfeen im Rosengarten herumlungerten, fachte sie das Feuer im Arbeitszimmer wieder an, und Carrot ließ sich mit einem zufriedenen Seufzer auf sein Lager fallen. Sie holte eine Schachtel aus einem Regal und breitete den Inhalt auf dem Tisch aus. Der Laptop erwachte piepend und blinkend zum Leben, und die riesige virtuelle Datei für verlorenes Eigentum, deren Hüterin sie nun war, öffnete ihre Pforten. Laura nahm den ersten Gegenstand in die Hand.

Kinderschirm, weiß mit roten Herzen.
Gefunden an der Alice-im-Wunderland-Skulptur,
Central Park, New York, 17. April.

Marvin wollte sich gern beschäftigen. Dann hörten die schlimmen Gedanken auf, die in seinen Kopf krochen, so wie schwarze Ameisen auf der Leiche eines Singvogels herumkrabbelten. Manchmal halfen die Medikamente von seinem Arzt, aber nicht immer. Am Anfang, als er krank geworden war, hatte er sich immer die Ohren mit Wattebäuschen verstopft, sich die Nase zugehalten und Augen und Mund fest zugemacht. Er dachte, wenn alle Löcher in seinem Kopf gestopft wären, könnten die Gedanken nicht eindringen. Aber er musste atmen. Und wenn er den Spalt zwischen seinen Lippen noch so winzig machte, gelang es den schlimmen Gedanken immer, sich einzuschleichen. Doch wenn er viel zu tun hatte, wurden sie abgehalten, ebenso wie die Stimmen.

Marvin war der Schirmmann. Er nahm alle kaputten Schirme, die beim Fundbüro von New York City in den Müll wanderten, an sich und reparierte sie in dem dunklen, schäbigen Raum, der sein Zuhause war.

Es regnete noch nicht, aber es war vorhergesagt. Marvin mochte Regen. Er wusch die Welt sauber und brachte alles zum Glänzen, und das Gras roch dann wie der Himmel. Wolken in der Farbe von Geschützrauch wälzten sich über den blauen Himmel. Es würde nicht mehr lange dauern. Marvin war ein Riese von einem Mann. Er schlenderte über die Fifth Avenue, seine schweren Stiefel polterten auf dem Bürgersteig, und sein langer grauer Mantel blähte sich hinter ihm auf wie ein Umhang. Seine wilden schwarzen Rastalocken waren grau überzogen, und seine Augen standen nie still; immer wieder blitzte es weiß auf, wie bei einem Mustang.

»Schirme zu verschenken!«

Im Central Park arbeitete er am liebsten. Er nahm den Eingang an der 72nd Street und machte sich auf den Weg zum Conservatory Water. Er schaute gern den Yachten auf dem See zu, wie sie Schwänen gleich über das Wasser glitten. Die Segelsaison hatte gerade erst angefangen, und trotz des bevorstehenden Regens hatte eine beträchtliche Flotte bereits die Segel gesetzt. Marvins Platz war für gewöhnlich an der Alice-im-Wunderland-Skulptur. Die Kinder, die dort spielten, hatten anscheinend nichts gegen ihn, wie zum Beispiel einige Erwachsene. Vielleicht dachten sie, er sehe aus wie eine Gestalt aus einer Geschichte. Aber an diesem Tag waren keine Kinder da. Marvin stellte seine Tasche mit den Schirmen neben den kleinsten Pilz der Skulptur, als die ersten Regentropfen bereits auf seine glatte bronzene Kappe klopften.

»Schirme zu verschenken!«

Seine tiefe Stimme dröhnte wie Donner durch den Regen. Menschen eilten vorbei, wandten den Blick aber ab, wenn er ihnen eins seiner Geschenke anbot. Er konnte es nie begreifen. Er versuchte doch nur, ein guter Mensch zu sein. Die Schirme waren kostenlos. Warum rannten die meisten Menschen wie die Angsthasen vor ihm davon, als wäre er der Leibhaftige? Trotzdem hielt er die Stellung.

»Schirme zu verschenken!«

Ein junger Mann auf einem Skateboard blieb vor ihm stehen. Triefend vor Nässe, nur in T-Shirt, Jeans und Turnschuhen, grinste er dennoch wie die Grinsekatze, die über Alices Schulter lugt. Er nahm den Schirm, den Marvin ihm anbot, und bedankte sich mit High five.

»Danke, Alter!«

Er flitzte davon, spritzte mit seinem Skateboard durch die Pfützen und hielt dabei den großen rosa Schirm in die Höhe. Der Regen ließ nach, es nieselte nur noch, und die Menschen im Park begannen wieder zu schlendern. Marvin sah es zunächst nicht. Ein Mädchen im Regenmantel. Der Kleinen fehlte ein Schneidezahn, und sie hatte Sommersprossen auf der Nase.

»Hallo«, sagte sie. »Ich heiße Alice, wie die Statue.« Sie zeigte auf ihre Namensvetterin. Marvin ging in die Hocke, damit er sie besser sehen konnte, und reichte ihr die Hand.

»Ich bin Marvin. Schön, dich zu sehen.«

Sie war Engländerin. Marvin erkannte den Akzent aus dem Fernsehen. Er dachte immer, England wäre für ihn – mit seinen krummen Zähnen und seiner Liebe zum Regen – ein guter Ort zum Leben.

»Da bist du ja, Alice! Habe ich dir nicht gesagt, du sollst nicht mit Fremden sprechen?«

Die Frau, die zu ihnen getreten war, schaute ihn an, als könnte er beißen.

»Das ist kein Fremder. Das ist Marvin.«

Marvin schenkte der Frau sein schönstes Lächeln und bot ihr das Beste aus seiner Tasche an. »Einen Schirm zum Mitnehmen?«

Die Frau beachtete ihn nicht. Sie packte Alice an der Hand und versuchte, sie wegzuziehen. Dreck. So behandelte sie ihn, wie Dreck. Marvin stieg Hitze ins Gesicht. Die Haare im Nacken stellten sich auf, und seine Ohren begannen zu klingeln. Er war kein Dreck.

»Nehmen Sie ihn!«, brüllte er und hielt ihr mit einem Ruck den Schirm hin.

»Fassen Sie mich nicht an, Sie Schwachkopf«, zischte sie, machte auf dem Absatz kehrt und zerrte die weinende Alice hinter sich her. Sobald der Griff ihrer Mutter nachließ, riss Alice sich los und lief zur Skulptur zurück.

»Marvin!«, rief sie, denn sie wollte unbedingt alles wieder ins Lot bringen. Ihre Blicke begegneten sich, und bevor ihre Mutter sie wieder zurückholen konnte, warf Alice ihm eine Kusshand zu. Und er fing sie auf. Bevor er nach Hause ging, lehnte er einen weißen Schirm mit roten Herzen an das weiße Kaninchen. Nur für den Fall, dass sie zurückkommen sollte.

Laura gähnte, streckte sich und lehnte sich auf ihrem Stuhl zurück. Sie schaute auf ihre Armbanduhr. Drei Stunden vor dem Bildschirm war mehr als genug für heute. Sie brauchte frische Luft.

»Komm, Carrot«, sagte sie. »Zeit für einen Spaziergang.«

Der Himmel draußen war grau durchwachsen. »Sieht nach Regen aus«, sagte sie zu dem zögernden Hund. »Ich glaube, wir könnten einen Schirm gebrauchen.«

29

Das Esszimmer sah aus wie in einem Märchen. Der Tisch war mit schneeweißem Leinen und edlen Servietten gedeckt. Silberbesteck rahmte jedes Gedeck, und Kristallgläser blinkten und funkelten im Licht des Kronleuchters. Es war ihr erstes Weihnachtsfest als Hausherrin im Padua, und Laura wollte dem Haus gerecht werden. Wenn es ihr gelänge, würde es vielleicht die unerfreulichen Gedanken verbannen, die sich in ihren Kopf schlichen wie schwarze Ameisen durch einen Spalt in der Wand einer Vorratskammer. Sie wurde das Gefühl nicht los, dass die vorherige Hausherrin noch nicht ganz fort war. Sie zog die silbernen und weißen Knallbonbons aus der Schachtel und legte jeweils eins oben auf die sauber gefalteten Servietten.

An diesem Morgen hatte sie sogar in der Dunkelheit gemerkt, dass sich im Schlafzimmer etwas verändert hatte. Dasselbe Gefühl, das ihr als Kind am Weihnachtsmorgen gesagt hatte, dass der Strumpf am Fußende ihres Bettes gefüllt war. Sie konnte die Veränderung irgendwie spüren. Als sie barfuß ans Fenster tappte, trat sie auf Sachen, die nicht zum Teppich gehörten: weich, hart, scharf, glatt. Das Tageslicht bestätigte ihr, dass die Schubladen des Frisiertischs herausgezogen waren und ihr Inhalt auf dem Boden verstreut lag.

Laura nahm eins der Weingläser in die Hand und wischte eine eingebildete Schliere ab. Sunshine würde mit ihrer Mum und ihrem Dad zum Abendessen kommen. Ihr Bruder war auch eingeladen, aber er hatte »keinen Bock«. Auch Freddy würde kommen. Sie hatte nicht gewusst, ob sie ihn fragen sollte oder nicht, aber ein strenger Zuspruch von Sarah hatte sie überzeugt. Er hatte zugesagt, und seither hatte Laura übertrieben viel Zeit damit verschwendet, den Grund dafür herauszufinden. Ihre Hypothesen waren zahlreich und unterschiedlich: Sie hatte ihn überrumpelt, er war einsam, er wollte einen Truthahn zum Abendessen, konnte aber nicht kochen, er hatte sonst niemanden, zu dem er gehen konnte, sie tat ihm leid. Die einzige Erklärung, die sie nur sehr zögerlich, aber auch äußerst aufgeregt erwog, war die einfachste und nervenaufreibendste: Er kam, weil er wollte.

Vielleicht hatte sie selbst im Schlaf die Schublade aufgezogen und die Dinge auf dem Boden verteilt, wie Schlafwandeln. Aggressiver Schlaf. Diebstahl war es nicht, denn es fehlte nichts. Am Tag zuvor hatte sie Sunshine im Wintergarten erwischt, wie sie zum Song von Al Bowlly tanzte, der sie allmählich verfolgte, bei Tag und Nacht.

»Hast du die Platte aufgelegt?«

Sunshine schüttelte den Kopf. »Die lief schon, und als ich sie hörte, bin ich reingekommen, um zu tanzen.«

Laura hatte noch nie erlebt, dass Sunshine sie anlog.

»Sie sind fertig!« Sunshine stürmte ins Esszimmer und schaute auf ihre Uhr. Sie hatte Mince Pies gemacht, und die Küche war voller Mehl und Puderzucker. Laura folgte Sunshine, die zielstrebig in die Küche zurücklief und aufgeregt von einem Fuß auf den anderen hüpfte, während Laura das Gebäck aus dem Ofen holte.

»Die duften wunderbar«, sagte sie, und Sunshine errötete vor Stolz.

»Da komme ich ja genau richtig«, sagte Freddy, als er

durch die Hintertür hereinkam, begleitet von einem eiskalten Luftzug. »Zeit für die leckere Tasse Tee und einen noch besseren Mince Pie.«

Während sie am Tisch saßen, Tee tranken und auf Mince Pies pusteten, die noch ein wenig zu heiß waren, schaute Freddy gedankenverloren zu Laura.

»Was ist los?«, fragte er.

»Nichts«, sagte sie reflexhaft.

Freddy zog die Augenbrauen hoch. Sunshine aß den Rest ihres Mince Pie und sprach mit vollem Mund.

»Das ist eine Lüge.«

Freddy lachte laut auf. »Tja, keine Pluspunkte für Taktgefühl, aber zehn von zehn Punkten für Ehrlichkeit.«

Sie schauten Laura erwartungsvoll an. Sie erzählte es ihnen. Das mit dem Frisiertisch, der Musik, sogar das mit der Schattengestalt im Rosengarten. Sunshine war unbeeindruckt.

»Das ist nur die Herrin«, sagte sie, als müsste das doch allen klar sein.

»Und welche Herrin sollte das sein?«, fragte Freddy und hielt den Blick fest auf Laura gerichtet.

»Die Ehefrau des heiligen Anthony. Die Herrin der Blumen.« Sie griff nach einem weiteren Keks und ließ ihn für Carrot unter den Tisch fallen. Freddy zwinkerte ihr zu und formte mit den Lippen »Das habe ich gesehen«. Sunshine lächelte beinahe.

»Aber warum sollte sie noch hier sein, nachdem Anthony nun fort ist?« Laura war selbst überrascht, dass sie den Gedanken ernst genug nahm, um zu fragen.

»Ja. Warum sollte sie noch hier sein, Chaos veranstalten und den Frieden stören? Noch dazu, nachdem wir ihr so eine wunderbare Hochzeit geschenkt haben?« Laura hatte keine Ahnung, ob Freddy es ernst meinte oder nicht.

Sunshine zuckte mit den Schultern. »Sie ist aufgebracht.«

Trotz ihrer Skepsis schlug Lauras Herz wie eine Lottotrommel.

Der Weihnachtstag brach hell und sonnig an, und als Laura mit Carrot durch den Garten schlenderte, wurde ihre Laune besser. Der Heiligabend war ohne Zwischenfälle verlaufen, und sie hatte sogar die Mitternachtsmesse in der Dorfkirche besucht. Sie hatte ein paar Worte mit Gott gewechselt, und vielleicht hatte das geholfen, auch wenn sie nicht besonders oft miteinander Kontakt hatten.

Sunshine, ihre Mum und ihr Dad kamen um Punkt zwölf.

»Sunshine ist schon seit acht Uhr fertig«, sagte ihre Mum zu Laura, die ihnen die Mäntel abnahm. »Wenn wir sie gelassen hätten, wäre sie schon zum Frühstück hier gewesen.«

Laura machte sie mit Freddy bekannt. »Das sind Stella und Stan.«

»Sehr nett von Ihnen, uns einzuladen«, sagte Stella.

Stan grinste und hielt Laura einen Weihnachtsstern und eine Flasche Cava hin.

»Es geht doch nichts über einen Tropfen Schaumwein zu Weihnachten«, sagte Stella, glättete ihr bestes Kleid und prüfte ihre Frisur im Spiegel der Diele. Während Sunshine sie stolz durch das Haus führte, taten Stella und Stan angemessen laut ihre Anerkennung und ihr Staunen kund. In der Küche rührte Freddy eine Soße an, begoss Röstkartoffeln, stach in Rosenkohl und trank Wodka Martini. Und gelegentlich warf er heimlich einen anerkennenden Blick auf Laura. Zwei Mal begegneten sich ihre Blicke, und er schaute nicht weg. Laura wurde allmählich ziemlich warm. Er hatte darauf bestanden, ihr zu helfen, um seinen Dank für die Einladung zu zeigen. Er prostete Laura zu.

Das Weihnachtsessen war in jeder Hinsicht so prachtvoll, wie es sein sollte. In der märchenhaften Ausstattung aus Weiß und funkelndem Silber aßen sie zu viel, tranken zu viel, zogen an den Knallbonbons und erzählten schreckliche Witze. Carrot lag unter dem Tisch und nahm Leckerbissen aus jeder Hand entgegen, die sie ihm anbot. Laura fand heraus, dass Stella in einem Buchclub war und Flamenco tanzte. Stan war in der Dart-Mannschaft in seiner Kneipe im Ort. Sie waren gerade Zweite in der Liga und hofften auf die Meisterschaft. Doch Stans eigentliche Leidenschaft war die Musik. Zu Freddys großer Freude hatten sie denselben vielseitigen Geschmack, von David Bowie über Art Pepper bis hin zu The Proclaimers und Etta James. Jetzt war klar, woher Sunshine ihre Liebe zu Musik und Tanz hatte.

Während Laura, Sunshine und Stella den Tisch abräumten und sich daranmachten, die Küche aufzuräumen, die aussah, als wäre eine Bombe eingeschlagen, lehnten sich Freddy und Stan in ihren Sesseln zurück wie zwei Luftballons, denen die Luft entwichen war.

»Das war das beste Weihnachtsessen, das ich seit Jahren hatte.« Stan rieb sich liebevoll den Bauch. »Sag es bloß nicht meiner Gattin«, fügte er hinzu und zwinkerte Freddy zu.

Carrot hatte sich unter dem Tisch hervorgewagt und schlief zufrieden an Freddys Seite. Freddy schenkte Stan ein Glas Whisky ein.

»Und, ist es so toll wie es klingt, Lokführer zu sein? Der Traum eines jeden Schuljungen?«

Stan schwenkte die bernsteinfarbene Flüssigkeit in seinem Glas und roch anerkennend daran.

»Meistens schon«, erwiderte er. »An manchen Tagen komme ich mir vor wie der glücklichste Mann auf Erden. Aber ich hätte es fast aufgegeben, bevor ich überhaupt anfing.«

Er schlürfte seinen Whisky und kramte die Erinnerungen hervor.

»Ich war erst zwei Wochen allein gefahren. Es war meine letzte Fahrt an dem Tag; kalt und dunkel draußen, und ich freute mich auf mein Abendessen. Ich habe sie nicht einmal gesehen, bis sie auf das Führerhaus prallte. Danach war nicht mehr viel von ihr zu sehen.«

Er trank noch einen Schluck Whisky, diesmal einen größeren.

»Es stand in der Lokalzeitung. Sie war krank, hieß es, die Nerven. Stand in der Kälte und wartete auf meinen Zug. Es war eine Schande. Sie hatte ein Kind, ein Mädchen. Süße Kleine. Sie haben ihr Foto in der Zeitung veröffentlicht.«

Freddy schüttelte den Kopf und pfiff leise durch die Zähne. »Mein Gott, Stan, das tut mir leid.«

Stan leerte sein Glas und knallte es auf den Tisch.

»Es liegt am Whisky«, sagte er. »Der macht mich sentimental. Das ist lange her. Gott sei Dank hat Stella mich zur Vernunft gebracht und mich überredet, weiter zu fahren.« Sie schwiegen einen Augenblick. »Allerdings kein Wort zu Sunshine«, fügte Stan dann hinzu. »Ich habe es ihr nie erzählt.«

»Klar.«

Carrots Ohren zuckten, als Schritte in der Diele zu hören waren. Sunshine kam mit einem Tablett herein, gefolgt von Laura und Stella. Sie stellte das Tablett auf den Tisch.

»Jetzt ist es Zeit für die leckere Tasse Tee und die noch besseren Mince Pies«, sagte Sunshine und deutete auf den vollen Teller. »Und dann spielen wir ein Spiel.«

Mitten in der ersten Runde fiel Sunshine etwas ein, was sie ihren Eltern hatte sagen wollen.

»Freddy ist ein Schlappschwanz.«

Freddy verschluckte sich beinahe an seinem Whisky, aber Stella reagierte mit bewundernswerter Fassung.

»Wie um alles in der Welt kommst du darauf?«

»Felicity hat es mir gesagt. Sie ist Freddys Freundin.«

»Nicht mehr«, knurrte Freddy.

Stan schüttete sich aus vor Lachen, und Freddy war offensichtlich sehr verlegen, aber Sunshine ließ sich nicht beirren.

»Was heißt das – Schlappschwanz?«

»Es heißt, er kann nicht sehr gut küssen.« Das kam Laura als Erstes in den Sinn.

»Vielleicht solltest du es üben«, sagte Sunshine freundlich und tätschelte Freddys Hand.

Als Sunshine mit ihren Eltern nach Hause ging, wurde es still im Padua. Laura war mit Carrot allein. Und Freddy. Aber wo war er? Er war verschwunden, während sie Sunshine und ihre Eltern zur Tür gebracht und ihnen nachgewinkt hatte. Sie fühlte sich wie eine alberne Teenagerin, die nicht wusste, ob sie aufgeregt war oder Angst hatte. Es lag am Wein, sagte sie sich. Freddy kam aus dem Wintergarten und nahm sie an die Hand.

»Komm.«

Der Wintergarten war mit Dutzenden Kerzen erleuchtet, eine Flasche Champagner stand in einem Eiskübel, daneben zwei Gläser.

»Willst du mit mir tanzen?«, fragte er.

Als er die Nadel auf die Schallplatte setzte, sprach Laura zum zweiten Mal in zwei Tagen mit Gott. *Bitte, bitte, lass es nicht Al Bowlly sein.*

In Freddys Armen wünschte sie sich, Ella Fitzgerald würde noch ein paar Verse mehr von »Someone to watch over me« improvisieren. Freddy schaute nach oben, und Laura folgte seinem Blick zu dem Mistelzweig, den er an den Kronleuchter gehängt hatte.

»Übung macht den Meister«, flüsterte er.

Als sie sich küssten, zersplitterte das Foto von Therese still in tausend Scherben, wie ein Sternenregen.

30

Eunice

1989

Die Fotos auf der Anrichte sollten Godfrey helfen, sich daran zu erinnern, wer die Menschen waren, aber es funktionierte nicht immer. Als Bomber, Eunice und Baby Jane in das sonnendurchflutete Zimmer kamen, griff Godfrey nach seinem Geldbeutel.

»Ich setze einen Zehner auf My Bill beim Rennen in Kempton Park.«

Grace tätschelte ihm liebevoll die Hand. »Godfrey, Liebling, es ist Bomber, dein Sohn.«

Godfrey schaute Bomber über den Brillenrand an und schüttelte den Kopf.

»Quatsch! Meinst du nicht, dass ich meinen eigenen Sohn kenne? Kann mich nicht an den Namen von dem Kerl erinnern, aber er ist auf jeden Fall mein Buchmacher.«

Eunice sah, wie Bomber Tränen in die Augen traten, als er sich an die unzähligen Male erinnerte, an denen er Wetten für seinen Vater abgeschlossen hatte mit der strikten Anweisung: »Sag es nicht deiner Mutter.«

»Sie haben es wunderschön hier, und draußen ist ein herrlicher Tag. Ob Sie wohl so freundlich wären, mir den Garten zu zeigen?« Sie nahm Godfrey am Arm.

Er schenkte ihr ein entzücktes Lächeln.

»Wird mir ein Vergnügen sein, junge Dame. Ich nehme an, meinem Hund täte ein Spaziergang auch gut«, sagte er und schaute etwas verblüfft auf Baby Jane. »Obwohl ich gestehen muss, ich hatte fast vergessen, dass ich ihn habe.«

Godfrey setzte den Hut auf, den Grace ihm reichte.

»Komm mit, Bomber«, sagte er zu Baby Jane, »Zeit für ein bisschen Bewegung.«

So sehr Baby Jane auch gekränkt war, für einen männlichen Hund gehalten worden zu sein, der den Namen ihres Herrchens trug, sie konnte es gut verbergen. Besser, als Bomber seine Traurigkeit darüber verstecken konnte, mit dem Buchmacher seines Vaters verwechselt zu werden. Grace legte ihm eine Hand auf die Wange.

»Kopf hoch, mein Schatz. Ich weiß, dass es schwer ist. Gestern Morgen saß er kerzengerade in seinem Bett und dachte, ich sei Marianne Faithfull.«

Bomber lächelte unwillkürlich. »Komm mit, Ma. Wir gehen ihnen lieber nach, bevor sie Unheil anrichten.«

Draußen zog sich ein Kondensstreifen über den blauen Himmel wie die knorrige Wirbelsäule eines prähistorischen Tiers. Folly's End House hatte einen sehr schönen, großen Garten, an dem sich die Bewohner erfreuen konnten. Grace und Godfrey waren vor drei Monaten eingezogen, als klar wurde, dass Godfreys Verstand in ferne Gefilde gesegelt war und Grace nicht mehr allein mit ihm fertigwurde. Gelegentlich nahm er einen kurzen Landurlaub in der Wirklichkeit, aber zum größten Teil war der alte Godfrey vorzeitig von Bord gegangen. Folly's End war der perfekte Hafen. Sie hatten ihre eigenen Räume, aber Hilfe war zur Stelle, wenn sie welche brauchten.

Godfrey schlenderte Arm in Arm mit Eunice durch den Sonnenschein und grüßte alle, denen sie begegneten, mit einem Lächeln. Baby Jane lief vorweg. Als sie stehen blieb, um zu pinkeln, schüttelte Godfrey den Kopf und schnalzte mit der Zunge.

»Ich wünschte, dieser Hund würde lernen, das Bein zu heben. Als Nächstes trägt er Lila und singt Schlager.«

Sie blieben an einer Holzbank neben einem dekorativen Fischteich stehen und setzten sich. Baby Jane stand direkt am Rand des Teichs, fasziniert von den aufblitzenden, wirbelnden silbernen und goldenen Koi, die sich in der Hoffnung auf Futter sammelten.

»Denk nicht mal dran«, warnte Eunice ihn. »Das ist kein Sushi.«

Als Grace und Bomber dazukamen, erzählte Godfrey gerade alles über die anderen Bewohner.

»Wir haben Mick Jagger hier, Peter Ustinov, Harold Wilson, Angela Rippon, Elvis Presley, Googie Withers und Mrs. Johnson, die immer die Wäscherei in der Stanley Street hatte. Und Sie raten nicht, neben wem ich gestern aufgewacht bin.«

Eunice schüttelte gespannt den Kopf. Godfrey legte eine kurze Pause ein und schüttelte dann traurig den Kopf.

»Ich auch nicht. Vorhin wusste ich es noch, jetzt ist es weg.«

»Du hast mir gesagt, ich sei Marianne Faithfull«, sagte Grace im Versuch zu helfen. Godfrey lachte laut auf.

»Daran würde ich mich bestimmt erinnern«, sagte er und zwinkerte Bomber zu. »Übrigens, haben Sie meine Wette schon platziert?«

Bevor Bomber antworten konnte, lenkte Eunice seine Aufmerksamkeit auf eine Gestalt in der Ferne, die eine große Sonnenbrille und schwindelerregend hohe Pumps trug und in ihre Richtung stakste.

»O Gott!«, murmelte Bomber. »Was will sie bloß?«

Portia brauchte eine Weile, um den Rasen zu überqueren, und Eunice beobachtete ihre unsicheren Schritte schadenfroh. Baby Jane war unaufgefordert auf Godfreys Schoß gesprungen und übte sich im Knurren. Godfrey sah Portia nur mit verhaltener Neugier entgegen, ohne das leiseste Anzeichen dafür, dass er sie erkannte.

»Hallo, Mummy! Hallo, Daddy!«, krähte Portia ohne Begeisterung. Godfrey schaute hinter sich, um zu sehen, mit wem sie sprach.

»Portia«, begann Bomber freundlich, »er kann sich nicht immer erinnern …« Bevor er den Satz zu Ende sprechen konnte, hatte sie sich neben Godfrey auf die Bank gequetscht und versuchte, seine Hand zu ergreifen. Baby Jane knurrte warnend, und Portia sprang auf.

»Oh, um Himmels willen. Nicht schon wieder dieser bösartige Köter!«

Godfrey drückte Baby Jane beschützend an sich. »Sprechen Sie nicht so über meinen Hund, junge Frau. Wer sind Sie überhaupt? Verschwinden Sie sofort und lassen Sie uns in Frieden!«

Portia war wütend. Sie hatte zwanzig Meilen von London hierher mit pochendem Kater zurückgelegt und sich unterwegs drei Mal verfahren. Und sie verpasste den Brunch in Charlottes Laden für Designertaschen und Gürtel.

»Sei nicht albern, Daddy. Du weißt verdammt gut, dass ich deine Tochter bin. Nur weil ich nicht alle fünf Minuten hier bin und dir in den Arsch krieche wie dein kostbarer Scheißsohn und seine armselige liebestolle Kumpanin. Du weißt verdammt genau, wer ich bin!«, schäumte sie.

Godfrey war ungerührt.

»Junge Frau«, sagte er und schaute in ihr hochrotes Gesicht, »Sie waren offenbar viel zu lange ohne Hut draußen in der Sonne und haben sich von Ihrem Verstand verabschiedet. Keine Tochter von mir würde sich einer solchen Ausdrucksweise bedienen und sich so entsetzlich aufführen. Und dieser Mann hier ist mein Buchmacher.«

»Und was ist mit der da?«, schnaubte Portia und zeigte auf Eunice.

Godfrey lächelte. »Das ist Marianne Faithfull.«

Grace gelang es, Portia zu überreden, auf einen Drink mit ihr ins Haus zu gehen. Bomber, Eunice, Godfrey und Baby Jane setzten ihren Spaziergang durch den Garten fort. Unter einem Apfelbaum war ein kleiner Tisch zum Tee gedeckt, an dem eine elegante ältere Dame saß und aus einer Tasse mit Untertasse trank. Neben ihr saß eine junge Frau, die ein Stück Zitronenkuchen aß.

»Das ist mein Lieblingskuchen«, verkündete sie, als sie im Vorbeigehen grüßten. »Wollen Sie ein Stück?« Sie bot ihnen den gläsernen Tortenständer an. Bomber und Eunice lehnten ab, aber Godfrey bediente sich. Baby Jane wirkte bedrückt. Die ältere Dame lächelte und sagte zu ihrer Begleitung: »Eliza, ich glaube, du hast jemanden vergessen.« Baby Jane bekam zwei Stücke.

Wieder im Haupthaus trafen sie Grace allein an.

»Wo ist Portia?«, erkundigte sich Bomber.

»Hat sich wütend nach London verzogen, glaube ich«, sagte Grace. »Ich habe versucht, vernünftig mit ihr zu reden, aber ...« Sie zuckte traurig mit den Schultern.

»Ich verstehe nicht, wie sie sich so verhalten kann«, sagte Bomber.

Grace warf einen Blick hinüber zu Godfrey, der mit Eunice plauderte, um sich zu vergewissern, dass er außer Hörweite war.

»Ich glaube, ich kann es.« Sie hakte sich bei Bomber unter und führte ihn zum Sofa.

»Ich weiß noch, als sie sehr klein war.« Sie seufzte traurig, rief sich ihre kleine Tochter mit einem Zahnlückenlächeln und Zöpfen in Erinnerung. »Sie war immer ihres Vaters Liebling.«

Bomber ergriff ihre Hand und drückte sie.

»Und jetzt verliert sie ihn«, fuhr Grace fort. »Vielleicht wird sie zum ersten Mal in ihrem Leben als Erwachsene mit etwas konfrontiert, das sie mit Geld nicht regeln kann. Ihr bricht das Herz, und sie kann nichts dagegen tun.«

»Außer diejenigen zu verletzen, die sie lieben«, erwiderte Bomber mürrisch.

Grace tätschelte ihm das Knie. »Sie weiß einfach nicht, wie sie damit fertigwerden soll. Sie ist in Tränen aufgelöst von hier weggegangen, nachdem sie ihren geliebten Daddy einen verrückten alten Trottel genannt hat.«

Bomber umarmte seine Mutter. »Mach dir nichts draus, Ma, du hast immer noch deinen ›kostbaren Scheißsohn‹.«

Als sie gehen wollten, bat Godfrey Eunice an seine Seite.

»Unter uns gesagt«, er senkte die Stimme und zwinkerte ihr verschwörerisch zu. »Ich bin mir ziemlich sicher, dass diese Frau meine Tochter war. Aber einen Vorteil muss diese verflixte Krankheit ja haben.«

31

Sunshine zufolge hatte Laura mit Freddy eine »Pyjamaparty« gehabt. Aber das stimmte nicht. Sie hatte mit ihm geschlafen, im selben Bett, aber sie hatte nicht mit ihm geschlafen. Laura musste darüber schmunzeln, wie eigenartig britisch es war, dasselbe Wort für unterschiedliche Bedeutungen zu benutzen, aber eigentlich immer noch nicht zu sagen, was man wirklich meinte. Sex. Sie hatte keinen Sex mit Freddy gehabt. Trotzdem. Na bitte. Innerhalb von ein paar Sätzen war sie von einer versteckten Anspielung beim Geschlechtsverkehr gelandet.

Am Weihnachtsabend hatte sie mit Freddy getanzt, sie hatten Champagner getrunken und geredet. Und geredet und geredet. Sie hatte ihm alles über ihre Schule und Deckchen auf Tabletts und Vince erzählt. Über das Kind, das sie verloren hatte, und er hatte sie an sich gedrückt, und sie erwähnte die Kurzgeschichten, die sie für *Feathers, Lace and Fantasy Fiction* geschrieben hatte, woraufhin er lachte, bis ihm die Tränen kamen. Er hatte ihr von seiner Ex-Verlobten erzählt, Heather – einer Personalberaterin, die heiraten und Kinder haben wollte, aber er nicht. Zumindest nicht mit ihr. Er hatte ihr auch erklärt, warum er seine kleine IT-Beraterfirma verkauft hatte (sehr zu Heathers Entsetzen und der letzte

Anstoß für sie, ihre Beziehung zu beenden) und Gärtner wurde. Er war es leid gewesen, die Welt durch ein Fenster zu sehen, statt unter freiem Himmel darin zu leben. Laura erzählte ihm schließlich von Graham und ihrem chaotischen Date, und nach einigem Zaudern und einem weiteren Glas Champagner sogar von dem Kuss.

Er grinste. »Wenigstens bist du noch nicht nach oben gelaufen, um dir den Mund auszuspülen, daher sehe ich das als ein gutes Zeichen. Und ich hoffe, du hast das Kleid behalten!«

Er schwieg eine Weile. »Ich war zu verlegen, ein Mädchen zu küssen, bis ich siebzehn war, deswegen«, sagte er und berührte leicht die Narbe über seinem Mund. »Ich wurde mit einer Hasenscharte geboren, und die Nadelarbeit des Chirurgen war nicht die sauberste ...«

Laura beugte sich vor und küsste ihn sanft auf den Mund.

»Tja, jedenfalls behindert es deine Technik jetzt anscheinend nicht.«

Freddy erzählte ihr von Felicity, einem Blind Date, das von einer Frau in die Wege geleitet worden war, in deren Garten er schon seit Jahren arbeitete. Sie schwor ihm, sie würden sich blendend verstehen. Das war nicht der Fall, aber Felicity gehörte zu den engsten Freundinnen der Frau, daher traf Freddy sich auch weiterhin mit ihr, während er versuchte, sich einen würdigen Rückzug auszudenken.

»Eines Abends konnte ich ihre lautstarke Prahlerei nicht mehr ertragen und dass sie mich Freddo nannte, also hab ich sie einfach sitzenlassen. Nicht sehr würdevoll, ich weiß, aber verdammt wirkungsvoll, wie sich herausstellte. Ich habe meine Kundin verloren, aber das war es wert.«

Am Ende, als Freddy und Laura die Wörter ausgingen, suchten sie Trost in ihrer Umarmung, lagen aneinandergeschmiegt wie Blätter einer Knospe.

Sie schliefen im Gästezimmer neben Thereses früherem

Schlafzimmer. An dem Morgen, an dem Laura aufgewacht war und die Sachen aus ihren Schubladen auf dem Boden fand, war sie in den Raum nebenan umgezogen. Sie hatte eigentlich keine Angst. Oder vielleicht doch, ein wenig. Sie hatte das entsetzliche Gefühl, dass da, wenn schon kein Gespenst, zumindest ein ungebetener Gast im Haus war. Ein Suppenlöffel fehlte, ein Tischbein war zu kurz, eine Sektflöte war kaputt, eine der zweiten Violinen klang schrill. Eine leichte Disharmonie erschütterte das Padua, und Laura hatte keine Ahnung, was sie tun sollte, um den Frieden wiederherzustellen. Carrot wollte Thereses Schlafzimmer nie betreten, aber er gab am Weihnachtsabend liebend gern seinen Platz am Kamin auf, um sich am Fußende des Bettes einzurichten, in dem Freddy und Laura schliefen.

Als Sunshine das mit der »Pyjamaparty« herausbekam, wollte sie alle Einzelheiten wissen. Wessen Pyjama hatte Freddy getragen, wie hatte er sich die Zähne ohne seine Zahnbürste geputzt, schnarchte er? Und hatten sie sich geküsst? Freddy erzählte ihr, er habe sich eins von Lauras Nachthemden ausgeliehen, sich die Zähne mit Seife und einem Lappen geputzt, und nein, er schnarche nicht, aber Laura – so laut, dass die Fenster klapperten. Und ja. Sie hatten sich geküsst. Sunshine wollte wissen, ob Freddy jetzt besser im Küssen war, und er sagte ihr, er habe Unterricht genommen. Laura hatte Sunshine noch nie so laut lachen gehört, aber wie viel sie davon glaubte, war schwer zu sagen. Wie viel sie zu Hause weitergeben würde, indes nicht.

Es war Silvester und noch sehr früh. Das Gästezimmer ging ebenfalls auf den Rosengarten, aber an diesem Morgen war er durch den strömenden Regen kaum zu erkennen. Freddy würde später kommen. Sie würden am Abend ausgehen, um in der Dorfkneipe zu feiern. Unterdessen aber zog es Laura unerbittlich an den Computer. Bewaffnet mit reichlich Toast für sie beide und einer Kanne Tee, ging sie ins Arbeitszimmer, gefolgt von Carrot, und zündete den Kamin an. Sie nahm eine kleine Schachtel vom Regal und legte den Inhalt auf den Tisch. Draußen regnete es so stark wie nie, und das Geräusch fließenden Wassers untermalte das Zischen und Knacken des Feuers. Zum ersten Mal hielt Laura einen Gegenstand in der Hand, den sie nicht benennen konnte, und auch nachdem sie das Etikett gelesen hatte, war sie nicht klüger, was seinen Zweck oder Ursprung betraf.

Holzhaus, aufgemalte Tür und Fenster, Nr. 32.
Gefunden in einem Container vor Marley Street 32,
23. Oktober.

Edna spähte auf den Ausweis des jungen Mannes. Er sagte, er komme vom Wasserwerk und müsse alle Rohrleitungen und Armaturen prüfen. Es sei ein reiner Routinebesuch. Das machten sie vor Wintereinbruch für all ihre Kunden über siebzig, sagte er. Edna war achtundsiebzig, und sie brauchte ihre Lesebrille, um zu sehen, was auf dem Ausweis stand. Ihr Sohn David riet ihr immer, besonders vorsichtig zu sein, wenn sie Fremden die Tür öffnete. »Lass immer die Kette vor, bis du weißt, wer es ist«, warnte er. Das Problem war, mit der vorgelegten Kette konnte sie die Tür nur einen Spaltbreit öffnen, und dann war sie zu weit entfernt von dem Ausweis, um ihn lesen zu können. Selbst mit Lesebrille. Der junge Mann lächelte geduldig. Er sah ehrlich aus. Er trug einen Overall mit einer Plakette auf der rechten Brusttasche und hatte eine schwarze Werkzeugtasche aus Plastik dabei. Auf dem Ausweis war ein Foto, das so aussah wie er, und sie glaubte die Wörter »Themse« und »Wasser« zu erkennen. Sie ließ ihn eintreten. Er sollte nicht glauben, sie sei eine dumme, hilflose alte Frau.

»Möchten Sie eine Tasse Tee?«, fragte sie.

Er lächelte dankbar. »Sie sind ein Schatz, das steht fest. Ich verdurste fast. Milch und zwei Stück Zucker, dann bin ich glücklich.«

Sie führte ihn in die Toilette unten und dann in die erste Etage ins Bad und zum Wäschetrockenschrank auf dem Treppenabsatz, in dem der Wassertank untergebracht war. In der Küche setzte sie den Kessel auf, und während sie wartete, bis das Wasser kochte, schaute sie hinaus in den langen, schmalen Garten. Edna hatte seit fast sechzig Jahren in ihrem Reihenhaus im Osten Londons gelebt. Sie und Ted waren nach ihrer Hochzeit eingezogen. Sie hatten ihre Kinder hier großgezogen, und als David und Diane erwachsen waren und das Haus verlassen hatten, war es abbezahlt. Natürlich hätten sie es sich jetzt nicht mehr leisten können. Edna war die einzige Anwohnerin, die noch von früher übrig geblieben war. Die Häuser waren nacheinander aufgekauft und herausgeputzt worden, woraufhin die Preise in unerschwingliche Höhen schossen, wie Ted gesagt hätte. Heutzutage waren die Straßen voll junger Berufstätiger mit schicken Autos, Fondue-Sets und mehr Geld, als sie ausgeben konnten. Nicht wie früher, als die Kinder auf der Straße spielten und man alle Nachbarn und deren Berufe kannte.

Der junge Mann kam wieder in die Küche, als Edna den Tee einschenkte.

»Genau wie ich ihn mag«, sagte er und trank ihn hastig. Er schien es eilig zu haben. »Oben ist alles tipptopp.«

Er warf noch einen raschen Blick unter das Spülbecken in der Küche und wusch dann seinen Becher ab. Edna war beeindruckt. Er war ein guter Junge, wie ihr David. Seine Mum hatte ihn offenbar gut erzogen.

Am frühen Nachmittag klingelte es erneut. Zwei Besucher an einem Tag waren fast noch nie da gewesen. Der Türspalt gab den Blick auf eine kleine, schick gekleidete Schwarze frei, etwa in den Sechzigern. Sie trug ein marineblaues Kostüm mit einer blendend weißen Bluse. Auf ihrer Betonfrisur aus kognakfarbenen Locken saß ein marineblauer Hut mit einem getupften Netz, das gerade die obere Hälfte ihres Gesichts verdeckte. Bevor auch nur eine von ihnen etwas sagen konnte, knickte die Frau allem Anschein nach in den Knien ein und hielt sich am Türrahmen fest, um nicht zu fallen. Kurz darauf saß sie in Ednas Küche, fächerte sich mit der Hand Luft zu und entschuldigte sich überschwänglich mit jamaikanischem Akzent.

»Entschuldigen Sie, meine Liebe. Ist nur einer meiner komischen Anfälle. Der Arzt sagt, es hat mit meinem Zucker zu tun.« Sie beugte sich auf ihrem Stuhl vor und fiel beinahe hinunter, bevor sie sich wieder fing. »Es tut mir so leid, dass ich mich Ihnen derart aufdränge.«

Edna tat ihre Entschuldigungen mit einer Handbewegung ab.

»Sie brauchen eine Tasse heißen, süßen Tee«, sagte sie und füllte den Kessel noch einmal. Wenn sie ehrlich sein wollte, freute sie sich über die Gesellschaft. Die Frau stellte sich als Schwester Ruby vor. Sie klopfe an Türen, um ihre Gabe als spirituelle Heilerin anzubieten, als Vorleserin und Beraterin. Sie erzählte Edna, sie könne handlesen, Karten legen, in Kristallkugeln lesen und praktiziere Obeah, Jadoo und Juju. Edna hatte keine Ahnung von Obadiah, Jedi oder Judy, aber Wahrsagerinnen hatten sie schon immer fasziniert, und sie war zutiefst abergläubisch. In ihrem Haus wurden niemals neue Schuhe auf den Tisch gestellt, Schirme wurden drinnen nie aufgespannt, und man lief niemandem auf der Treppe quer über den Weg. Ihre irische Großmutter hatte für alle Nachbarn aus Teeblättern gelesen, und eine ihrer Tanten verdiente ihren Lebensunterhalt als Hellseherin Madame Petulenga, die mit einer Kristallkugel auf dem Pier in Brighton saß. Als Schwester Ruby, wiederbelebt durch den Tee, Edna anbot, ihr aus der Hand zu lesen, stimmte sie bereitwillig zu. Schwester Ruby nahm Ednas Hand mit der Innenseite nach oben in ihre Hand und fuhr mit der anderen ein paar Mal darüber. Dann betrachtete sie gut eine Minute lang die zerfurchte Topographie in Ednas Handfläche.

»Sie haben zwei Kinder«, sagte sie schließlich. »Einen Jungen und ein Mädchen.«

Edna nickte.

»Ihr Mann ist gestorben ... vor acht Jahren. Er hatte Schmerzen, hier.« Schwester Ruby griff mit ihrer freien Hand an ihre Brust. Ted war an einem Herzinfarkt gestorben, als er auf dem Heimweg vom Pub war. Schwester Ruby neigte Ednas Hand zur einen und zur anderen Seite, als versuchte sie eine besonders komplizierte Botschaft zu entziffern.

»Sie machen sich Sorgen um Ihr Haus«, verkündete sie schließlich.

»Sie wollen bleiben, aber jemand will, dass Sie ausziehen. Ein Mann. Ist es Ihr Sohn? Nein.« Sie beäugte Ednas Hand intensiv, lehnte sich dann zurück und schloss die Augen, als versuche sie, sich den in Frage kommenden Mann vorzustellen. Plötzlich richtete sie sich gerade auf und schlug mit beiden Händen auf den Tisch.

»Er ist Geschäftsmann! Er will Ihr Haus kaufen!«

Bei einer zweiten Tasse Tee und einer frisch geöffneten Kekspackung erzählte Edna Schwester Ruby alles über Julius Winsgrave, Bauträger, Unternehmer und ein schmieriger, gieriger Klugscheißer (nur verwendete sie das Wort »Klugscheißer« nicht, immerhin war Ruby eine Schwester und so). Er hatte jahrelang versucht, sie zum Verkauf des Hauses zu überreden, nachdem er die meisten anderen in der Straße aufgekauft und sich eine goldene Nase damit verdient hatte. Am Ende hatten seine Einschüchterungsversuche David gezwungen, seinen Anwalt zu Rate zu ziehen und eine einstweilige Verfügung gegen Julius zu erwirken, um weitere Belästigungen zu verhindern. Aber Edna spürte ihn ständig wie einen bedrohlichen Aasgeier über sich schweben, der darauf wartete, dass sie starb.

Schwester Ruby hörte genau zu. »Klingt, als wäre er ein schlechter, gefährlicher Mann.«

Sie beugte sich vor, hob ihre große, abgenutzte Handtasche vom Boden und kramte darin herum.

»Ich habe hier etwas, das Ihnen bestimmt hilft.«

Sie legte ein kleines, flaches Stück Holz in Form einer Hausfront auf den Tisch. Es war grob mit vier Fenstern und einer blauen Haustür bemalt. Dieselbe Farbe wie Ednas.

»Welche Hausnummer haben Sie, bitte?«, fragte Schwester Ruby.

»Zweiunddreißig.«

Schwester Ruby holte einen Stift aus ihrer Tasche und schrieb eine große »32« auf die Haustür.

»So«, sagte sie, »das ist das mächtigste Juju und wird Sie beschützen, solange Sie genau das tun, was ich sage.«

Sie hielt das Haus fest in beiden Händen und schloss die Augen. Ihre Lippen bewegten sich ein paar Minuten lang schweigend mit heftigen Beschwörungsformeln, bis sie schließlich das Haus in die Mitte des Küchentischs legte.

»Hier muss es bleiben«, sagte sie nachdrücklich. »Das hier ist der Mittelpunkt Ihres Hauses, und von hier aus wird es Sie beschützen. Aber Sie müssen wissen, dass dieses Haus jetzt«, sagte sie und zeigte auf das Holzmodell, »Ihr Haus geworden ist. Solange Sie es in Sicherheit halten, wird auch Ihr Haus sicher sein. Aber wenn Sie es zu Schaden kommen lassen, wird dasselbe und noch Schlimmeres der Immobilie hier zustoßen, sei es ein Brand, Wasser, Einbruch, was auch immer. Nichts kann den Zauber entfernen, und nichts kann den Fluch hinwegnehmen.«

Edna betrachtete das kleine Holzhaus und fragte sich, ob es sie wirklich vor Julius Winsgrave schützen konnte. Jedenfalls konnte der Versuch nicht schaden. Schwester Ruby nahm ihre Tasse und Untertasse mit zum Spülbecken und wusch sie gegen Ednas Protest sorgfältig ab, bevor sie beides zum Abtropfen auf das Trockenbrett stellte. Als Edna ihr den Rücken zuwandte, um die Kekse wieder in die Dose zu legen, schüttelte Schwester Ruby eine nasse Hand über dem Holzhaus, und drei Wassertropfen fielen auf seine bemalte Fassade.

»So«, sagte sie und nahm ihre Tasche, »jetzt habe ich Ihre Zeit lange genug in Anspruch genommen.«

Edna suchte nach ihrem Portemonnaie, aber Schwester Ruby wollte keine Bezahlung für ihre Dienste annehmen.

»War mir ein Vergnügen, mit Ihnen zu plaudern«, sagte sie, als sie zur Haustür ging.

Während das Make-up verschwand, wurde das Gesicht im Spiegel jünger. Unter den dicken Locken der Perücke kam schwarzes, glattes Haar zum Vorschein. In Jeans, Stiefeln und einem Mantel mit Leopardenmuster entpuppte sich Schwester Ruby als Simone La Salle. Sie schaute auf ihre Designeruhr und griff nach ihrer Designertasche. Im Restaurant wartete Julius schon auf sie und trommelte ungeduldig mit den Fingern auf das makellose Leinentischtuch.

»Champagner, bitte«, sagte sie zum vorbeikommenden Kellner in einwandfreiem Englisch.

Julius zog die Augenbrauen hoch. »Hast du es verdient?«

Simone lächelte. »Was denkst du denn?«, fragte sie. »Es lief wie am Schnürchen. Mein Junge ist heute Morgen hingegangen und hat den Sperrhahn aufgedreht. Wie das Glück es wollte, befand sich das Bad direkt über der Küche.« Sie schaute erneut auf ihre Uhr. »Die Küchendecke sollte inzwischen eingebrochen sein.«

Julius lächelte. »Mutter und Sohn sind ein gutes Team.«

Er schob einen dicken braunen Umschlag über den Tisch. Simone prüfte den Inhalt und steckte ihn dann in ihre Tasche. Der Kellner brachte den Champagner und füllte ihre Gläser. Julius prostete ihr zu.

»War mir ein Vergnügen, Geschäfte mit dir zu machen.«

Nachdem sie Schwester Ruby an die Tür gebracht hatte, legte Edna sich für ein Nickerchen auf das Sofa. Zwei Besucher an einem Tag waren herrlich, aber ein wenig ermüdend. Als sie ungefähr eine Stunde später aufwachte, regnete es. In der Küche. Das Holzhaus auf dem Tisch war durchnässt. Die Farbe war zerlaufen, und die Fenster waren fast vollständig verschwunden, aber die Nummer 32 war noch deutlich zu erkennen. Edna schaute hoch und sah einen dunklen Fleck, der sich unheimlich an der Decke ausbreitete. Das Letzte, was sie hörte, war das Knirschen von Trägern und Putz, die herabfielen.

»Okay! Okay! Ich gebe mich geschlagen.« Laura streichelte den warmen Kopf, der seit fünf Minuten an ihr Knie stieß. Carrot hatte Hunger und musste pinkeln. Die Mittagszeit war längst vorbei. Laura warf einen Blick über das Meer von Gegenständen mit goldenen Sternen vor sich auf dem Tisch und schaute dann auf ihre Armbanduhr. Es war fast drei Uhr.

»Armer Carrot«, sagte sie. »Ich wette, du hast die ganze Zeit deine Beine überkreuzt.«

Draußen goss es noch immer, aber zum Glück hatte Carrot (neben vielen anderen Dingen) einen wasserfesten Überzug zu Weihnachten bekommen. Er trabte hinaus in den Garten, während Laura ihnen etwas zu essen machte. Er kam bald zurück und hinterließ eine Spur nasser Pfotenabdrücke auf den Kacheln am Boden. Nach dem Mittagessen ging Laura hinauf, um zu entscheiden, was sie am Abend anziehen sollte. Es war ihr fast peinlich, als ihr klar wurde, wie lange es dauerte, die passende Unterwäsche auszuwählen. Angemessen unangemessen. Auf der Suche nach ihren Lieblingsohrringen fragte sie sich, ob sie die vielleicht in Thereses Schlafzimmer gelassen hatte, und ging hinüber, um nachzusehen. Sie drehte den kalten Messingknopf an der Tür. Sie war verschlossen. Von innen.

32

Freddy stieß seinen Fuß unter der Bettdecke hervor und tippte Carrot mit dem Zeh an.

»Steh auf, du fauler Hund, und mach uns eine Tasse Tee.«

Carrot kuschelte sich noch tiefer in sein Daunennest und stöhnte zufrieden. Freddy schaute Laura bettelnd an, die daraufhin prompt ihren Kopf unter dem Kissen verbarg.

»Dann bin ich vermutlich dran«, sagte er, hüpfte aus dem Bett und suchte nach etwas, das er überziehen konnte, eher gegen die Kälte als dem Anstand zuliebe. Lauras Morgenmantel war kaum für diesen Zweck geeignet, aber gerade griffbereit. Freddy riss die Vorhänge auf und ließ ein neues Jahr mit blauem Himmel und Sonne herein. Laura reckte sich, nackt unter der warmen Decke, und fragte sich, ob sie Zeit hatte, ins Bad zu schlüpfen und sich ein wenig ansehnlicher zu machen, damit man ihr die mittleren Jahre nicht so ansah. Doch was sollte das? Freddy hatte sie bereits gesehen. Laura fuhr sich mit den Fingern durch die Haare und schaute prüfend in den kleinen Spiegel auf dem Nachttisch, um zu sehen, ob die Wimperntusche vom Abend zuvor unter ihren Augen verschmiert war. Wenigstens hatte sie schöne Zähne.

Ganze zwei Stunden dauerte es, bis sie auf den Beinen

waren, sich angezogen hatten und Bohnen auf Toast aßen, als Sunshine kam. Sie hatten ihr versprochen, wenn es ein schöner Tag wäre, würden sie alle zusammen Carrot in den nahegelegenen Park ausführen. Laura und Freddy schlenderten Arm in Arm, während Sunshine mit Carrot vorauslief und einen Ball warf (auch ein Weihnachtsgeschenk), den er apportieren sollte.

»Ich werde den Eindruck nicht los, dass Carrot sich nur darauf einlässt, um Sunshine eine Freude zu machen, nicht sich selbst«, stellte Freddy fest.

Laura sah zu, wie Carrot pflichtschuldig Sunshine den Ball brachte, nur damit sie ihn in eine beliebige Richtung werfen und ihm »hol den Ball« befehlen konnte.

»Ich nehme an, er spielt nur so lange mit, bis er etwas Interessanteres findet.«

Und tatsächlich, schon nach dem nächsten Wurf beobachtete Carrot, wie der Ball in einen Stechginsterbusch fiel, und machte sich dann auf die Suche nach Kaninchen. Der arme Freddy wurde von Sunshine zu Carrots Nachfolger bestimmt und steckte bald bis über beide Ellbogen im Stechginster.

»Lass gut sein«, sagte Laura, als Freddy Gefahr lief, sich zahlreiche Stichwunden zuzuziehen. »Wir besorgen ihm einen anderen.«

»Nein!«, jammerte Sunshine. »Das war ein Weihnachtsgeschenk für ihn. Er wird echt sauer sein, und er wird mich nicht mehr leiden können, weil ich nicht geradeaus werfe, weil ich ein Mongo bin.« Sunshine war den Tränen nahe.

»Du bist auf keinen Fall ein Mongo«, sagte Freddy, der endlich wieder aus den Tiefen des Stechginsterbuschs auftauchte und triumphierend den Ball hochhielt. »Wer zum Teufel hat dich so genannt?«

»Das hat Nicola Crow in der Schule immer zu mir gesagt, wenn ich den Schlagball fallen gelassen habe.«

»Nicola Crow ist eine Idiotin, und du, junge Dame, bist wunderbar. Vergiss das nie.«

Er reichte ihr das Spielzeug und strich ihr den Schmerz aus dem Gesicht. Aber ein Lächeln war zu viel verlangt. Carrot, der Kaninchen leid war und das ganze Drama verpasst hatte, kam zurück und schnüffelte an seinem Spielzeug. Dann leckte er Sunshine die Hand. Der Preis für ein Lächeln.

Während sie ihren Spaziergang fortsetzten, hielt Laura Carrots Spielzeug in Verwahrung, und Freddy untersuchte seine Wunden. Plötzlich stürzte Sunshine sich auf einen kleinen, glänzenden Gegenstand, der im Gras festgetreten war.

»Seht mal«, sagte sie und grub ihn mit den Fingern aus der Erde.

»Was ist das?« Freddy nahm es ihr aus der Hand und wischte den Dreck ab. Es war ein Schlüsselring aus Messing in Form eines Elefantenjungen.

»Den sollten wir mit nach Hause nehmen«, sagte Sunshine. »Wir sollten ein Etikett dafür schreiben und auf die Webseite stellen.«

»Meinst du nicht, wir haben schon mehr als genug verlorene Dinge?«, fragte Laura. Sie hatte das Arbeitszimmer vor Augen, vollgestopft mit Gegenständen, die noch auf Regalen oder in Schachteln auf ihre goldenen Sterne warteten. Aber Freddy gab Sunshine recht.

»Hör zu, ich habe darüber nachgedacht, wie wir das Interesse an unserer Webseite wecken können. Das ganze Zeug da reinzustellen, ist nur die halbe Arbeit. Die richtigen Leute zu finden, die es sich anschauen, die andere Hälfte. Anthonys Geschichte ist großartig, und ich bin mir sicher, wir können die Lokalpresse, vielleicht sogar Radio und Fernsehen dafür interessieren, aber wenn wir ein paar neuere Sachen haben, die verloren und gefunden wurden, könnte das hilfreich sein.«

Was Laura wirklich half, war, dass Freddy »wir« gesagt hatte. Sie stand nicht mehr allein vor Anthonys entmutigendem Erbe, sie hatte Hilfe. Hilfe, um die sie aus Stolz oder Angst nicht gebeten hatte.

Wieder im Padua, ging Sunshine direkt ins Arbeitszimmer, um nach einem Etikett für den Schlüsselring zu suchen. Sie waren alle bei Sunshines Eltern zum Tee eingeladen, aber sie war fest entschlossen, das Etikett zu beschriften und den Schlüsselring auf ein Regal oder in eine Schachtel zu legen, bevor sie aufbrachen. Laura ging nach oben, um etwas anderes anzuziehen, und Freddy rieb in der Küche mit einem alten Handtuch den gröbsten Dreck von Carrots Pfoten und Beinen. Als sie an Thereses Zimmer vorbeikam, probierte Laura den Türknauf. Noch immer abgeschlossen. In der Küche schrieb sie unter Sunshines Aufsicht ein Etikett für den Schlüsselring.

»Sunshine?«

»Hmm?« Sie konzentrierte sich, um herauszubekommen, was Laura schrieb.

»Weißt du noch, als du neulich gesagt hast, die Herrin der Blumen sei sauer?«

»Ja.«

Laura legte den Stift zur Seite und blies auf die feuchte Tinte. Sobald sie das Etikett ablegte, nahm Sunshine es an sich und pustete noch einmal. Nur um sicherzugehen.

»Und, glaubst du, sie ist sauer auf mich?«

Sunshine setzte eine Miene auf, die besagen sollte: »Wie kannst du so blöd fragen?«, und nahm die entsprechende Haltung ein, verdrehte die Augen, schnaubte und schlug die Hände vor den Mund.

»Sie ist nicht sauer auf dich« – das »natürlich« verstand sich von selbst –, »sie ist sauer auf alle.«

Das war nicht die Antwort, die Laura erwartet hatte. Wenn sie glaubte, was Sunshine sagte (und sie war sich in dieser Frage noch immer nicht sicher), war sie erleichtert, nicht das einzige Ziel von Thereses Wut zu sein, war aber kein bisschen schlauer, was sie tun sollte, um sie zu beschwichtigen.

»Aber warum ist sie sauer?«

Sunshine zuckte mit den Schultern. Sie hatte vorerst das Interesse an Therese verloren und freute sich auf ihren Tee. Sie schaute auf ihre Armbanduhr. Sie kannte inzwischen alle vollen Uhrzeiten und die meisten halben Stunden, alles dazwischen bekam ein »fast«.

»Es ist fast vier Uhr«, sagte sie, »und Tee gibt es um Punkt vier.« Sie ging zur Tür und blieb stehen. »Heute Morgen habe ich Törtchen, Gebäck und die noch besseren Mince Pies gemacht. Für unseren Tee.«

Freddy grinste. »Jetzt ist klar, warum du erst um fast halb elf hier warst.« Er zwinkerte Laura zu und gab ihr mit Lippenbewegungen zu verstehen: »Zum Glück für mich.«

»Und Dad hat Fleischpasteten gemacht«, sagte Sunshine und zog sich den Mantel an.

33

Eunice

1991

Diese Fleischpastete kann der von Mrs. Doyle nicht das Wasser reichen«, sagte Bomber, der sich tapfer durch seine zweite Scheibe kämpfte. Seit Mrs. Doyle sich in eine Wohnung an der Küste in Margate zurückgezogen hatte, war die Bäckerei von einer Franchise-Kette übernommen worden, und die Kuchen und das Gebäck aus eigener Herstellung waren durch vorgefertigte Massenprodukte ersetzt worden. Eunice reichte ihm eine Papierserviette, als Krümel über seine Brust in seinen Schoß kullerten.

»Ich bin mir sicher, Baby Jane wird gern bei den Resten behilflich sein«, sagte sie und warf einen Blick auf den eifrigen kleinen Mops. Aber Baby Jane hatte kein Glück. Trotz der geringeren Qualität aß Bomber sein Mittagessen auf und gab sich größte Mühe, die Krümel, die noch an ihm hingen, in Richtung Abfalleimer zu verteilen. Eunice hatte ihm zwei Fleischpasteten als besonderen Leckerbissen gekauft, ausnahmsweise einmal ihre Sorge um seine Gesundheit und die Taille außer Acht lassend. Sie waren auf dem Weg zu Grace und Godfrey, und Besuche in Folly's End waren im Lauf des letzten Jahres zunehmend schwierig geworden. Sie wünschte, es gäbe etwas, irgendetwas, womit sie Bombers Schmerz lindern könnte, während er zusehen musste, wie der Mann, den er einst als seinen Vater gekannt hatte, unausweichlich auf einen weit entfernten, unerreichbaren Horizont zudriftete. Godfreys körperliches Wohlbefinden war eine bittere Ironie, grausam gepaart mit seiner geistigen Zerbrechlichkeit, weshalb er wie ein zu schnell gewachsenes, ängstliches und wütendes Kind wirkte. »Körper wie ein Stier, Geist wie eine Motte«, beschrieb Grace seinen Zustand. Seine Misere war eine Strafe für alle, die ihn liebten. Für Godfrey waren Freunde und Familie inzwischen Fremde, die zu fürchten und wenn möglich zu meiden waren. Auf Versuche körperlicher Zuwendung – eine Berührung, einen Kuss, eine Umarmung – reagierte er mit der Faust oder einem Tritt. Grace und Bomber hatten beide Prellungen davongetragen. Grace war stoisch wie eh und je, jetzt aber, fast zwei Jahre, nachdem sie in Folly's End eingezogen waren, teilte sie kein Zimmer mehr mit ihrem Mann. Inzwischen konnte man ihn nur noch aus der Distanz lieben. Portia hielt sich gänzlich fern. Sie hatte ihre Besuche eingestellt, als die Gewalt einsetzte.

Bomber schüttelte ungläubig den Kopf, als er ein schweres Manuskript aus einem braunen Umschlag zog, der an diesem Morgen mit der Post gekommen war.

»Ich bin mir sicher, sie macht es nur, um mich auf die Palme zu bringen.«

Es war das neueste Manuskript seiner Schwester.

»Schickt sie die auch an andere?« Eunice spähte über seine Schulter und nahm sich das Exposé.

»Dessen bin ich mir sicher. Ich bin inzwischen über Peinlichkeiten hinaus. Das letzte hat sie garantiert an Bruce geschickt. Er sagte, er sei fast versucht, es zu veröffentlichen, nur um meinen Gesichtsausdruck zu sehen.«

Eunice war schon in die Seiten vertieft, die sie in Händen hielt, und schüttelte sich vor stummem Lachen. Bomber lehnte sich auf seinem Stuhl zurück und legte die Hände hinter den Kopf.

»Na komm schon. Hol mich aus meinem Elend.«

Eunice drohte ihm grinsend mit dem Zeigefinger. »Komisch, dass du das sagst, aber ich dachte gerade, wir könnten Kathy Bates überreden, Portia zu entführen, sie in einer entlegenen Waldhütte an ein Bett zu fesseln, ihr beide Füße gründlich mit einem Vorschlaghammer zu brechen und ihr ein paar wertvolle Tipps zu geben, wie man einen Roman schreibt.«

Als sie den Film *Misery* zum ersten Mal gesehen hatten, hatten sie beim anschließenden Abendessen ihren Spaß daran, Schriftsteller aufzulisten, die von einem Semester an der *Kathy Bates Schule für Kreatives Schreiben* profitieren würden. Eunice konnte nicht glauben, dass sie Portia vergessen hatten.

»Wäre vielleicht einfacher, wenn sie ihr nur alle Finger bräche, dann könnte sie gar nicht mehr schreiben.«

Eunice tat so, als schüttele sie missbilligend den Kopf.

»Aber dann wären wir literarischer Juwelen wie diesen hier beraubt«, sagte sie und wedelte mit dem Exposé. Sie räusperte sich und legte eine dramatische Kunstpause ein. Baby Jane kläffte sie an, damit sie fortfuhr.

»Janine Ear ist eine junge Waise, die bei ihrer wohlhabenden, aber grausamen Tante, Mrs. Weed, aufwächst. Sie ist ein eigenartiges Kind, das Gespenster sieht, und ihre Tante sagt allen, sie sei ›drogenabhängig‹, und schickt sie in eine private Klinik namens High Wood. Der Besitzer von High Wood, Mr. Bratwurst, gibt all sein Geld für Heroin aus, und die Mädchen bekommen nur Brot und Schmalz zu essen. Janine freundet sich mit einem netten, gescheiten Mädchen namens Ellen Scalding an, das stirbt, als es an einer trockenen Brotkruste erstickt, weil kein Sanitäter zur Stelle ist und Janine den Heimlich-Griff nicht kennt.«

Eunice hielt inne, um zu prüfen, ob Bomber nicht selbst Erste Hilfe brauchte. Er krümmte sich unter einem stummen Lachanfall, Baby Jane zu seinen Füßen schaute etwas verwirrt drein. Eunice wartete, bis er sich gefasst hatte, und fuhr dann fort.

»Mr. Bratwurst kommt ins Gefängnis, weil er die erforderlichen Gesundheitsbestimmungen nicht eingehalten hat, und Janine nimmt die Stellung eines Au-pair-Mädchens in einem Herrensitz namens Pricklefields in Pontefract an. Ihre Schutzbefohlene ist ein lebhaftes kleines französisches Mädchen namens Belle, und ihr Arbeitgeber ein dunkler, grüblerischer Mann mit geheimnisvollen Problemen namens Mr. Manchester, der viel herumbrüllt, aber nett zum Personal ist. Janine verliebt sich in ihn. Eines Abends wacht er auf und stellt fest, dass seine Haare brennen, und sie rettet ihm das Leben. Er hält um ihre Hand an. Der Hochzeitstag ist eine Katastrophe.«

»Das ist nicht die einzige«, gluckste Bomber.

Eunice fuhr fort.

»Gerade als sie sich den heiligen Eid schwören wollen, taucht ein Mann namens Mr. Mason auf und behauptet, Mr. Manchester sei bereits mit seiner Schwester Bunty verheiratet. Mr. Manchester schleppt sie zurück nach Pricklefields, wo sie mit ansehen, wie Bunty, völlig von Sinnen und auf Crack, auf allen vieren über den Speicher kriecht, Zähne fletschend knurrt und versucht, in ihre Fußgelenke zu beißen, verfolgt von ihrem Pfleger, der eine Spritze mit Ketamin schwingt. Janine packt ihre Tasche. Als sie kurz davorsteht, auf ihrem Weg durch die Moore an Unterkühlung zu sterben, wird sie von einem netten, wiedergeborenen christlichen Pfarrer und dessen beiden Schwestern gefunden und mit nach Hause genommen. Wie das Glück es will, stellt sich heraus, dass es ihr Vetter und ihre Cousinen sind, und es wird noch schöner, denn ein lange verloren geglaubter Onkel ist gestorben und hat ihr sein Vermögen hinterlassen. Janine teilt ihr Erbe freundlicherweise, weigert sich aber, den Pfarrer zu heiraten und mit ihm als Missionar nach Lewisham zu gehen, weil ihr inzwischen klar ist, dass Mr. Manchester immer die Liebe ihres Lebens sein wird. Sie kehrt nach Pricklefields zurück und muss feststellen, dass es bis auf die Grundmauern abgebrannt ist. Eine alte Dame, die gerade vorbeikommt, erzählt ihr, die ›Drogenschlampe Bunty‹ habe das Feuer gelegt und sei ums Leben gekommen, als sie während des Brandes auf dem Dach getanzt habe. Mr. Manchester rettete tapfer das gesamte Personal und das Kätzchen, sei aber durch einen herabfallenden Balken erblindet und habe ein Ohr verloren. Nun, da er wieder alleinstehend ist, beschließt Janine, ihrer Beziehung eine zweite Chance zu geben, erklärt aber Mr. Manchester, dass sie die Sache langsam angehen sollen, da sie noch ›Vertrauensprobleme‹ habe. Sechs Wochen später heiraten sie, und als ihr erster Sohn zur Welt kommt, erhält Mr. Manchester auf wundersame Weise auf einem Auge das Augenlicht zurück.«

»Das ist komödienreif!«, verkündete Eunice und gab Bomber grinsend die Seiten zurück. »Bist du sicher, dass du es nicht veröffentlichen willst?«

Bomber warf ein Radiergummi nach ihr, das nur knapp ihren Kopf verfehlte, weil sie sich duckte.

Eunice setzte sich an ihren Schreibtisch und stützte gedankenverloren ihr Kinn auf beide Hände.

»Was glaubst du, warum sie es macht?«, fragte sie Bomber. »Ich meine, sie kann es nicht nur tun, um dich auf die Palme zu bringen. Das ist zu viel Aufwand. Im Übrigen, wenn man Portia kennt, der Witz hätte sich inzwischen abgenutzt. Es muss mehr dahinterstecken. Und wenn sie wollte, könnte sie selbst veröffentlichen. Das könnte sie sich bestimmt leisten.«

Bomber schüttelte traurig den Kopf. »Ich glaube, dass sie wirklich gut in etwas sein will. Leider hat sie sich nur das Falsche ausgesucht. Trotz ihres Geldes und ihrer sogenannten Freunde gehe ich davon aus, dass sie manchmal ein ziemlich einsames Leben hat.«

»Vermutlich geht es nur um dich.« Eunice stand wieder auf und trat ans Fenster. Sie konnte ihre Gedanken besser ordnen, wenn sie sich bewegte.

»Ich glaube, sie möchte die Anerkennung ihres Bruders – Lob, Liebe, Bestätigung, wie immer du es nennen willst –, und sie versucht, es sich mit Schreiben zu verdienen. Sie steckt in jeder anderen Hinsicht in der Klemme: Sie ist grob, egoistisch, oberflächlich und manchmal direkt grausam, und sie würde nie zugeben, dass sie sich auch nur einen Deut darum schert, was du von ihr hältst, aber so ist es. Im Grunde ihres Herzens will deine kleine Schwester nur, dass du stolz auf sie bist, und sie hat beschlossen, zu schreiben, nicht weil sie die leiseste Begabung hat oder weil es ihr Spaß macht. Es ist ein Mittel zum Zweck. Du bist ein Verleger, und sie will ein Buch schreiben, das du gut genug findest, um es zu veröffentlichen. Deshalb ›borgt‹ sie sich ihre Handlungsstränge immer von den großen Klassikern.«

»Aber ich mag sie doch. Ich kann nicht gutheißen, wie sie sich benimmt – wie sie Ma und Pa behandelt und wie sie mit dir spricht. Aber sie ist meine Schwester. Ich werde sie immer lieben.«

Eunice stellte sich hinter ihn und legte ihre Hände auf seine Schultern.

»Das weiß ich. Aber ich glaube nicht, dass Portia es weiß. Die Arme.« Und ausnahmsweise meinte sie es einmal ernst.

34

Laura saß auf dem Bett, die Hände so fest verkrallt, dass ihre Fingernägel Halbmonde in ihren Handflächen hinterließen. Sie wusste nicht, ob sie ängstlich oder wütend sein sollte. Al Bowllys Stimme tönte aus dem Wintergarten von unten zu ihr herauf, und seine verführerischen Töne waren wie Fingernägel, die unablässig über eine Schiefertafel kratzten.

»Mir ist schon schlecht, wenn ich an dich denke!«, brach es aus ihr hervor, und sie schleuderte wütend ein Buch von ihrem Nachttisch durch den Raum. Es traf einen der Glaskerzenleuchter auf dem Frisiertisch, der zu Boden fiel und zerbrach.

»Mist!«

Laura entschuldigte sich im Stillen bei Anthony. Sie stand auf und ging hinunter, um Kehrblech und Handfeger zu holen und sich zu bestätigen, was absolut, unbestritten, unzweifelhaft wahr war. Die Schallplatte von Al Bowlly steckte noch immer in der verblassten Hülle mitten auf dem Tisch im Arbeitszimmer. Sie hatte sie gestern selbst dorthin gelegt, da sie die Melodie, die sie Tag und Nacht verfolgte, leid war. Sie hatte gehofft, ziemlich dämlich, wie sich jetzt herausstellte, dass es aufhören würde, wenn sie die Platte aus der Nähe des Grammophons entfernte. Aber Therese spielte nicht nach diesen Regeln, nach den gegenständlichen Regeln dieser Welt. Ihr Tod hatte offenbar auf derart prosaische Einschränkungen verzichtet, und sie hatte die Freiheit, auf viel einfallsreichere Weise Unfug anzustellen. Und wer oder was könnte es sonst sein? Anthony war zeit seines Lebens nur nett zu ihr gewesen, daher war es unwahrscheinlich, dass er zu diesen kleinen Heimsuchungen greifen würde, nachdem er gestorben war. Schließlich hatte Laura alles getan – oder versucht, alles zu tun –, worum er sie gebeten hatte. Sie nahm die Platte in die Hand und betrachtete das lächelnde Gesicht des Mannes auf der Hülle, mit seinem glatten schwarzen Haar und den sinnlichen dunklen Augen.

»Du hast keine Ahnung«, sagte sie ihm und schüttelte den Kopf. Sie legte die Schallplatte in eine Schublade und lehnte sich mit ihrem ganzen Gewicht dagegen. Als würde das etwas ändern. Sie hatte Freddy von der Tür zu Thereses Zimmer erzählt und ihn gebeten nachzusehen, ob er sie öffnen könnte. Er hatte den Türknauf ausprobiert und die Tür für abgeschlossen erklärt, dann aber gesagt, seiner Meinung nach sollten sie in dieser Hinsicht nichts unternehmen.

»Sie wird aufschließen, wenn sie so weit ist«, hatte er gesagt, als sprächen sie über ein ungezogenes Kind, das einen Wutanfall austoben durfte. Sowohl Freddy als auch Sunshine schienen Therese mit einem Gleichmut zu akzeptieren, der Laura nervte. Die lästige Gegenwart einer Person, die definitiv tot und im Garten verstreut war, sollte doch Fassungslosigkeit auslösen! Besonders da sie sich inzwischen dank ihrer Bemühungen nach der Hochzeit – wenn auch post mortem – in einem Glückszustand befinden sollte. Das war verdammt undankbar. Laura lächelte kleinlaut vor sich hin. Aber wer sollte es sonst sein außer Therese? Als sie die Scherben des zerbrochenen Kerzenständers gerade aufgefegt hatte, hörte sie Freddy und Carrot von ihrem Spaziergang zurückkommen.

Unten in der Küche bei Tee und Toast erzählte sie Freddy von der Musik.

»Ach das«, sagte er und fütterte Carrot mit Stücken von seinem gebutterten Toast. »Das habe ich auch gehört, aber ich achte nicht so darauf. Ich weiß nie, ob es Sunshine ist oder nicht.«

»Ich habe die Platte fortgenommen, aber es änderte sich nichts, also habe ich sie jetzt in eine Schublade im Arbeitszimmer gelegt.«

»Warum?«, fragte Freddy und rührte Zucker in seinen Tee.

»Warum ich sie fortgenommen habe, oder warum ich sie in die Schublade gelegt habe?«

»Beides.«

»Weil es mich verrückt macht. Ich habe sie fortgenommen, damit sie die Platte nicht mehr auflegen kann.«

»Wer? Sunshine?«

»Nein.« Laura hielt einen Moment inne, weil sie es nicht gern laut aussprechen wollte. »Therese.«

»Aha. Unsere geisterhafte Untermieterin. Du hast die Platte also fortgenommen, was nicht funktioniert hat, und du dachtest, wenn du sie in eine Schublade legst, geht es?«

»Eigentlich nicht. Aber es ging mir besser damit. Ich frage mich die ganze Zeit, was sie noch tun könnte. Warum ist sie so eine verdammte Primadonna? Sie hat Anthony doch jetzt, wo ist also das Problem, nachdem ich das Haus habe? Das hat er so gewollt.«

Freddy trank seinen Tee und dachte mit finsterer Miene über ihre Frage nach. »Denk dran, was Sunshine gesagt hat. Sie sagte, Therese sei nicht sauer auf dich, sondern auf alle. Ihr Zorn ist wahllos. Es geht also nicht um das Haus. Ist so etwas mal vorgekommen, als Anthony noch am Leben war?«

»Soweit ich weiß nicht. Im Haus hat es immer nach Rosen geduftet, und man hatte immer so ein vages Gefühl, dass Therese noch zugegen war, aber ich habe nie etwas

Bestimmtes gehört oder gesehen. Und Anthony hat auch nichts erwähnt.«

»Also hat Madame erst nach Anthonys Tod angefangen, sich aufzuspielen?«

»Ja. Aber genau das ist so falsch daran. Ich habe immer angenommen, dass sie all die Jahre im Äther oder wo auch immer auf ihn gewartet, Foxtrott geübt oder sich die Nägel lackiert hat ...«

Freddys sanft erhobener Zeigefinger zeigte ihr, dass sich ein gehässiger Tonfall in ihre Stimme geschlichen hatte.

»Ich weiß, ich weiß. Ich bin furchtbar.« Laura lachte über sich selbst. »Aber sei mal ehrlich, was will sie denn noch? Sie sollte doch froh sein, dass sie ihn jetzt wiederhat. Stattdessen hängt sie hier rum und benimmt sich daneben wie eine mürrische Diva, die abtreten musste.«

Freddy legte eine Hand auf ihre und drückte sie. »Ich weiß, es ist beunruhigend. Sie ist auf jeden Fall wie eine Leitung unter Strom ...«

»Besonders für jemanden, der eigentlich tot sein sollte«, unterbrach Laura ihn.

Er grinste. »Ich glaube, ihr beiden wärt gut miteinander ausgekommen. Nach allem, was Anthony mir von ihr erzählt hat, schätze ich, dass ihr euch ähnlicher seid, als dir klar ist.«

»Er hat mit dir über Therese gesprochen?«

»Manchmal, ja. Besonders gegen Ende.« Er leerte seinen Becher und füllte ihn aus der Teekanne nach. »Aber vielleicht übersehen wir etwas. Wir sind davon überzeugt, dass sie zusammen sind, nur weil Anthony tot ist und wir ihn an derselben Stelle verstreut haben, an der er Thereses Asche verteilt hat. Aber ist Asche wirklich das, was wichtig ist? Sind das nicht nur die ›Überreste‹, das, was bleibt, wenn der Mensch gestorben ist? Anthony und Therese sind beide tot, aber vielleicht sind sie nicht zusammen, und das ist das Problem. Wenn du und ich getrennt nach London gingen, ohne einen Treffpunkt zu vereinbaren, wie groß wäre die Wahrscheinlichkeit, dass wir uns je finden? Und seien wir ehrlich, wohin sie auch gegangen sind, das muss verdammt viel größer sein als London, wenn man die vielen Toten bedenkt, die dort aufgekreuzt sind seit ... na ja, seitdem Menschen eben sterben.«

Freddy lehnte sich auf seinem Stuhl zurück und wirkte ziemlich zufrieden mit sich und seiner Erklärung. Laura seufzte und sackte mutlos auf ihrem Stuhl zusammen.

»Du willst damit also sagen, dass es Therese jetzt tatsächlich schlechter geht als vor seinem Tod, weil sie da wenigstens wusste, wo er war? Na toll. Das bedeutet, wir könnten sie jahrelang am Hals haben. Immer und ewig.«

Freddy stand auf, stellte sich hinter sie und legte ihr sacht die Hände auf die Schultern. »Arme Therese. Ich glaube, du solltest die Platte wieder in den Wintergarten bringen.«

Er küsste sie auf den Scheitel und ging in den Garten, um zu arbeiten. Plötzlich hatte Laura Gewissensbisse. Wahrscheinlich war das alles Unsinn, aber nur mal angenommen, es wäre keiner? Sie hatte jetzt Freddy, aber was, wenn Therese nach all dieser Zeit Anthony noch immer nicht bei sich hatte?

Arme Therese.

Laura stand auf und ging ins Arbeitszimmer. Sie holte die Schallplatte aus der Schublade, brachte sie wieder in den Wintergarten und legte sie auf den Tisch neben dem Grammophon. Sie nahm das Foto von Therese in die Hand, betrachtete die Frau, die jetzt hinter zerbrochenem Glas verschwommen und distanziert war. Sie sah, vielleicht zum ersten Mal, die Person hinter dem Papierbild. Freddy mochte zwar glauben, sie seien sich ähnlich, aber Laura erkannte die Unterschiede. Sie hatte schon fünfzehn Jahre länger gelebt als Therese, aber sie bezweifelte nicht, dass Therese ihr kurzes Leben heftiger, fröhlicher, schneller gelebt hatte als Laura das ihre bisher. Was für eine Verschwendung.

Laura fuhr sanft mit den Fingerspitzen über das Gesicht hinter dem grausamen Mosaik aus Glas. Was hatte Sarah noch gleich gesagt? »Höchste Zeit, dich nicht mehr zu verstecken und das Leben in vollen Zügen zu genießen.«

»Ich werde alles für dich richten«, versprach sie Therese.

Dann nahm sie die Schallplatte wieder in die Hand und legte sie auf. »Spiel fair mit mir«, sagte sie laut in den Raum hinein. »Ich versuche, dir zu helfen.«

35

Eunice

1994

Eunice würde nie den Duft sonnenwarmer Rosen vergessen, der durch das offene Fenster hereinwehte, während sie mit Bomber und Grace neben dem sterbenden Godfrey saß. Er war fast hinüber. Nur ein ausgezehrter Körper blieb zurück, kaum noch im Leerlauf, die Atemzüge zu flach, um auch nur die Flügel eines Schmetterlings anzuheben. Die Angst, Wut und Verwirrung, von denen seine letzten Jahre geplagt waren, hatten endlich ihre Tyrannei über Godfrey aufgegeben und ließen ihn in Frieden. Grace und Bomber konnten schließlich seine Hände halten, und Baby Jane kuschelte sich eng an ihn, den Kopf sacht auf seine Brust gelegt. Sie hatten schon längst den Versuch aufgegeben, eine Unterhaltung zu führen, um den unangenehmen Raum zwischen dem Sterben und dem Tod selbst zu füllen. Hin und wieder klopfte eine Schwester leise an die Tür, brachte Tee und unausgesprochenes Mitgefühl für eine Abschiedsszene, die sie schon unzählige Male erlebt hatte.

Eunice stand auf und ging ans Fenster. Der Nachmittag

draußen verging ohne sie. Menschen schlenderten noch durch die Gärten oder dösten im Schatten, und ein paar Kinder jagten sich gegenseitig über den Rasen und quietschten vor Vergnügen. Irgendwo hoch oben in einem Baum sang eine Drossel gegen das gleichmäßige Ticken eines Rasensprengers an. Jetzt wäre ein guter Zeitpunkt, dachte sie, um sich auf den Rockschößen eines perfekten englischen Sommernachmittags davonzuschleichen. Allem Anschein nach war Grace auch ihrer Meinung. Sie lehnte sich auf ihrem Stuhl zurück und stieß einen langen, resignierten Seufzer aus. Sie hielt Godfreys Hand fest, kam mühsam auf die Beine, die Gelenke steif vom zu langen Sitzen. Sie küsste Godfrey auf den Mund und strich mit gebrechlicher, aber ruhiger Hand über sein Haar.

»Es ist Zeit, mein Lieber. Zeit, loszulassen.«

Godfrey rührte sich kaum merklich. Durchsichtige Augenlider flatterten, und seine schwache Brust hob sich zu einem letzten, abgerissenen Atemzug. Dann war er gegangen. Niemand regte sich außer Baby Jane. Der kleine Hund stand auf und schnüffelte unglaublich liebevoll jeden Zentimeter in Godfreys Gesicht ab. Am Ende zufrieden, dass ihr Freund gestorben war, sprang sie vom Bett, schüttelte sich gründlich und setzte sich Bomber zu Füßen, schaute flehend zu ihm hoch mit einer Miene, die deutlich zum Ausdruck brachte: »Und jetzt muss ich dringend pinkeln.«

Eine Stunde später saßen sie im sogenannten Angehörigenraum und tranken noch mehr Tee. In den Angehörigenraum führte das Personal von Folly's End Menschen, sobald sie bereit waren, die gerade Verstorbenen zu verlassen. Die Wände waren in der Farbe verblassender Schlüsselblumen gestrichen, und das Licht drang sanft durch Musselinvorhänge, die zum Schutz vor neugierigen Augen aufgehängt worden waren. Mit tiefen Plüschsofas, frischen Blumen und Schachteln mit Papiertüchern war dieser Raum dazu bestimmt, die scharfen Kanten unverarbeiteter Trauer abzupolstern.

Nach ein paar anfänglichen Tränen hatte Grace sich gesammelt und war bereit zu reden. In Wirklichkeit hatte sie den Mann, den sie geheiratet hatte, schon vor langer Zeit verloren, und jetzt nach seinem Tod konnte sie wenigstens anfangen zu trauern. Bomber war bleich, aber gefasst, tupfte sich die Tränen ab, die gelegentlich still über sein Gesicht rannen. Bevor sie Godfreys Zimmer verlassen hatten, hatte er seinen Vater zum letzten Mal auf die Wange geküsst. Dann hatte er Godfrey den Ehering vom Finger gezogen. Das Gold war zerkratzt und abgescheuert, der Kreis ein wenig aus der Form geraten; ein Beleg für eine lange, standhafte Ehe, in der Liebe kaum ausgesprochen, aber Tag für Tag gelebt worden war. Bomber hatte den Ring seiner Mutter gegeben, die ihn wortlos an ihren Mittelfinger steckte. Dann hatten sie Portia angerufen.

Grace setzte sich neben Bomber und ergriff seine Hand.

»Und jetzt, mein Sohn, während wir auf deine Schwester warten, muss ich dir etwas sagen. Du wirst wahrscheinlich nicht mit mir darüber reden wollen, aber ich bin deine Mutter, und ich muss es loswerden.«

Eunice hatte keine Ahnung, was kommen würde, bot aber an, sie allein zu lassen.

»Nein, nein, meine Liebe. Ich bin mir sicher, Bomber hat nichts dagegen, dass du es mitbekommst, und ich hätte gern ein wenig Rückenstärkung von dir, wenn es dir nichts ausmacht.«

Neugierig geworden, nahm Eunice wieder Platz. Baby Jane, die auf dem Sofa neben Bomber saß, kletterte auf seinen Schoß, als wolle sie ihn moralisch unterstützen.

»Gut. Los geht's.« Grace drückte die Hand ihres Sohnes und schüttelte sie ein wenig.

»Schätzchen, schon als du noch klein warst, habe ich

gewusst, dass du nie so ein Bursche wirst, der heiratet und mir Enkelkinder schenkt. Ich glaube, insgeheim wusste dein Vater das auch, aber natürlich haben wir nie darüber gesprochen. Jetzt sollst du wissen, dass ich keinen Deut darum gebe. Ich bin immer stolz auf dich gewesen, und solange du glücklich bist und ein anständiges Leben führst, ist das das Einzige, was zählt.«

Bombers Wangen liefen rosa an, obwohl Eunice nicht sagen konnte, ob es an seinen Tränen oder an Graces Worten lag. Graces Gefühle berührten sie sehr, doch sie musste sich einen Lachanfall verkneifen über ihre eigenartig britische Art und Weise, etwas zu sagen, ohne es wirklich auszusprechen.

»Vorige Woche hat Jocelyn mich mit ins Kino genommen. Es sollte mich ein bisschen von deinem Vater ablenken.« Graces Stimme zitterte kaum merklich, aber sie schluckte und fuhr fort.

»Wir haben nicht so sehr darauf geachtet, was lief, haben nur die Eintrittskarten gekauft und ein paar Pfefferminzbonbons, sind reingegangen und haben uns hingesetzt.«

Baby Jane ruckelte sich auf Bombers Schoß zurecht. Das dauerte doch etwas länger, als sie erwartet hatte.

»Der Film hieß *Philadelphia* mit diesem netten Tom Hanks, Paul Newmans Frau und diesem spanischen Typen.«

Sie dachte angestrengt über ihre nächsten Worte nach und entschied sich schließlich für: »Es war nicht sehr lustig.«

Sie verstummte, vielleicht in der Hoffnung, genug gesagt zu haben, doch der verdutzte Ausdruck in Bombers Gesicht zwang sie fortzufahren. Sie seufzte.

»Ich möchte nur, dass du mir versprichst, aufzupassen. Solltest du einen ›besonderen Freund‹ finden oder« – der Gedanke kam ihr offenbar gerade – »bereits einen haben, dann versprich mir, dass du kein Hips bekommst.«

Eunice biss sich fest auf die Unterlippe, aber Bomber konnte sich ein Lächeln nicht verkneifen.

»Es heißt HIV, Ma.«

Aber Grace hörte nicht zu. Sie wollte nur, dass er es ihr versprach.

»Ich könnte es nicht ertragen, dich auch zu verlieren.«

Bomber versprach es ihr. »Großes Indianerehrenwort!«

36

Das war ich nicht, ehrlich«, sagte Sunshine.

Sie waren ins Arbeitszimmer gekommen, um noch ein paar Sachen auf die Webseite zu stellen, und hatten Anthonys geliebten Füllfederhalter in einer Lache aus schwarzer Tinte mitten auf dem Tisch gefunden. Sunshine hatte diesen hübschen Füller oft bewundert, über seine glänzende rotschwarze Oberfläche gestrichen, bevor sie ihn zögernd in seine Schublade legte.

Laura sah den besorgten Ausdruck in Sunshines ernstem Gesicht und nahm sie tröstend in den Arm.

»Das weiß ich, Schätzchen.«

Sie bat Sunshine, den Füller sorgfältig unter fließendem Wasser abzuspülen und ihn dann wieder an Ort und Stelle zu legen, während sie den Tisch sauber machte. Als Laura ins Arbeitszimmer zurückkam, nachdem sie sich die Tinte von den Fingern gewaschen hatte, war Sunshine damit beschäftigt, noch mehr Sachen aus den Regalen auszuwählen.

»Das war die Herrin der Blumen, nicht wahr?«, fragte sie Laura.

»Oh, das weiß ich nicht«, gab Laura vor. »Vielleicht habe ich ihn da liegenlassen und vergessen, und irgendwie ist er ausgelaufen.«

Sie wusste, wie unwahrscheinlich das klang, und Sunshines Miene bestätigte ihr, dass sie absolut nicht überzeugt war. Laura hatte überlegt, was Freddy gesagt hatte, und je länger sie darüber nachdachte, desto besorgter wurde sie. Wenn das alles Thereses Werk und eine gegenständliche Demonstration ihres Schmerzes darüber war, noch immer von Anthony getrennt zu sein, dann würde es doch immer schlimmer werden, je länger es andauerte, oder? Ihr fiel ein, dass Robert Quinlan Therese als »wild und aufbrausend, wenn sie wütend war« beschrieben hatte. Himmel, bei diesem Tempo würde sie bald Brände legen und das Haus zerstören, und Laura war es jetzt schon leid, hinter einem mürrischen Gespenst aufräumen zu müssen.

»Wir sollten versuchen, ihr zu helfen«, sagte Sunshine.

Laura seufzte, etwas beschämt angesichts Sunshines großzügiger Denkweise. »Einverstanden. Aber wie um alles in der Welt soll das gehen?«

Sunshine zuckte mit den Schultern und legte ihr Gesicht in verblüffte Falten. »Warum fragen wir sie nicht?«, schlug sie schließlich vor.

Laura wollte nicht unhöflich sein, aber das war kaum ein praktikabler Vorschlag. Sie hatte nicht vor, eine Séance abzuhalten oder ein Hexenbrett bei eBay zu kaufen. Den Rest des Morgens verbrachten sie damit, Sachen auf die Webseite zu stellen, während Carrot friedlich vor dem Kamin schnarchte.

Nach dem Mittagessen führten Sunshine und Freddy den Hund aus, aber Laura blieb im Haus. Sie war völlig verunsichert. Für gewöhnlich war das Eingeben von Daten auf die Webseite eine therapeutische Ablenkung, heute aber nicht. Sie konnte nur an Therese denken. Wie ein Geschöpf, dessen Fell gegen den Strich gebürstet worden war, kribbelte ihre Haut, und sie war ganz durcheinander. Sie musste etwas wegen Therese unternehmen.

Draußen drang mattes Sonnenlicht durch Löcher in einem grau verhangenen Himmel. Laura nahm ihre Jacke aus der Diele und ging hinaus in den Garten, um ein bisschen frische Luft zu schnappen. Im Schuppen fand sie Freddys »geheime« Zigarettenpackung und bediente sich. Sie war eigentlich nur Gelegenheitsraucherin, aber heute dachte sie, es könnte helfen. Sie fragte sich, ob Therese wohl geraucht hatte.

Während Laura ziellos durch den Rosengarten streifte und wie ein schuldbewusstes Schulmädchen paffte, kamen ihr Sunshines Worte wieder in den Sinn.

»Warum fragen wir sie nicht?« Das mochte zwar nicht sehr praktikabel sein, aber schließlich war nichts an dieser gesamten Situation normal, also gab es keinen Grund, normal damit umzugehen. Vielleicht hatte Sunshine recht. Wenn Therese tatsächlich die Urheberin all dessen war – und an manchen Tagen klammerte Laura sich an das »wenn« wie ein Passagier der *Titanic* an die Rettungsweste –, dann würde es nur weitere Probleme bedeuten, wenn man sie gewähren ließ.

»Warum fragen wir sie nicht?« Allein das in Erwägung zu ziehen, brachte Laura in Verlegenheit. Aber was sollte sie sonst tun? Sich einlassen oder schweigen bis ... Sie wollte nicht an den möglichen Ausgang des Satzes denken. Sie nahm noch einen letzten Zug an ihrer Zigarette, schaute sich dann verstohlen um, weil sie sicher sein wollte, dass sie weder gesehen noch gehört wurde, und entließ ihre Worte laut in die kühle Nachmittagsluft.

»Therese«, fing sie an, nur um klarzustellen, mit wem sie sprach – und nur für den Fall, dass andere Geister zufällig zuhörten, scherzte sie mit sich selbst –, »du und ich müssen uns ernsthaft unterhalten. Anthony war mein Freund, und ich weiß, wie sehr er sich danach sehnte, wieder mit dir zusammen zu sein. Ich möchte helfen, und wenn es irgend geht, werde ich helfen, aber das Haus zu demolieren, mich aus meinem Schlafzimmer auszuschließen und mich die ganze Nacht mit deiner Musik wach zu halten, spricht nicht gerade meine gute Seite an. Ich habe keinerlei Erfahrung darin, Geister zu jagen. Wenn du also weißt, wie ich helfen kann, dann musst du eine Möglichkeit finden, es mir mitzuteilen.«

Laura hielt inne. Sie rechnete nicht mit einer Antwort, hatte aber irgendwie das Gefühl, sie sollte eine Lücke dafür lassen.

»Ich habe nicht die Geduld für Puzzles und Rätsel, und in Cluedo bin ich ein hoffnungsloser Fall«, fuhr sie fort, »daher musst du versuchen, es möglichst klar und einfach zu machen. Vorzugsweise ohne Einbruch oder Brandstiftung ... niemand soll zu Schaden kommen«, fügte sie leise hinzu.

Wieder wartete sie. Nichts. Bis auf das Gurren und Turteln von zwei verliebten Tauben auf dem Schuppendach, die für den Frühling probten. Sie schauderte. Es wurde kälter.

»Ich habe es ernst gemeint, Therese. Ich werde tun, was ich kann.«

Entschlossen ging sie wieder zurück durch den Garten. Sie kam sich ein wenig albern vor und brauchte dringend eine Tasse Tee und einen tröstenden Schokokeks. In der Küche setzte sie den Kessel auf und öffnete die Keksdose. Darin lag Anthonys Füllfederhalter.

37

Na ja, wenn das ihre Vorstellung von ›deutlich und einfach‹ ist, wage ich mir nicht auszudenken, wie ihr ›geheimnisvoll‹ aussieht.«

Hand in Hand gingen Laura und Freddy nach Hause und grübelten über das Rätsel mit Anthonys Füller. Carrot trottete vor ihnen her, schnüffelte hier und da und markierte sein Territorium an verschiedenen Laternenpfählen. Sie waren auf ein paar Drinks im *The Moon is Missing* gewesen. Freddy hatte gedacht, Laura damit ein wenig von Therese abzulenken, doch die gesamte Laientheatergruppe war im Pub und feierte die Premiere der *Geisterkomödie.* Marjory Wadscallop trug noch die Frisur und das Make-up von Madame Ardati und verschwendete keine Zeit, Winnie auf die *gemeinsame* Ankunft von Laura und Freddy hinzuweisen. Kaum der ruhige Kneipenbesuch, den Freddy sich erhofft hatte.

»Bist du sicher, dass Sunshine den Füller wieder in die Schublade gelegt hat?«

»Na ja, ich bin nicht mitgegangen, aber ich bin mir sicher, dass sie es gemacht hat. Wieso? Du glaubst doch nicht, dass sie uns Streiche spielt, oder?«

Freddy lächelte und schüttelte den Kopf.

»Nein. Wirklich nicht. Sunshine ist wahrscheinlich die

Ehrlichste von uns allen, dich eingeschlossen«, sagte er zu Carrot, als er die Leine an seinem Halsband befestigte, bevor sie die Straße überquerten.

Zurück im Padua schenkte Laura ihnen im Wintergarten noch ein Glas Wein ein, und Freddy fachte das Feuer im Kamin an, das gerade noch schwelte.

»Und jetzt«, sagte Freddy, während er sich zu Laura aufs Sofa setzte und sich an sie schmiegte, »wollen wir sehen, ob der Wein unsere kombinatorischen Säfte angeregt hat.«

Laura kicherte. »Das klingt auf jeden Fall zweideutig.«

Freddy zog in gespielter Überraschung die Augenbrauen hoch und trank einen Schluck.

»Stimmt. Schauen wir uns das Indiz noch einmal an – ein Füller in einer Keksdose.«

»Nicht nur irgendein Füller, Anthonys geliebter bester Füllfederhalter, rot-schwarz marmorierter Schaft mit einer 18-karätigen Goldfeder«, fügte sie hinzu.

»Danke, Miss Marple, aber hilft das bei unserer Untersuchung wirklich weiter?«

»Es war immerhin der Füller, mit dem Anthony immer seine Geschichten geschrieben hat.«

In einvernehmlichem Schweigen lauschten sie dem Prasseln und Knacken des Feuers. Carrot stöhnte selig, als er seine dünnen Beine näher an den Kamin streckte. Freddy stieß ihn mit dem Zeh an.

»Pass auf, Mister. Wenn du näher kommst, wirst du dir die Zehen rösten.«

Carrot achtete nicht auf ihn und rutschte noch ein winziges Stückchen näher.

»Hast du alle Geschichten von Anthony gelesen? Vielleicht steckt in einer von ihnen der Hinweis.«

Laura schüttelte den Kopf. »Ich habe ihr gesagt, dass ich nicht gut im Rätselraten bin. Ich habe sie extra gebeten, es deutlich und einfach zu halten.«

Freddy leerte sein Glas und stellte es auf den Boden. »Na ja, vielleicht ist es deutlich und einfach für sie.«

Laura widerstand der Versuchung, darauf hinzuweisen, dass das natürlich so war, weil Therese die Antwort bereits kannte.

»Ich habe alles gelesen, was ich tippen sollte, klar, und auf jeden Fall alle Kurzgeschichten. Aber das ist Jahre her. Ich kann mich unmöglich an alle erinnern.«

»Was ist mit dem Buch, das du mir gezeigt hast? Die Kurzgeschichten?«

»Das war nur das erste von einer ganzen Reihe, die veröffentlicht wurden. Vermutlich hat er Ausgaben der anderen irgendwo aufgehoben, aber ich kann mich nicht erinnern, sie gesehen zu haben.«

Freddy grinste. »Ich wette, sie sind auf dem Speicher.«

»Warum?«

Er verzog das Gesicht, so wie Sunshine, wenn sie meinte, sie seien besonders schwer von Begriff.

»Weil das alle mit dem Zeug machen, mit dem sie nichts mehr anzufangen wissen«, sagte er triumphierend. »Obwohl, wenn von mir ein Buch veröffentlicht würde, hätte es in meinem Bücherregal einen Ehrenplatz.«

Laura dachte eine Weile darüber nach.

»Aber er war nicht stolz auf alle Kurzgeschichten, die veröffentlicht wurden. Weißt du noch, ich habe es dir erzählt. Sein Verleger wollte schlichte Geschichten mit Happy End, und schließlich haben sie sich zerstritten.«

Freddy nickte. »Ja, ich erinnere mich. Bruce wollte Limonade, und Anthony gab ihm Absinth.«

Laura lächelte. »Klar, dass du das nicht vergessen hast. Alles, was mit Alkohol zu tun hat …«, neckte sie ihn. »Aber ich vermute, ein Versuch lohnt sich. Ich habe noch nicht richtig auf dem Speicher nachgeschaut, und auch wenn die Bücher nicht da sind, finden wir vielleicht etwas anderes.«

»Morgen«, sagte Freddy, stand auf und zog sie mit sich. »Wir sehen morgen nach.«

Er küsste sie fest auf den Mund.

»Und was hast du noch gesagt von wegen zweideutig …?«

Laura wachte mit einem Ruck auf, der ihren Sturz unterbrach. Träumte sie, dass sie stürzte, oder stürzte sie aus dem Traum? Sie wusste es nie zu sagen. Es war noch dunkel, und die Stille wurde nur von Freddys und Carrots Atemzügen unterbrochen. Freddys warme Hand lag an der Außenseite ihres Oberschenkels, und als ihre Augen sich an die Dunkelheit gewöhnten, konnte sie sehen, wie seine Brust sich hob und senkte. Sie fragte sich, was Anthony wohl denken würde. Sie hoffte, er hätte nichts dagegen, würde sich für sie freuen. Schließlich hatte er ihr gesagt, sie solle glücklich werden, und das war sie. Wenigstens größtenteils. Sie machte sich immer noch Sorgen um die Rückgabe der verlorenen Sachen. Die Webseite kam dank Freddy ganz gut voran, und obwohl die Angst, Anthony zu enttäuschen, tief in ihr saß, keimte daneben inzwischen auch Mut auf. Endlich hatte sie den Mumm gefunden, es zu versuchen. Therese war ein ständiger Schatten, aber ihr Leben im Allgemeinen, der Alltag im Padua war auf jeden Fall glücklich. Oh, und natürlich machte sie sich Sorgen um Freddy. Aber das war doch normal in einer neuen Beziehung, besonders in ihrem Alter? Es beunruhigte sie, dass er bisher weder ihre verräterischen Schwangerschaftsstreifen noch ihre Krähenfüße im gnadenlosen grellen Schein der Mittagssonne gesehen hatte. Außerdem hatte er womöglich die heimtückisch fortschreitende Cellulitis, die ihren einst knackigen Po schrumpelig werden ließ, noch nicht bemerkt. Und es tat ihr auch leid, dass Freddy ihren Po nicht in seiner Blüte gesehen hatte. Stattdessen hatte sie ihn an Vince vergeudet. Hätte sie Freddy doch nur kennengelernt, als sie jung war.

Noch jünger sogar. Hätte sie doch nur Freddy geheiratet. Sie lächelte über ihre Torheit und beschloss, eine große Sonnenbrille zu tragen und einen breitrandigen Hut, sollte sie je so dumm sein, sich wieder hinaus ins Sonnenlicht zu wagen. Und an die Menopause wollte sie gar nicht erst denken. Der Hinweis lag im Namen, oder? Dabei war es eher keine Pause, sondern ein verdammt dicker Schlussstrich, was die Attraktivität betraf. Ihr brach sogar der Schweiß dabei aus, nicht daran zu denken. Sie drehte ihr Kissen um und barg ihr Gesicht in der kühlen, frischen Baumwolle. »Krieg dich wieder ein, Laura«, ermahnte sie sich. Sie griff nach Freddys Hand. Instinktiv drückte er ihre Hand, und Laura lag dort in der Dunkelheit, blinzelte die Tränen fort, bis sie schließlich wieder einschlief.

Morgens sah alles immer besser aus. Nicht der Sonnenschein machte Laura scherzhaft auf ihre Unzulänglichkeiten aufmerksam, sondern die Dunkelheit mit ihren lauernden Zweifeln. Nach dem Frühstück ging sie hinaus in den Garten, ohne Hut, und blinzelte in die Morgensonne. Freddy war in die Stadt gefahren, und sie wollte auf den Speicher gehen. Sie holte die Leiter aus dem Schuppen und trug sie unter Mühen hinauf. Carrot hatte beschlossen, ihr zu helfen, lief die Treppe rauf und runter und bellte aufgeregt in dem Versuch, die Invasion der klappernden, rappelnden Metallbeine abzuwehren, die offenbar ein Werkzeug des Teufels waren. Als Laura die voll ausgezogene Leiter an die Wand lehnte, hörte sie im Geiste Freddy schimpfen, dass sie nicht gewartet hatte.

»Wir machen es, wenn ich wieder da bin«, hatte er gesagt.

Aber sie war zu ungeduldig, um zu warten. Im Übrigen würde Sunshine bald kommen, und die war auf jeden Fall in der Lage, einen Krankenwagen zu rufen. Als sie die Falltür zum Speicher nach oben drückte, schlug ihr der muffige Geruch von warmem Schmutz und Staub entgegen. Sie drückte auf den Lichtschalter, und schon klebten Spinnweben an ihrer Hand. Wo sollte sie anfangen? Sie entdeckte ein paar alte Möbelstücke, einen großen, aufgerollten Teppich und verschiedene Kisten. Sie hob die Deckel der ihr am nächsten stehenden: ein unbenutztes Teeservice, ein Satz Silberbesteck und verschiedene Stücke nutzloses, aber dekoratives Porzellan. Eine Kiste enthielt Bücher, aber so weit sie sehen konnte, keine, die Anthony verfasst hatte. Laura suchte sich vorsichtig einen Weg über die Balken, duckte sich ungeschickt unter den schrägen Dachsparren. Ein Schaukelpferd auf Rollen stand einsam in einer Ecke neben einem großen braunen Pappkoffer und einer Schachtel von einem Schneider in London. Laura streichelte das weiche Fell der Pferdenase.

»Du bleibst auf keinen Fall hier oben«, versprach sie ihm.

Der Koffer war mit einer dicken Staubschicht überzogen, aber nicht verschlossen, und ein rascher Blick hinein sagte Laura, dass sie hier am wahrscheinlichsten etwas Nützliches oder Interessantes finden würde. Sie klappte die rostigen Verschlüsse zu und zog den Koffer an die Falltür. Aber wie um alles in der Welt sollte sie ihn die Leiter hinunterbekommen? Die Antwort war natürlich, auf Freddy zu warten, aber wenn sie das machte, dann hätte sie ebenso gut auf ihn warten können, bevor sie hier heraufging. Vielleicht sollte sie den Koffer einfach die Leiter hinunterrutschen lassen. Er sah ziemlich stabil aus, und soweit sie gesehen hatte, schien er nichts Zerbrechliches zu enthalten. Als Laura den Koffer losließ, knallte er mit mächtigem Getöse und in einer riesigen Staubwolke auf den Treppenabsatz. Laura ging wieder zum Pferd, das so leicht war, dass sie es die Leiter hinuntertragen konnte. Nachdem sie es vorsichtig abgestellt hatte, stieg sie wieder hinauf und holte die Schachtel vom Londoner Schneider.

Als Freddy zurückkehrte, war die Leiter wieder im Schuppen, Sunshine war im Garten und bürstete den Staub vom

Pferd, und Laura hatte den Koffer offen auf dem Tisch im Arbeitszimmer liegen und untersuchte den Inhalt. Sie stieß auf mehrere alte Fotoalben mit dicken Seiten in der Farbe von Bitterschokolade, dazwischen geprägtes weißes Seidenpapier; zwei getippte Manuskripte, ein paar Briefe und alle möglichen Schreibarbeiten. Die Alben enthielten die ersten Jahre von Anthonys Leben, lange vor Therese. Ein lockiger Dreikäsehoch saß auf einer karierten Decke in einem sommerlichen Garten. Ein stämmiger kleiner Junge ritt auf einem Schaukelpferd auf einem sauber gestutzten Rasen. Ein schlaksiger Jugendlicher mit schüchternem Grinsen trug Schienbeinschoner und schwang einen Kricketschläger. Alles war da: Ferien am Meer, Picknicks auf dem Lande, Geburtstage, Taufen, Hochzeiten und Weihnachtsfeiern. Zuerst waren sie zu dritt auf den Fotos, aber dann nur noch zu zweit. Der hoch aufgeschossene, dunkle Mann, so oft in Uniform, verschwand von ihren Fotos, wie auch aus ihrem Leben. Laura löste vorsichtig eins der Bilder aus den braunen Fotoecken, die es im Album festhielten. Der Mann stand gerade aufgerichtet und stolz, so gut aussehend in seiner Ausgehuniform. Sein Arm lag liebevoll auf den Schultern der Frau, gehüllt in ein Schiaparelli-Abendkleid. Und zwischen ihnen stand ein kleiner Junge im Pyjama. Eine perfekte Bilderbuchfamilie.

The very thought of you.

Laura hörte die Musik im Kopf, oder vielleicht kam sie auch aus dem Wintergarten. Sie war neuerdings nicht mehr sicher, ob sie den Unterschied merkte. Das war das Foto; der Abend, den Robert Quinlan beschrieben hatte, als er zu ihr gekommen war, um ihr den Brief vorzulesen. Das war das letzte Mal, dass Anthony seinen Vater gesehen hatte. Der letzte Tanz, der letzte Kuss, das letzte Foto. Sie würde es in einem Silberrahmen neben das Foto von Therese im Wintergarten stellen.

»Hast du schon was Interessantes gefunden?«

Freddy hatte ihr eine Tasse Kaffee und ein Sandwich gebracht. Er kramte im Koffer unter den Papieren und holte eine mit Samt bezogene kleine Schachtel heraus.

»Aha! Was haben wir denn hier? Einen verborgenen Schatz?«

Er klappte den Deckel hoch. Ein weißgoldener Ring kam zum Vorschein, besetzt mit einem auserlesenen Sternsaphir und funkelnden Diamanten. Er stellte die Schachtel vor Laura, die den Ring herausnahm und ans Licht hielt. Der Stern auf dem kornblumenblauen Cabochon war deutlich sichtbar.

»Das war ihrer. Ihr Verlobungsring.«

»Woher weißt du das?« Freddy nahm ihr den Ring aus der Hand und betrachtete ihn genauer. »Der könnte auch von Anthonys Mutter sein.«

»Nein, er gehörte ihr. Da bin ich mir sicher. Therese war nicht der Typ für einen alltäglichen Solitär-Diamanten«, sagte sie und lächelte bei dem Gedanken an ihren eigenen Halbkaräter, eingefasst in neunkarätigem Gold. »Sie war in jeder Hinsicht außergewöhnlich, wie dieser Ring.«

Freddy steckte ihn wieder in die Samtschachtel und reichte sie Laura.

»Der gehört jetzt dir.«

Laura schüttelte den Kopf.

»Er wird mir nie gehören.«

Freddy ging hinaus, um Sunshine zu helfen. Er hatte versprochen, den Holzhufen des Pferdes einen neuen Anstrich zu verpassen. Laura fuhr fort, den Inhalt des Koffers auf den Tisch zu leeren. Sie fand eine Rechnung über fünfzig Rosenbüsche: 4 Stck. »Albertine«, 6 Stck. »Grand Prix«, »Marcia Stanhope«, »Mrs. Henry Morse«, »Etoile de Hollande«, »Lady Gay« – die Liste ging weiter –, und ein Merkblatt, wie sie einzupflanzen und zu pflegen waren. Die Manuskripte waren Sammlungen von Anthonys Kurzgeschichten, die Laura abgetippt hatte. Als sie die Seiten durchblätterte, kamen sie ihr bekannt vor. Vorn war ein schroffer Ablehnungsbrief vom Verleger Bruce angeheftet.

»... völlig unangemessen für unsere Leserschaft ... unnötig kompliziert und maßlos ambitioniert ... dunkle und deprimierende Angelegenheit ...«

Jemand hatte mit Rotstift etwas quer über die kränkenden Kommentare gekritzelt und über Bruces außergewöhnliche Unterschrift »Arsch!« geschrieben. Es war Anthonys Handschrift. »Recht so«, pflichtete Laura ihm bei. Sie würde die Manuskripte später ausführlicher lesen, aber irgendwie glaubte sie nicht, dass sie die Antwort enthielten, nach der sie suchte.

Über den Boden der Diele ratterten Metallräder, und Sunshine schob das Pferd ins Arbeitszimmer, gefolgt von Freddy und dem neugierigen Carrot.

»Es sieht wie ein anderes Pferd aus!«, rief Laura, und Sunshine grinste stolz.

»Es heißt Sue.«

Laura schaute Freddy an, um zu sehen, ob er eine Erklärung dafür hatte, aber er zuckte nur mit den Schultern. Dann eben Sue. Sunshine wollte unbedingt den Inhalt des Koffers untersuchen und war wie verzaubert von dem Ring. Als sie ihn über ihren Mittelfinger streifte und hin und her drehte, um »die Funken einzufangen«, hatte Laura eine Idee.

»Vielleicht möchte Therese, dass wir den Ring finden. Vielleicht geht es ja darum.«

Freddy war unsicher. »Hmm, aber wo ist da die Verbindung zum Füller?«

Laura überhörte seinen Einwand. »Das war ihr Verlobungsring«, sagte sie. »Verstehst du nicht? Es geht nur um ihre Verbindung, das Band zwischen ihnen. Das ist wie eine Verlobung.«

Freddy hatte immer noch seine Zweifel. »Aber eine Hochzeit ist doch eine noch stärkere Verbindung, und das hat nicht funktioniert, als wir ihnen eine ausgerichtet haben.«

Sunshine verzog das Gesicht und machte deutlich, dass sie beide wieder einmal besonders schwer von Begriff waren.

»Der Füller stand für den Hinweis. Das heißt Schreiben«, sagte sie.

Sie nahm das Foto von Anthony und seinen Eltern.

»Deshalb spielt sie die Musik«, sagte sie und reichte Freddy das Bild. Er sah Laura an auf der Suche nach einer Erklärung.

»Das sind Anthony und seine Eltern. Robert Quinlan hat uns davon erzählt. Seine Eltern sind eines Abends ausgegangen, während sein Vater auf Heimaturlaub war. Als Anthony hinunterkam, um gute Nacht zu sagen, tanzten sie zu dem Song von Al Bowlly. Es war das letzte Mal, dass er seinen Vater sah, bevor dieser ums Leben kam.«

»Und als der heilige Anthony dann die Herrin der Blumen kennenlernte« – Sunshine ließ es sich nicht nehmen, den Rest der Geschichte zu erzählen –, »berichtete er ihr alles darüber, und daher tanzte sie mit ihm in Covent Garden, damit er nicht traurig war.« Sie drehte den Ring, der noch an ihrem Finger saß. »Und jetzt müssen wir eine Möglichkeit finden, damit sie aufhört, traurig zu sein«, fügte sie hinzu.

»Ich glaube, der Ring ist einen Versuch wert«, sagte Laura und hielt Sunshine ihre Hand hin, die den Ring nur zögerlich abzog und ihr reichte. »Wir legen ihn im Wintergarten direkt neben ihr Foto. Und wohin stellen wir dieses prächtige Pferd?«, fügte sie hinzu, um Sunshine abzulenken. Aber Sunshine hatte die Schachtel vom Schneider gesehen und hob vorsichtig den Deckel an. Als sie vor Erstaunen nach Luft schnappte, traten Laura und Freddy an ihre Seite. Laura hob ein verblüffendes Kleid aus kornblumenblauem Seidenchiffon aus der Schachtel. Es war offensichtlich nie getragen worden. Sunshine strich liebevoll über den zarten Stoff.

»Das war ihr Hochzeitskleid«, sagte sie fast im Flüsterton. »Das war das Hochzeitskleid der Herrin der Blumen.«

Freddy hielt noch immer das Foto in der Hand. »Was ich nicht verstehe: Warum wurde das alles in einen Koffer getan und auf dem Speicher versteckt? Mir scheint, es waren einige der Dinge, die ihm am kostbarsten waren, der Ring, das Foto, das Kleid, die Anfänge des Rosengartens. Selbst die Manuskripte. Er weigerte sich, sie umzuschreiben, also muss er stolz darauf gewesen sein.«

Sunshine zeichnete Kreise in den Staub auf dem Kofferdeckel.

»Sie haben ihm zu weh getan«, sagte sie schlicht.

Carrot steckte den Kopf durch die Tür und jaulte. Zeit für seinen Tee.

»Kommt«, sagte Laura, »wir wollen den Ring und das Kleid in den Wintergarten bringen und einen Platz für dieses Pferd suchen.«

»Sue«, sagte Sunshine, die Laura und Freddy folgte. »Und es ist nicht der Ring, es ist der Brief.« Aber Laura und Freddy waren schon gegangen.

38

Eunice

1997

»Der Scheißkerl macht das nur, um sich querzustellen!«

Bruce tobte durch das Büro und warf sich auf einen Stuhl wie der tragische Held eines Stummfilms. Eunice rechnete schon fast damit, dass er einen Handrücken an die Stirn legen würde, um seine Wut und seine Enttäuschung besser zur Schau zu stellen. Er war unangekündigt aufgetaucht und hatte schon zu seinem Tobsuchtsanfall angesetzt, bevor er die oberste Treppenstufe erreicht hatte.

»Machen Sie mal halblang, Alter«, sagte Bomber und versuchte, sich seine Belustigung nicht anmerken zu lassen. »Sie tun sich selbst keinen Gefallen.«

Baby Jane, die auf einem neuen Kissen thronte, betrachte Bruce und kam zu dem Schluss, dass seine Gegenwart es nicht wert war, zur Kenntnis genommen zu werden.

»Möchten Sie eine Tasse Tee?«, fragte Eunice mit zusammengebissenen Zähnen.

»Nur zusammen mit einem doppelten Whisky«, entgegnete Bruce grob.

Eunice setzte trotzdem den Kessel auf.

»Worum geht es denn eigentlich?« Bomber war wirklich interessiert herauszufinden, wem es gelungen war, Bruce derart in Rage zu bringen. Bruces Frisur, die in der Form der von Barbara Cartland glich, in Farbe und Konsistenz jedoch eher Spinnweben, bebte vor Entrüstung.

»Scheiß auf diesen Anthony Peardew! Zum Teufel mit ihm!«

Bomber schüttelte den Kopf. »Das ist ein bisschen übertrieben, oder? Es sei denn, natürlich, er hat gegen die Tischsitten verstoßen oder Ihre Tochter entehrt.«

Als sie Bruce mit seiner theatralischen Art zum ersten Mal getroffen hatte, dachte Eunice, er sei schwul. Aber Bruce war mit einer hoch aufgeschossenen Deutschen mit ausladenden Brüsten und einem leichten Damenbart verheiratet, die seltene Mäuse züchtete und sie zu Mäusevorführungen anmeldete. Erstaunlicherweise war es Bruce und Brunhilde gelungen, Nachwuchs zu zeugen, zwei Jungen und ein Mädchen. Das war eins der großen Rätsel des Lebens, aber Eunice wollte nicht unbedingt darüber nachdenken.

»Der ist komplett durchgeknallt«, tönte Bruce, »schreibt absichtlich so einen subversiven Mist, von dem er genau weiß, dass ich ihn nicht herausbringe, voll mit dunklen Taten und schrägem Ende oder überhaupt keinem richtigen Schluss. Vermutlich meint er, es sei klug oder angesagt oder so etwas wie eine Katharsis für seinen persönlichen Kummer. Aber davon will ich nichts wissen. Ich weiß, was normale, anständige Leute mögen, und das sind gute, unkomplizierte Geschichten mit Happy End, in denen die Bösen ihre wohlverdiente Strafe bekommen, der Mann kriegt die Frau, und der Sex ist nicht allzu überspannt.«

Eunice stellte eine Tasse Tee unsanft vor ihn, wobei sie absichtlich etwas von der wie Spülwasser aussehenden Flüssigkeit aus der Tasse in die Untertasse schwappen ließ.

»Sie glauben also nicht, dass zumindest einige Ihrer Leser sich gern herausfordern ließen? Intellektuelles Muskeltraining, sozusagen? Sich ihre eigene Meinung bilden oder ausnahmsweise einmal ihre eigenen Schlüsse ziehen?«

Bruce hob die Tasse an seine Lippen, doch als er den Inhalt aus der Nähe sah, änderte er seine Meinung und stellte sie mit verärgertem Klappern wieder ab.

»Meine Liebe, die Leser mögen, was wir ihnen sagen, dass sie es mögen sollen. So einfach ist das.«

»Warum können Sie ihnen dann nicht sagen, sie sollen Anthony Peardews neue Geschichten mögen?«

Treffer!, dachte Bomber, sprach es aber nicht aus. Er konnte sich gerade noch bremsen. »Anthony Peardew. War das nicht derjenige, dessen Geschichtensammlung bei Ihnen ziemlich gut lief?«

Bruce zog die Augenbrauen vor Empörung so hoch, dass sie in seiner Spinnweb-Frisur verschwanden.

»Um Himmels willen, Bomber! Versuchen Sie doch, auf dem Laufenden zu bleiben. Das habe ich doch gesagt. Die ersten Bände liefen wirklich prima, rundum gute Geschichten, guter Schluss, guter Kontostand. Aber jetzt nicht mehr. Ich habe ihm gesagt: entweder seichtes Geträller, sonst ab in den Keller!«

Bruce hatte früher im selben Gebäude wie Bomber gearbeitet und kam noch immer auf eine Tasse Tee und den neuesten Klatsch vorbei, wenn er in der Gegend war. Doch da es ihm nicht gelang, Bomber in die Liste derer aufzunehmen, die den bösen Anthony Peardew verdammten, und Eunice ihm nur wenig Sympathie entgegenbrachte, war sein Besuch von kurzer Dauer.

»Ich wünschte, wir hätten den armen Anthony vor Bruce unter Vertrag genommen«, seufzte Bomber, als sie wieder allein waren. »Ich mochte schon den ersten Band mit Kurzgeschichten, aber die neuen Geschichten klingen noch interessanter. Ich frage mich, ob ich nicht ein bisschen wildern sollte …«

Eunice holte ein kleines Päckchen aus ihrer Schreibtischschublade und reichte es Bomber. Es war in dunkelgraues Papier gewickelt und mit einem hellrosa Band verschnürt.

»Ich weiß, dass du erst nächste Woche Geburtstag hast« – Bombers Miene hellte sich auf wie die eines kleinen Jungen, er liebte Überraschungen –, »aber ich dachte, dass du nach einem Besuch von Bruce, dem Buhmann, eine Aufheiterung gebrauchen könntest.«

Es war eine DVD mit dem Film *The Birdcage – Ein Paradies für schrille Vögel*. Sie hatten ihn an Bombers Geburtstag im letzten Jahr gesehen, und er hatte so lachen müssen, dass er sich beinahe an seinem Popcorn verschluckt hätte.

»Ich wünschte, den hätte Ma sehen können«, hatte er gesagt. »Der ist entschieden fröhlicher als *Philadelphia*.« Grace war jetzt seit achtzehn Monaten tot. Sie hatte Godfrey nur gut ein Jahr überlebt und war dann plötzlich, aber friedlich in Folly's End im Schlaf gestorben. Sie war neben Godfrey auf dem Friedhof der Kirche beigesetzt worden, deren Gemeindemitglieder sie fast ein halbes Jahrhundert lang gewesen waren, stets aktiv bei Sommer- und Erntedankfesten. Als Bomber und Eunice am Tag von Graces Beerdigung nebeneinander auf dem von Sonne und Schatten getupften Friedhof gestanden hatten, waren ihre Gedanken zu ihren eigenen Beerdigungen abgeschweift.

»Ich möchte eingeäschert, nicht beerdigt werden«, verkündete Bomber. »Um Irrtümern vorzubeugen«, fügte er hinzu. »Und dann sollst du meine Asche mit der von Douglas und Baby Jane vermischen – vorausgesetzt natürlich, dass ich sie überlebe – und uns irgendwo verstreuen, wo es traumhaft schön ist.«

Eunice sah zu, wie die Trauergemeinde langsam zu ihren Wagen zurückschlenderte.

»Was macht dich so sicher, dass du vor mir sterben wirst?«

Bomber nahm ihren Arm, während sie den Friedhof verließen.

»Weil du ein paar Jahre jünger bist als ich und gesünder lebst.«

Eunice schnaubte verächtlich, aber Bomber ließ nicht locker. »Und weil du meine treue Assistentin bist und tun musst, was ich dir sage.«

Eunice lachte. »›Irgendwo, wo es traumhaft schön ist‹, ist nicht unbedingt eine eindeutige Anweisung.«

»Wenn mir etwas einfällt, werde ich es dir sagen.«

Kurz bevor sie das Friedhofstor erreichten, blieb Bomber stehen und drückte ihren Arm.

»Und noch etwas.« Er schaute sie unentwegt aus Augen an, die von unvergossenen Tränen verschleiert waren. »Versprich mir, wenn ich jemals so enden sollte wie Pa, völlig neben der Spur und in ein Heim gesteckt, dann findest du eine Möglichkeit ... du weißt schon. Hol. Mich. Raus.«

Eunice hatte sich zu einem Lächeln gezwungen, obwohl ihr in diesem Augenblick ein kalter Schauer über den Rücken lief.

»Großes Indianerehrenwort«, hatte sie versprochen.

Nun zeigte Bomber sein Geschenk Baby Jane, doch als sie merkte, dass es weder essbar war noch quietschte oder hüpfte, verlor sie das Interesse.

»Also, was möchtest du an deinem Geburtstag machen?«, fragte Eunice und schlang das rosa Band um ihre Finger.

»Wie wäre es«, schlug Bomber vor, »wenn wir meinen Geburtstag mit unserem normalen jährlichen Ausflug verbinden?«

Eunice grinste. »Dann nichts wie auf nach Brighton!«

39

»Der Ring ist es nicht, und jetzt ist Therese eingeschnappt.«
Laura trat frustriert einen von Carrots Tennisbällen quer über den Rasen. Freddy hörte auf zu graben und stützte sich auf seinen Spaten, bereit, sein Mitgefühl zu zeigen, falls erwünscht. Laura war in den Garten gekommen, als er gerade dabei war, Kompost im Rosengarten zu verteilen, und offenbar musste sie ihren Frust ablassen. Freddy lächelte ihr zu.

»Mach dir nichts draus. Wir klären das schon noch.«

Aber Laura war nicht nach Plattitüden zumute. Therese und Sunshine waren beide eingeschnappt, zweifellos aus sehr unterschiedlichen, aber zunächst einmal gleich unfassbaren Gründen; sie war mit der Pflege der Webseite im Hintertreffen, und Carrot war völlig ausgerastet, als die neue Postbotin lauthals ein Paket angekündigt hatte, woraufhin er auf den chinesischen Läufer in der Diele gepinkelt hatte. Sie holte noch einmal aus, um den Tennisball zu treffen, trat aber daneben und fiel beinahe hin. Freddy grub weiter, um sein Lachen zu verbergen. Laura hatte sich große Hoffnungen gemacht, dass der Saphirring vielleicht das perfekte Allheilmittel sein könnte. Sie hatte das zerbrochene Glas in Thereses Fotorahmen ausgetauscht, das Bild von Anthony mit seinen Eltern danebengestellt und den Ring in der

Schachtel vor ihr Bild gelegt. Sie hatte sogar versucht, den Song von Al Bowlly für sie zu spielen.

»Woher willst du wissen, dass Therese eingeschnappt ist?«, wollte Freddy wissen.

»Weil die Schlafzimmertür noch immer verschlossen ist, und wegen dieser verdammten Schallplatte!«

Er runzelte die Stirn. »Aber ich kann mich nicht daran erinnern, sie in den letzten Tagen gehört zu haben.«

Laura zog entrüstet die Augenbrauen hoch. »Um Himmels willen, Freddy! Hör doch zu. Das habe ich doch gerade gesagt.«

Er ließ den Spaten stehen, kam zu ihr und umarmte sie.

»Na ja, nicht sehr deutlich, fürchte ich. Ich bin nicht so gut im Rätselraten. Du musst es ›deutlich und einfach‹ ausdrücken.«

»Treffer.« Laura musste unwillkürlich grinsen.

»So«, erwiderte Freddy, »und wieso deutet die Tatsache, dass Therese nicht ihren lieben alten Al auflegt, darauf hin, dass sie eingeschnappt ist?«

»Weil sie jetzt, statt ihn morgens, mittags und abends aufzulegen, gar nicht mehr zulässt, dass er läuft.«

Freddy schaute sie skeptisch an. »Ich bin mir nicht sicher, ob ich das verstehe.«

Laura seufzte. »Ich habe immer und immer wieder versucht, die Platte aufzulegen, aber es geht nicht. Zuerst habe ich es gemacht, um nett zu sein. Ich habe die Fotos und den Ring aufgestellt und dann, als Sahnehäubchen obendrauf, dachte ich, lege ich die Platte auf, ihren Song. Aber sie läuft nicht. Therese lässt es nicht zu.«

Freddy wählte seine nächsten Worte sehr vorsichtig.

»Na ja, es ist eine alte Platte und ein alter Plattenspieler. Vielleicht muss die Nadel ausgewechselt werden, oder die Platte ist verkratzt …«

Ein Blick in Lauras Gesicht brachte ihn zum Verstummen.

»Okay, okay. Du hast es überprüft. Natürlich hast du. Beides ist in Ordnung.«

Laura hob noch einen Tennisball auf und warf ihn nach Freddy. Sie lachte jedoch dabei.

»Mein Gott, entschuldige bitte. Ich bin so eine blöde Kuh, aber ich gebe mir die größte Mühe, ihr zu helfen, und jetzt stellt sie sich einfach quer. Komm, ich mache dir eine Tasse Tee. Könnte sein, dass noch ein Schokokeks da ist, falls Sunshine sie nicht aufgegessen hat.«

Freddy nahm ihre Hand. »Dann sollte ich mir keine Hoffnungen machen.«

In der Küche hatte Sunshine gerade den Kessel aufgesetzt.

»Perfektes Timing«, sagte Freddy. »Wir sind gerade reingekommen, um die leckere Tasse Tee zu trinken.«

Sunshine stellte in düsterem Schweigen noch zwei Tassen mit Untertassen auf, während Freddy sich die Hände am Spülbecken wusch.

»Sind noch Schokokekse da?«, fragte er sie augenzwinkernd.

Stumm und ohne eine Miene zu verziehen, stellte Sunshine die Keksdose vor ihn und wandte sich dann wieder dem Wasserkessel zu. Freddy und Laura tauschten verwunderte Blicke und sprachen dann darüber, wie die Webseite vorankam. Um größeres Interesse zu wecken, hatten sie beschlossen, dass Menschen, die ihre verlorenen Besitztümer zurückforderten, ihre Geschichten auf die Webseite stellen konnten, wenn sie wollten. Freddy hatte sich ein Online-Formular ausgedacht, in das man eintragen konnte, wo und wann man etwas verloren hatte. Die Webseite zeigte nur ein Foto von jedem Gegenstand, benannte Monat und Jahr sowie eine allgemeine Angabe des Fundorts. Aber die Einzelheiten auf Anthonys Etiketten wurden zurückgehalten, damit sie sicher sein konnten, dass die Menschen, die sich meldeten, auch die legitimen Besitzer waren. Laura musste noch weitere Hunderte Gegenstände fotografieren und auf die Webseite stellen, aber sie war schon so weit vorangekommen, dass sie die Seite freischalten konnten. Es würde ohnehin nie eine abgeschlossene Arbeit sein, wenn sie weiterhin Sachen sammelten, die andere verloren. In dieser Woche würde ein Artikel in der Lokalzeitung erscheinen, und Laura hatte bereits dem lokalen Radiosender ein Interview gegeben. Es waren nur noch ein paar Tage, bis die Webseite freigeschaltet wurde.

»Und wenn sich nun keiner meldet, um etwas zurückzufordern?«, sorgte sich Laura und knabberte nervös am Fingernagel. Freddy schlug ihr spielerisch die Hand vom Mund.

»Natürlich wird sich jemand melden«, sagte er. »Nicht wahr, Sunshine?«

Sunshine zuckte theatralisch mit den Schultern, die Unterlippe wie einen Schiffsbug vorgeschoben. Sie schenkte den Tee ein und stellte die Tassen und Untertassen unsanft vor sie. Freddy hob ergeben beide Hände.

»Okay, okay, ich gebe auf. Was ist los, Kind?«

Sunshine stemmte die Hände in die Hüften und betrachtete sie beide mit ihrer strengsten Miene.

»Niemand hört auf mich«, sagte sie leise.

Ihre Wörter fielen in die Luft und blieben dort hängen, erwartungsvoll, auf eine Reaktion hoffend. Weder Freddy noch Laura wussten, was sie sagen sollten. Beide spürten heftige Schuldgefühle, weil Sunshine tatsächlich nicht ganz unrecht hatte. Bei ihrer kleinen Gestalt und ihren einfältigen Gesichtszügen war man rasch versucht, mit ihr wie mit einem Kind umzugehen und ihre Meinungen und Gedanken dementsprechend zu gewichten. Aber Sunshine war eine junge Frau – wenngleich mit »Daunendrom« –, und vielleicht war es höchste Zeit, sie auch so zu behandeln.

»Tut uns leid«, sagte Laura.

Freddy nickte, ausnahmsweise einmal ohne die Spur eines Lächelns im Gesicht.

»Es tut uns leid, wenn du versucht hast, mit uns zu reden, und wir haben nicht zugehört.«

»Ja«, stimmte Freddy zu, »und wenn wir das noch einmal machen, hau uns einfach eine runter.«

Sunshine dachte einen Moment darüber nach und gab ihm eins hinter die Löffel, zur Sicherheit. Dann wurde sie wieder ernst und wandte sich an beide.

»Es ist nicht der Ring. Der Brief ist es.«

»Welcher Brief?«, fragte Freddy.

»Der Brief vom toten heiligen Anthony«, erwiderte sie. »Kommt mit«, fügte sie hinzu.

Sie folgten ihr von der Küche in den Wintergarten, wo sie die Platte von Al Bowlly auf den Plattenteller legte.

»Der Brief ist es«, wiederholte sie. Mit diesen Worten setzte sie die Nadel auf die Platte, und die Musik erklang.

40

Eunice

2005

Allein der Gedanke, du veröffentlichst dieses ...« Eunice ging im Geiste ihre Liste von Beleidigungen durch, fand aber nichts, was entsprechend abwertend gewesen wäre: »... Ding!«

Das Flittchen von einem Buch, mit seinem kitschigen Titel in Rot und Gold, fläzte sich halb ausgezogen in seinem braunen Packpapier neben einer Flasche Champagner, die Bruce mitgeschickt hatte, als – wie es scheinheilig auf der beiliegenden Karte hieß – »kleinen Trost dafür, dass du nicht den Mumm hattest, es selbst herauszubringen, alter Griesgram«.

Bomber schüttelte verstört und ungläubig den Kopf. »Ich habe es nicht einmal gelesen. Du?«

Portias neuestes Buch hatte in den letzten drei Wochen auf Platz eins der Bestsellerliste gestanden, und da Bruce der Verleger war, kannte seine arrogante Geckenhaftigkeit keine Grenzen. Seine Selbstgefälligkeit stieg mit dem Guthaben auf seinem Bankkonto, das ihm dank Portia nun eine

Platin-Kreditkarte garantierte und ihn auf Du und Du mit dem Filialleiter brachte.

»Natürlich habe ich es gelesen!«, rief Eunice. »Ich *musste*, um es angemessen zu schmähen. Ich habe auch alle Rezensionen gelesen. Dir ist schon klar, dass das Buch deiner Schwester hoch gelobt wird als ›eine ätzende Satire auf die zuckersüßen Klischees zeitgenössischer kommerzieller Romane‹? Ein Kritiker nannte es ›eine messerscharfe Dekonstruktion des sexuellen Gleichgewichts in modernen Beziehungen, die an die Grenzen der Unterhaltungsliteratur bis hin zu anregenden Extremen geht und mit dem Finger auf jene Glanzlichter des literarischen Establishments zeigt, die ständig vor den Gepflogenheiten des Man Booker und seiner biederen Stallgefährten den Kotau machen‹.«

Trotz ihrer Wut konnte Eunice ihr Grinsen nicht verbergen, und Bomber lachte sich kaputt. Schließlich fasste er sich so weit, um zu fragen: »Aber worum geht es denn?«

Eunice seufzte. »Willst du das wirklich wissen? Es ist so viel schlimmer als alles, was sie je zuvor geschrieben hat.«

»Ich glaube, ich kann es aushalten.«

»Nun, wie du bereits weißt, trägt es den faszinierenden Titel *Harriet Hotter und das heiße Eisen*.«

Eunice legte eine Kunstpause ein.

»Harriet, eine Waise seit früher Kindheit und aufgezogen von einer schrecklichen Tante und einem krankhaft übergewichtigen und ständig schwitzenden Onkel, schwört, so schnell wie möglich das Haus zu verlassen und allein in der Welt zurechtzukommen. Nach dem Abitur bekommt sie einen Job in einem Laden für Pizza und Kebap, Pizzbab, in der Nähe von King's Cross, wo man sich andauernd wegen ihrer vornehmen Stimme und ihrer Gleitsichtbrille über sie lustig macht. Eines Tages kommt ein alter Mann mit einem sehr langen Bart und einem komischen Hut in den Laden, um einen Kebap mit Pommes zu kaufen, und erzählt ihr, sie sei etwas ›ganz Besonderes‹. Er reicht ihr eine Visitenkarte und sagt ihr, sie solle ihn anrufen. Schnelldurchlauf, sechs Monate später verdient Harriet ein kleines Vermögen mit Telefonsex. Ihre Kunden lieben sie, weil sie so eine vornehme Stimme hat und so ein heißes Eisen ist, womit der geniale Buchtitel erklärt ist. Unsere Heldin, die sich mit rein finanzieller Belohnung nicht zufriedengibt, sucht Selbsterfüllung und mehr berufliche Zufriedenheit. Zusammen mit dem bärtigen alten Mann, alias Chester Fumblefore, gründet sie eine Schule für angehende Telefonsexarbeiterinnen und nennt sie Snogwarts, weil Harriet ihren Schülerinnen beibringt, mit jedem Kunden so zu sprechen, als wäre er ein gut aussehender Prinz, auch wenn die meisten wohl eher Frösche sind. Unter ihren ersten Schülerinnen sind Persephone Danger und Donna Sleazy, die ihre besten Freundinnen und Ausbildungsassistentinnen werden. Gemeinsam richten sie ein riesiges Callcenter ein, in dem ihre Schülerinnen sich während ihrer Ausbildung den Lebensunterhalt verdienen können. Harriet erfindet ein Spiel namens ›Quids In‹, um die Produktivität zu steigern und die Moral am Arbeitsplatz zu verbessern. Die Gewinnerin, die einen Bonus in bar erhält, ist diejenige, die in einer Stunde die meisten Kunden befriedigt, während sie in jedes Sex-Telefonat listig die Wörter ›Puff‹, ›Schwanz‹ (zwei Mal) und ›goldener Schnitz‹ einfließen lässt.«

Bomber lachte laut.

»Das ist nicht lustig, Bomber«, erklärte Eunice. »Das ist eine absolute Schande. Wie kann sich jemand so einen Quatsch ins Regal stellen? Millionen Menschen geben schwer verdientes Geld dafür aus! Dabei ist es nicht einmal gut geschrieben. Es ist abscheulich. Und als reichte es nicht, dass Portia neuerdings in jeder blöden Talkshow zu Wort kommt, die ausgestrahlt wird, geht jetzt auch noch das schreckliche, hartnäckige Gerücht um, dass sie aufgefordert wurde, dieses Jahr beim Hay Festival zu sprechen.«

Bomber klatschte vergnügt in die Hände. »Na, *dafür* würde ich doch gern Geld ausgeben, um es mir anzusehen.«

Eunice warf ihm einen warnenden Blick zu, worauf er mit den Schultern zuckte.

»Wie sollte ich da widerstehen? Ich bin nur dankbar, dass Ma und Pa diesen ganzen Zirkus nicht mehr miterleben müssen. Besonders, da Ma die Vorsitzende der lokalen Frauenorganisation war.«

Er kicherte vor sich hin bei der Vorstellung, legte dann aber eine angemessen ernste Miene auf für seine nächste Frage.

»Jetzt habe ich fast Angst zu fragen, aber ich muss es wissen. Ist es schrecklich ... eindeutig?«

Eunice johlte vor Spott.

»Eindeutig?! Weißt du noch, als Bruce hier war, sich über diesen Peardew ausließ und uns darüber aufklärte, was einen Bestseller ausmacht?«

Bomber nickte.

»Und er sagte uns, ich zitiere: Der Sex sollte nie zu überspannt sein.«

Bomber nickte erneut, diesmal bedächtiger.

»Wenn seine Auslegung von ›überspannt‹ nicht von einer viel abenteuerlicheren körperlichen Beziehung mit Brunhilde geprägt ist, als wir sie ihm je zugetraut hätten, hat er wohl seine Meinung geändert.«

Bomber legte beide Hände auf die kleine Holzkiste, die neben Douglas' Foto auf seinem Schreibtisch stand. »Halte dir die Ohren zu und hör nicht hin, Baby Jane«, warnte er.

Eunice lächelte traurig und fuhr fort: »Ein Kunde von Harriet hat Sex mit einer Brotmaschine, ein anderer steht auf Frauen mit Bärten, behaarten Rücken und eingewachsenen Fußnägeln, wieder ein anderer lässt seine Hoden in Wundbenzin baden und dann mit der Mähne von My Little Pony streicheln. Und das ist erst Kapitel zwei.«

Bomber nahm das Buch aus der Verpackung und schlug es auf. Auf der Innenseite begrüßte ihn ein Glanzfoto seiner Schwester, im Seidennachthemd und mit selbstgefälligem Lächeln. Er klappte es wieder zu.

»Wenigstens hat sie diesmal nicht die Handlung eines anderen Romans pauschal abgegriffen. Ein bisschen hat sie sich selbst ausgedacht.«

»Das wollen wir hoffen«, erwiderte Eunice.

Am nächsten Tag wurden alle düsteren Gedanken an Portia von den glitzernden marineblauen Wellen und dem warmen, salzigen Wind an der Küste von Brighton vertrieben. Es war ihr »Jahresausflug«, und der erste ohne Douglas oder Baby Jane. Seit Eunices Ausflug mit Bomber zu ihrem einundzwanzigsten Geburtstag waren sie jedes Jahr hierhergekommen, und der Tag folgte einem vertrauten Muster, das im Lauf der Jahre verfeinert worden war. Zuerst gingen sie über die Promenade. In der Vergangenheit, als Douglas und dann Baby Jane sie begleiteten, hatten die Hunde in den Komplimenten und Streicheleinheiten von Passanten geschwelgt. Dann kam der Besuch der Pier, und eine Stunde wurde an den blitzenden, klingelnden, klirrenden Spielautomaten vertan. Das Mittagessen mit Fish and Chips und einer Flasche Rosé folgte, schließlich war der Royal Pavilion dran. Doch als sie heute zur Pier schlenderten, wurde Eunices Freude von Sorge überschattet. Bomber hatte sie zwei Mal innerhalb von zehn Minuten gefragt, ob sie schon einmal hier gewesen seien. Beim ersten Mal hatte sie gehofft, dass er scherzte, aber beim zweiten Mal schaute sie in sein Gesicht, und ihre Welt geriet aus den Fugen, als sie einen Ausdruck der Unschuld und echter Unsicherheit entdeckte. Der war ihr furchtbar, qualvoll bekannt. Godfrey. Bomber folgte den schmerzhaften Fußstapfen seines Vaters zu einem Ziel, an das Eunice nicht zu denken wagte. Bisher war es kaum zu merken; ein Haarriss in seinem stabilen, verlässlichen Verstand. Aber Eunice wusste, dass er mit der Zeit so verletzlich wie ein in Sand geschriebener Name sein würde, der einer auflaufenden Flut ausgeliefert war. Bisher schien Bomber sich seiner leichten Wirrungen nicht bewusst. Wie ein Mann mit leichten Absencen ging er in seliger Unbeschwertheit darüber hinweg. Aber Eunice durchlebte sie alle, von einer Sekunde auf die andere, und ihr brach bereits das Herz.

Die bunten Lichter, das Klingeln und Brummen der Spielhalle auf der Pier hieß sie willkommen, ihr Geld zu verschwenden. Eunice ließ Bomber an einem Zwei-Penny-Spielautomaten stehen, an dem er Bahnen beobachtete, dicht mit Münzen bepackt, die sich hin und her schoben, um zu sehen, welche über den Rand kippen würde. Unterdessen wollte Eunice Wechselgeld holen. Als sie zurückkam, traf sie ihn wie ein Kind an, das sich verlaufen hatte, eine Münze in der Hand, wie er auf den Geldschlitz des Automaten starrte, aber absolut nicht in der Lage war, eine Verbindung zwischen den beiden herzustellen. Sacht nahm sie ihm die Münze aus der Hand und steckte sie in den Schlitz, und seine Miene hellte sich auf, als er einen Stapel Münzen umkippen und herabfallen sah, die dann auf das Metalltablett darunter prasselten.

Der Rest des Tages verging glücklich und ohne Vorkommnisse. Da sie ohne vierbeinige Begleitung waren, konnten sie zum ersten Mal die exotischen Freuden des Pavillons gemeinsam genießen, in dem sie die Kronleuchter mit offenen Mündern bestaunten und mit schnalzenden Zungen ihren Ekel über den Grillspieß zum Ausdruck brachten, der ursprünglich von einem unglücklichen Hund angetrieben worden war. Als sie sich im Garten auf eine Bank setzten und im korallenfarbenen Licht des Spätnachmittags schwelgten, ergriff Bomber ihre Hand und stieß einen seligen Seufzer der Zufriedenheit aus, den Eunice als kostbar in Erinnerung behalten wollte.

»Hier ist es wirklich traumhaft schön.«

41

Der marineblaue Lederhandschuh gehörte einer verstorbenen Frau. Nicht gerade ein viel versprechender Anfang. Am Tag, nachdem die Webseite online gestellt worden war, hatte eine pensionierte Reporterin sich gemeldet. Viele Jahre lang hatte sie für die Lokalzeitung gearbeitet, und sie konnte sich noch gut an das Geschehene erinnern. Es war der erste richtige Zeitungsartikel, den sie verfasst hatte.

Ich habe damals die Titelseite geschrieben. Die unglückliche Frau war erst Mitte dreißig, sie hat sich vor einen Zug geworfen. Der Lokführer war in einem schrecklichen Zustand, der arme Kerl. Noch dazu hatte er seinen Job gerade erst angefangen, er fuhr erst seit zwei Wochen allein. Ihr Name war Rose. Sie war krank, man nannte es damals »schwache Nerven«. Ich weiß noch, dass sie ein kleines Mädchen hatte, so eine niedliche Kleine. Rose hatte ein Bild von ihr in der Manteltasche. Es wurde mit der Geschichte in der Zeitung abgedruckt. Das war mir nicht ganz geheuer, aber ich wurde vom Herausgeber überstimmt. Ich war bei ihrer Beerdigung. Das war eine grauenhafte Sache, nicht viel von einer Leiche übrig, die man beisetzen konnte. Aber das Foto steckte noch in ihrer Manteltasche, und sie trug nur einen Handschuh.

Das ist so eine winzige Einzelheit, war aber sehr anrührend. Und an dem Abend war es so kalt, deshalb muss ich es all die Jahre im Gedächtnis behalten haben.

Das war der Handschuh, den Sunshine entsetzt losgelassen hatte, als er aus der Schublade gefallen war. Sie hatte damals gesagt »die Frau ist gestorben« und »sie hat ihr kleines Mädchen lieb gehabt«. Laura war sprachlos. Anscheinend hatte Sunshine rccht, und wieder einmal hatten sie sie unterschätzt. Sie täten gut daran, ihr ein bisschen besser zuzuhören. Sunshine hatte die E-Mail leidenschaftslos gelesen. »Vielleicht will ihre Kleine den Handschuh ja zurückhaben«, lautete ihr einziger Kommentar.

Sunshine war mit Carrot unterwegs. Sie ging jetzt an den meisten Tagen hinaus, um noch mehr verlorene Dinge für die Webseite zu sammeln, nahm ein kleines Notizbuch und einen Bleistift mit, um die Einzelheiten für die Etiketten einzutragen, bevor sie sie vergaß. Freddy war bei einem Kunden und legte einen neuen Rasen an, daher war Laura allein. Bis auf Therese.

»Ich weiß, ich weiß«, sagte sie laut. »Ich suche heute danach, versprochen.«

Seit Sunshines Offenbarung, dass Anthonys Brief der Schlüssel war, den sie brauchten, hatte Laura versucht, sich daran zu erinnern, wo sie ihn hingelegt hatte. Zunächst dachte sie, sie könnte ihn in der Frisierkommode in Thereses Zimmer gelassen haben, aber die Tür blieb verschlossen, daher hatte sie es nicht nachprüfen können. Jedenfalls schien es ihr eher unwahrscheinlich, dass Therese sie daran hindern würde, genau das zu finden, was sie finden sollte. Laura ging ins Arbeitszimmer. Sie würde einfach zuerst die Mails checken. Die Webseite erwies sich als beliebt und war bereits hundert Mal angeklickt worden. Zwei neue E-Mails waren eingegangen. Die eine war von einer älteren Dame, die mitteilte, sie sei neunundachtzig Jahre alt und dank ihres Altenheims seit zwei Jahren Silver Surfer. Sie habe im Radio von der Webseite gehört und beschlossen, einen Blick darauf zu werfen. Sie glaube, ein Puzzlestück, das vor Jahren in der Copper Street gefunden wurde, könnte ihr gehören. Vielmehr ihrer Schwester. Sie seien nicht gut miteinander ausgekommen, und eines Tages, als ihre Schwester besonders böse gewesen sei, habe sie ein Stück von dem Puzzle genommen, an dem ihre Schwester gerade saß. Sie habe einen Spaziergang gemacht, um aus dem Haus zu kommen, und das Teil in den Rinnstein geworfen. »Kindisch, nehme ich an«, schrieb sie, »aber sie konnte der Teufel in Person sein. Und sie war wütend, als sie feststellte, dass es fehlte.« Die alte Dame wollte es nicht zurückhaben. Ihre Schwester war ohnehin längst gestorben. Aber es sei schön, schrieb sie, etwas zu haben, woran sie ihre E-Mails üben könne.

Die zweite stammte von einer jungen Frau, die ein limettengrünes Haargummi wiederhaben wollte. Ihre Mum habe es ihr gekauft, um sie aufzuheitern, bevor sie in einer neuen Schule anfing. Sie habe es auf dem Heimweg im Park verloren, nachdem sie den ganzen Tag mit ihrer Mum draußen gewesen sei, und es wäre schön, es als Andenken zurückzubekommen.

Laura antwortete auf beide E-Mails und machte sich anschließend auf die Suche nach Anthonys Brief. Als Sunshine mit Carrot zurückkam, saß sie am Küchentisch grübelnd über dem Brief. Sie hatte ihn im Schreibtisch im Wintergarten entdeckt. Sunshine machte ihnen die leckere Tasse Tee und setzte sich neben Laura.

»Was steht drin?«, fragte sie.

»Wo drin?«, wollte Freddy wissen, der durch die Hintertür stürmte, die Stiefel voller Erde. Laura und Sunshine schauten beide auf seine Füße und kommandierten unisono: »Ausziehen!«

Lachend stieg Freddy aus seinen Stiefeln und stellte sie draußen auf die Fußmatte.

»Apropos unter dem Pantoffel stehen«, rief er. »Und, worum geht's hier?«

»Das ist der Abschiedsbrief des heiligen Anthony, und jetzt werden wir den Hinweis finden«, verkündete Sunshine mit wesentlich mehr Zuversicht, als Laura empfand. Sie begann, ihn laut vorzulesen, doch die Trauer erstickte seine großzügigen Worte in ihrer Kehle, bevor sie auch nur die erste Zeile beendet hatte. Sunshine nahm ihr den Brief sacht aus der Hand und fing von vorn an, las langsam und bedächtig, ließ sich von Freddy bei schwierigen Wörtern helfen. Als sie den letzten Absatz erreichte, in dem Anthony bat, Laura möge Sunshines Freundin sein, erhellte ein Lächeln ihr Gesicht.

»Aber ich habe dich zuerst gefragt!«, sagte sie.

Laura ergriff ihre Hand. »Und darüber bin ich sehr froh«, erwiderte sie.

Freddy schlug mit flachen Händen auf den Tisch.

»Genug mit dem rührseligen Zeug, Mädels«, sagte er und schaukelte auf zwei Stuhlbeinen. »Wo ist jetzt der Hinweis?«

Sunshine schenkte ihm pflichtschuldig einen amüsierten Blick, der sich rasch in unverhohlene Verachtung verwandelte, als ihr klar wurde, dass er nicht scherzte.

»Das kann nicht dein Ernst sein«, sagte sie und schaute Laura um Unterstützung heischend an.

»Na ja, es könnte alles sein …«, vermutete Laura unsicher.

Freddy las den Brief noch einmal genau durch.

»Jetzt komm schon«, sagte er zu Sunshine, »klär uns auf.«

Sunshine seufzte wie eine Lehrerin, die von ihrer Klasse bitter enttäuscht ist, schüttelte den Kopf und verkündete: »Es liegt doch auf der Hand.«

Und als sie es erklärte, wurde ihnen klar, wie recht sie hatte.

42

Eunice

2011

Heute war ein guter Tag. Aber der Begriff war nur relativ. Kein Tag war mehr richtig gut. Das Beste, worauf Eunice hoffen konnte, war hin und wieder ein verwirrtes Lächeln, eine gelegentliche Erinnerung, wer sie war, und vor allem keine Tränen von dem Mann, in den sie die meiste Zeit ihres Erwachsenenlebens verliebt gewesen war. Arm in Arm schlenderte sie mit Bomber um das trostlose Flickwerk aus blanker Erde und Betonplatten, das der Leiter des Pflegeheims Happy Haven großspurig als Rosengarten bezeichnete. Die einzige Spur von Rosen waren ein paar geknickte braune Stöcke, die wie Überbleibsel nach einem Buschfeuer aus dem Boden ragten. Eunice hätte am liebsten geweint. Und das war ein guter Tag.

Bomber hatte ins Folly's End gewollt. Bevor sich seine Anfälle von Vergesslichkeit häuften – er wusste, was auf ihn zukam –, hatte er seine Wünsche geäußert. Er hatte Eunice eine Generalvollmacht erteilen wollen, wenn es so weit war, um der düsteren Zukunft, die ihm bevorstand, ein wenig

Würde und Sicherheit zu entringen. Er konnte Eunice sein Leben anvertrauen, wie wertlos es auch werden mochte. Sie würde immer das Richtige tun. Aber Portia war ihm zuvorgekommen. Bewaffnet mit lächerlichem, aber allmächtigem Wohlstand und dem Status der nächsten Anverwandten, wenn auch ohne Zuneigung, trickste sie Bomber aus. Auf ihr Betreiben suchte er einen »Spezialisten« auf, der ihm, zweifellos mit ihrer finanziellen Aufmunterung, die »Fähigkeit rationeller Entscheidungen« absprach und sein zukünftiges Wohlergehen seiner Schwester übertrug.

In der Woche darauf wurde Bomber im Happy Haven untergebracht.

Eunice hatte für ihn gekämpft, so gut sie konnte; sie hatte heftig für Folly's End argumentiert, aber Portia ließ sich nicht bewegen. Folly's End sei »zu weit entfernt« für Besuche, und wie auch immer, behauptete sie mit erstaunlicher Abgebrühtheit, sei es doch nur eine Frage der Zeit, bis Bomber keine Ahnung mehr habe, wo er sich befinde. Vorläufig wusste er es aber noch. Und das brachte ihn um.

Überraschenderweise stattete Portia ihm tatsächlich Besuche ab. Doch es waren angespannte, unangenehme Begegnungen. Sie schwankte heftig hin und her, einerseits kommandierte sie ihn herum, andererseits duckte sie sich ängstlich vor ihm. Er reagierte auf beides gleichermaßen mit schmerzhafter Verblüffung. Nachdem sie ihm das Einzige genommen hatte, was er sich wünschte, überschüttete sie ihn mit teuren, häufig sinnlosen Geschenken. Er hatte keine Ahnung, was die Espressomaschine war, erst recht nicht, wie sie zu bedienen war. Er schüttete das Markenrasierwasser in die Toilette und verwendete die schicke Kamera als Türstopper. Am Ende verbrachte Portia die meiste Zeit ihrer Besuche damit, Tee mit Sylvia zu trinken, der unterwürfigen Pflegerin, einem treuen Fan der Harriet-

Hotter-Bände, von denen inzwischen, leider, eine Trilogie existierte.

Eunice gab sich die größte Mühe, Bombers Zimmer ein wenig gemütlich zu gestalten. Sie brachte Sachen aus seiner Wohnung mit, stellte Fotos von Douglas und Baby Jane auf jedes Regal und jeden Tisch. Aber es reichte nicht. Er driftete ab. Gab auf.

Eunice und Bomber waren nicht allein im Garten. Eulalia fütterte eine Elster mit Toaststücken, die sie von ihrem Frühstück aufgehoben hatte. Sie war eine uralte runzelige Hülle von einer Frau, deren Haut die Farbe gekochter Pflaumen hatte, mit wilden Augen und beunruhigendem Gegacker. Ihre krummen Hände klammerten sich an knorrige Gehstöcke, die sie benutzte, um sich abzustützen und ruckartig schlurfend vorwärtszubewegen. Die meisten anderen Bewohner mieden sie, aber Bomber begrüßte sie immer mit freundlichem Winken. Sie drehten eine Runde nach der anderen, geistesabwesend, wie Gefangene im Hof. Eunice, weil sie es nicht ertragen konnte, nachzudenken, und Bomber einfach nur, weil er es meistens ohnehin nicht konnte. Eulalia warf ihr letztes Stück Toast dem schwarz-weißen Vogel zu, der es vom Boden schnappte und verschlang, wobei er seine hellen Augen keine Sekunde von Eulalia abwandte. Sie schüttelte ihren Stock in seine Richtung und quäkte: »Fort mit dir! Geh weg, bevor sie dich in einen Topf fürs Abendessen stecken! Das würden die tun, wissen Sie«, sagte sie, als sie sich zu Eunice umdrehte und ihr mit einem Auge grotesk zuzwinkerte. »Die verfüttern allen möglichen Mist an uns.«

Dem Geruch aus der Küche zufolge, der durch ein offenes Fenster in den Garten wehte, konnte sie durchaus recht haben, dachte Eunice.

»Der ist plemplem«, sagte Eulalia und zeigte mit einer krummen Klaue auf Bomber, während es ihr trotzdem gelang, den Gehstock festzuhalten. »Bekloppt wie eine Ameise mit dem Arsch im Feuer.« Sie setzte ihre Gehstöcke auf den Beton und begann, ungeschickt zurück zum Haus zu schlurfen.

»Aber in seinem tiefsten Innern ist er ein wunderbarer Mann«, sagte sie im Vorbeigehen zu Eunice. »Wunderbar, aber kurz davor zu sterben.«

Wieder in Bombers Zimmer, zog Eunice die Vorhänge auf, um das fahle Licht der schwachen Wintersonne hereinzulassen. Der Raum im ersten Stock war schön, sauber und geräumig mit bodentiefen Fenstern und einem Balkon – den Bomber nicht benutzen durfte.

Bei ihrem ersten Besuch hatte Eunice die Balkontüren geöffnet. Es war ein schwüler Sommertag, und der Raum war heiß und stickig. Der Schlüssel steckte im Schloss, doch eine übereifrige Pflegerin, die hereingekommen war, um nach Bomber zu sehen, knallte die Türen zu und verwahrte den Schlüssel im Medizinschrank an der Wand. »Gesundheit und Sicherheit«, hatte sie Eunice angefaucht. Danach hatte Eunice den Schlüssel nie wiedergesehen.

»Sollen wir uns einen Film anschauen?«

Bomber lächelte. Für ihn war seine eigene Lebensgeschichte jetzt wie ein ungebundenes, schlecht abgeschriebenes Manuskript. Manche Seiten waren in falscher Reihenfolge, einige zerrissen, einige neu geschrieben oder fehlten ganz. Die Originalversion war ihm für immer abhandengekommen. Aber er freute sich noch immer an den vertrauten Geschichten in den alten Filmen, die sie so oft zusammen gesehen hatten. Immer öfter wusste er seinen eigenen Namen nicht mehr oder was er gerade zum Frühstück gegessen hatte. Aber er konnte noch immer aus *Gesprengte Ketten*, *Begegnung*, *Top Gun* und unzähligen anderen Filmen zitieren.

»Wie wäre es mit dem hier?«, fragte Eunice und hielt *The Birdcage* hoch.

Er schaute auf, lächelte, und für einen kostbaren flüchtigen Moment lichtete sich der Nebel.

»Mein Geburtstagsgeschenk«, sagte er, und Eunice wusste, dass ihr Bomber noch immer da drin war.

43

Er ist noch da drin«, sagte Sunshine mit sorgenvoller Stimme.

Carrot hatte in der Scheune Stellung bezogen, nachdem er eine Maus gewittert hatte, und Sunshines Angst wuchs, dass Carrot zu Mittag Maus auf dem Speiseplan haben könnte. Laura suchte im Arbeitszimmer einen Gegenstand, nach dem jemand auf der Webseite gefragt hatte und der am Nachmittag abgeholt werden sollte.

»Keine Bange, Sunshine. Ich bin mir sicher, die Maus ist so vernünftig, nicht ein Schnurrhaar zu zeigen, solange Carrot da drin ist.«

Sunshine war nicht überzeugt.

»Aber sie könnte. Und dann bringt Carrot sie um und ist ein Ermörderer.«

Laura lächelte. Sie kannte Sunshine inzwischen gut genug, um zu wissen, dass sie nicht aufgeben würde, bis etwas erledigt war. Kurz darauf war Laura wieder zurück, einen widerspenstigen Carrot an der Leine. In der Küche gab sie ihm eine Wurst aus dem Kühlschrank und ließ ihn von der Leine. Bevor Sunshine etwas dagegen einwenden konnte, beruhigte Laura sie.

»Mickey oder Minnie ist jetzt in Sicherheit. Ich habe die

Schuppentür zugemacht, und jetzt, nachdem er eine Wurst hat, wird Carrot ohnehin keinen Hunger haben.«

»Der hat immer Hunger«, murmelte Sunshine, während sie Carrot beobachtete, der aus dem Raum schlich und offenbar Unfug im Sinn hatte. »Wann kommt die Frau?«, fragte sie.

Laura sah auf ihre Uhr.

»Jetzt irgendwann. Sie heißt Alice, und ich dachte mir, du könntest vielleicht die leckere Tasse Tee machen, wenn sie kommt.«

Wie auf ein Stichwort klingelte es, und Sunshine war vor Laura an der Haustür.

»Guten Tag, Lady Alice«, begrüßte Sunshine den ziemlich verblüfften Teenager vor der Tür. »Ich bin Sunshine. Bitte, komm rein.«

»Was für ein toller Name.«

Das Mädchen, das Sunshine in die Diele folgte, war hoch aufgeschossen und schlank, hatte lange helle Haare und Sommersprossen auf der Nase. Laura gab ihr die Hand.

»Hallo, ich bin Laura. Schön, dich zu sehen.«

Sunshine nahm Alice geschickt in Beschlag, führte sie in den Garten und überließ es derweil Laura, den Tee zuzubereiten. Als sie mit dem Tablett hinauskam, unterhielten sich Alice und Sunshine gerade angeregt über Musiker.

»Wir beide mögen David Bowie«, verkündete Sunshine stolz, als Laura den Tee einschenkte.

»Ich bin mir sicher, er wäre begeistert«, sagte Laura lächelnd. »Wie trinkst du ihn?«, fragte sie Alice.

»Nach Art der Bauarbeiter, bitte.«

Sunshine schaute sie besorgt an.

»Ich weiß nicht, ob wir so etwas haben, oder?«, fragte sie Laura.

»Keine Sorge, Sunshine«, sagte Alice, die rasch ihr Unbehagen bemerkt hatte, »das war albern von mir. Ich meinte, schön stark mit Milch und zwei Stück Zucker.«

Alice war gekommen, um einen Schirm zu holen, einen Kinderschirm, weiß mit roten Herzen.

»Den habe ich eigentlich nicht verloren«, erklärte sie, »und ich bin mir nicht ganz sicher, ob er für mich bestimmt war ...«

Sunshine nahm den Schirm, der bereits auf dem Tisch lag, und reichte ihn Alice.

»Das war er«, behauptete sie schlicht. Obwohl sich Laura, nach der unverhohlenen Bewunderung in Sunshines Gesicht zu schließen, vorstellen konnte, dass sie Alice bedenkenlos das Familiensilber gegeben hätte und das Grundbuch von Padua noch obendrein.

Alice nahm den Schirm entgegen und strich über die Falten.

»Das war, als ich zum ersten Mal in Amerika war«, erzählte sie ihnen. »Mum hatte mich mit nach New York genommen. Für sie war es eher eine Geschäftsreise. Sie war Herausgeberin einer Modezeitschrift, und sie hatte ein Interview mit einem neuen Designer an Land gezogen, auf den alle als nächste Größe in der Modeszene von New York setzten. Wie sich herausstellte, war er es auch. Aber ich weiß nur noch, dass er mich damals angeschaut hat, als wäre ich einer Leprakolonie entlaufen oder so ähnlich. Offensichtlich hatte er es nicht so mit Kindern.«

»Was ist eine Leopardenkolonie?«, fragte Sunshine.

Alice schaute zu Laura hinüber, beschloss dann aber, selbst zu antworten.

»Das ist ein Ort, an den vor langer, langer Zeit Menschen gebracht wurden, die eine schreckliche Krankheit hatten, bei der ihnen Finger und Zehen abfielen.«

Laura ging jede Wette ein, dass Sunshine in den nächsten fünf Minuten heimlich Alices Finger und Zehen zählte. Zum Glück trug sie Sandalen.

»Wir hatten nicht viel Zeit für Besichtigungen«, fuhr Alice

fort, »aber sie hatte mir versprochen, mit mir zur Alice-im-Wunderland-Skulptur im Central Park zu gehen. Ich weiß noch, dass ich total aufgeregt war. Ich dachte, die Statue sei nach mir benannt.«

Sie streifte ihre Sandalen ab und wackelte mit den Zehen im kühlen Gras. Sunshine machte es ihr eifrig nach.

»An dem Nachmittag regnete es, und Mum war schon spät dran für ihren nächsten Termin, also war sie nicht gerade bester Laune, aber ich war aufgeregt. Ich lief ihr voraus, und als ich zu der Skulptur kam, stand da dieser riesige, merkwürdig aussehende Schwarze mit Rastalocken und großen Stiefeln, der Schirme verschenkte. Er beugte sich vor und schüttelte mir die Hand, und ich kann mich noch an sein Gesicht erinnern. Es war eine Mischung aus freundlich und traurig, und er hieß Marvin.«

Alice leerte ihre Tasse und schenkte sich mit der Selbstverständlichkeit eines Teenagers erneut ein.

»Meine Lieblingsgeschichte damals war *Der selbstsüchtige Riese* von Oscar Wilde, und in meinen Augen war Marvin ein Riese. Aber er war nicht selbstsüchtig. Er verschenkte etwas. Schirme. Jedenfalls, als Mum mich eingeholt hatte, zerrte sie mich weg. Aber nicht nur das. Sie war grob zu ihm. Wirklich schlimm. Er versuchte, ihr einen Schirm zu schenken, und sie war eine absolute Zicke.«

Sunshines Augenbrauen zuckten erstaunt in die Höhe beim selbstverständlichen Gebrauch eines Schimpfworts, aber ihre Miene zeugte von Bewunderung.

»Ich habe ihn nur ganz kurz gesehen, konnte aber nie seinen Gesichtsausdruck vergessen, als sie mich fortzog.« Sie seufzte tief, lächelte dann aber, als eine andere Erinnerung die vorige vertrieb. »Ich hab ihm eine Kusshand zugeworfen, und er hat sie aufgefangen.«

Das Datum auf dem Etikett des Schirms passte genau zu dem Tag, an dem Alice im Central Park gewesen war und der Schirm an der Skulptur gefunden wurde. Laura war begeistert.

»Ich glaube, der muss für dich bestimmt gewesen sein.«

»Das hoffe ich doch«, erwiderte Alice.

Den Rest des Tages wachte Carrot vor dem Schuppen, und Sunshine sprach von ihrer neuen Freundin Alice. Alice besuchte die Universität und studierte Englische Glittertour und Drama. Alice mochte David Bowie, Marc Bolan und Jon Bon Hovis. Und »die leckere Tasse Tee« wurde nun nach Art der Bauarbeiter getrunken.

An diesem Abend, als Laura mit Freddy noch spät bei Spaghetti bolognese saß, erzählte sie ihm alles über ihre Besucherin.

»Dann funktioniert es also«, sagte Freddy. »Die Webseite. Sie macht, was du für Anthony tun solltest.«

Laura schüttelte den Kopf. »Nein. Eigentlich nicht. Jedenfalls noch nicht. Weißt du noch, was im Brief stand? ›Wenn Sie nur einen Menschen glücklich machen können, ein gebrochenes Herz heilen und jemandem das zurückgeben, was er verloren hat …‹ Und das habe ich noch nicht gemacht. Natürlich hat sich Alice gefreut, den Schirm zu finden, aber wir können nicht ganz sicher sein, dass er für sie bestimmt war. Und das Mädchen mit den Haargummis … ihr brach nicht gerade das Herz, als sie die verlor.«

»Zumindest ist es ein Anfang«, sagte Freddy. Er schob seinen Stuhl zurück und stand auf, um mit Carrot einen letzten Rundgang durch den Garten zu machen. »Am Ende schaffen wir es.«

Aber es ging nicht um die verlorenen Dinge. Da gab es den Hinweis, der so offensichtlich war, nachdem Sunshine sie darauf aufmerksam gemacht hatte. Der Gegenstand, mit dem alles angefangen hatte. Anthony hatte es »den letzten verbleibenden Faden« genannt, der ihn an Therese band, und als er ihn an ihrem Todestag verloren hatte, war dieser

Faden gerissen. Wenn ihr Medaillon wirklich der Schlüssel zur Wiedervereinigung von Therese und Anthony war, wie sollten sie es um alles in der Welt finden? Freddy hatte vorgeschlagen, das Medaillon auf die Webseite zu stellen als verlorenen Gegenstand, der zu finden war, aber da sie keine Ahnung hatten, wie er aussah oder wo Anthony ihn verloren hatte, gab es sehr wenig nützliche Informationen, die sie weitergeben konnten.

Laura räumte den Tisch ab. Der Tag war lang gewesen, und sie war müde. Die Zufriedenheit, die sie nach Alices Besuch empfunden hatte, war allmählich dem vertrauten Gefühl des Unbehagens gewichen.

Und im Wintergarten erklang wieder die Musik.

44

Eunice

2013

Im Gemeinschaftsraum des Pflegeheims Happy Haven erklang wieder die Musik. Mantovanis *Charmaine.* Leise zunächst und dann immer lauter. Zu laut. Edie drehte so lange, bis der Lautstärkeregler anschlug. Bald würde sie zum *Glissando* der Saiten in einer Hülle aus Netz und Funken durch den Ballsaal schweben. Ihre Füße würden sich in ihren besten goldenen Tanzschuhen drehen und schwingen, und die glitzernden Lichter würden um sie herum schwirren wie ein Schneesturm aus Regenbögen.

Als Eunice und Bomber auf dem Weg zu Bombers Zimmer durch den Gemeinschaftsraum gingen, erblickten sie eine dürre alte Frau mit zerzaustem grauem Haar im Nachthemd. Sie wankte mit geschlossenen Augen durch den Raum, die Arme liebevoll um einen unsichtbaren Partner geschlungen. Plötzlich gab es eine Explosion aus Stöcken und Schimpfwörtern aus einem der Sessel.

»Nicht schon wieder! Gottverdammich! Nicht schon wieder! Nicht schon wieder!«, brüllte Eulalia fluchend und um sich schlagend aus ihrem Sessel. »Verdammt, nicht noch mal, du dumme, blöde dreckige Schlampe! Ich will nur ein bisschen Frieden!« Sie warf einen ihrer Stöcke nach der Tänzerin, die wie angewurzelt stehen geblieben war. Der Stock verpasste Edie meilenweit, aber sie stieß ein wütendes Geheul aus, während ihr Tränen über die Wangen und Urin an den Beinen herab in ihre Schuhe liefen. Eulalia kam mühsam auf die Beine und zeigte mit einer ihrer Klauen auf sie.

»Jetzt macht sie sich auch noch nass! Pisst sich in die Hose. Pisst auf den Boden«, krächzte sie wütend. Speichel tropfte von ihren Lippen. Eunice versuchte, Bomber weiterzudrängen, aber er blieb wie angewurzelt stehen. Ein paar Bewohner hatten angefangen zu rufen oder zu schreien, andere starrten in die Ferne und hatten mit all dem nichts zu tun oder gaben es zumindest vor. Zwei Pfleger waren nötig, um Eulalia zurückzuhalten, während Sylvia die arme Edie fortbrachte. Sie zitterte und schniefte, Urin tropfte vom Saum ihres Nachthemds, während sie unglücklich hinausschlurfte, sich an Sylvias Arm klammerte und sich fragte, wo um alles in der Welt der Ballsaal geblieben war.

Endlich wieder in der Geborgenheit von Bombers Zimmer, machte Eunice ihm eine Tasse Tee. Als sie einen Schluck aus ihrer Tasse nahm, bemerkte sie die neuen Errungenschaften in Bombers wachsender Beutesammlung. Er hatte angefangen zu stehlen, beliebige Gegenstände, die er nicht brauchte. Eine Vase, einen Teewärmer, Besteck, Rollen mit Mülltüten, Schirme. Er stahl nie etwas aus den Zimmern anderer Bewohner, nur aus dem Gemeinschaftsbereich. Es war offensichtlich ein Anzeichen für seine Krankheit. Bagatelldiebstahl. Aber er verlor auch Gegenstände. Rasch verlor er nun eine Menge Wörter, wie ein Baum seine Blätter im Herbst. Ein Bett war dann vielleicht »ein weiches Schlafviereck« und ein Bleistift »ein Stab mit grau zum Schreiben in der Mitte«. Statt in Wörtern sprach er in Rätseln, oder, was noch häufiger vorkam, gar nicht. Eunice schlug vor, einen Film zu schauen. Das war alles, was noch von ihnen übrig war. Eunice und Bomber, die so lange Kollegen und beste Freunde gewesen waren. Bombers gelegentliche Freunde waren gekommen und gegangen, aber Eunice war seine Konstante. Sie waren Mann und Frau ohne Sex oder Ehevertrag, und das waren nun die letzten armseligen Fetzen ihrer einst so reichen Beziehung: Spaziergänge und Filme.

Bomber suchte den Film aus. *Einer flog über das Kuckucksnest.*

»Bist du sicher?«, fragte Eunice. Sie hatte auf etwas Lustigeres gehofft, sich selbst und ihm zuliebe, nach dem, was sie gerade erlebt hatten. Aber Bomber ließ sich nicht umstimmen. Während sie den Patienten auf dem Bildschirm dabei zusahen, wie sie im Irrenhaus über den von Maschendraht eingezäunten Hof gingen, zeigte Bomber darauf und zwinkerte ihr zu.

»Das sind wir«, sagte er.

Eunice schaute ihm in die Augen und erschrak, als sie erkannte, mit welcher Klarheit er ihren Blick erwiderte. Das war der Bomber aus früheren Tagen, scharfsinnig, lustig, intelligent und auf einen Kurzbesuch zurückgekommen. Aber wie lange? Selbst der kürzeste Besuch war kostbar, aber herzzerreißend. Herzzerreißend, weil er doch sicher wusste, dass er wieder gehen musste. Und wohin?

Den Film hatten sie schon oft gesehen, aber diesmal war es ganz anders.

Als der Chief das Kissen auf Macs erbärmlich ausdrucksloses Gesicht legte und ihn zärtlich erstickte, griff Bomber nach Eunices Hand und sprach seine letzten drei Worte.

»Hol. Mich. Raus.«

Er forderte ihr Versprechen ein. Eunice starrte auf den Bildschirm und hielt Bombers Hand fest, während der große Chief einen schweren marmornen Waschtisch aus dem vergitterten Fenster schleuderte und dann in die anbrechende Dämmerung und die Freiheit entschwand. Beim Abspann konnte Eunice sich nicht bewegen. Bomber nahm ihre andere Hand in seine. Tränen standen ihm in den Augen, aber er lächelte, nickte und formte stumm »bitte« mit den Lippen. Bevor Eunice etwas sagen konnte, stürmte eine der Schwestern ins Zimmer, ohne anzuklopfen.

»Zeit für Ihre Medikamente.« Sie eilte, mit den Schlüsseln klappernd, zum Medizinschrank an der Wand, schloss ihn auf und griff gerade nach den Tabletten, als auf dem Korridor ein entsetzlicher Schrei ertönte, gefolgt von Eulalias unverwechselbarem Gackern.

»Diese verdammte Frau!«, fluchte die Schwester, lief zur Tür, um nachzusehen, und ließ den Schrank offenstehen.

Für Eunice war es an der Zeit zu gehen, aber sie brachte es nicht über sich, Bomber zu verlassen. Doch jede Minute war nur eine Markierung zwischen jetzt und dann, keine Zeit, an der man festhalten wollte. Denn die Entscheidung war gefallen. Eunice wusste, dass es nur eine Chance gab, einen Augenblick, in dem die Liebe, die sie stets für diesen Mann empfunden hatte, sich zu der unvorstellbaren Kraft kristallisieren würde, die sie brauchte. Es war höchste Zeit. Die Form des Schlüssels hatte sich in ihre Handfläche gedrückt, so fest hielt sie ihn. Eunice schloss die Balkontür auf, öffnete sie und ließ sie nur angelehnt. Sie wollte ihn so gern noch ein letztes Mal umarmen, seine Wärme festhalten und seinen Atem spüren. Aber sie wusste, dann würde ihre Kraft sie verlassen. Stattdessen legte sie ihm den Schlüssel in die Hand und küsste ihn auf die Wange.

»Ich gehe nicht ohne dich, Bomber«, flüsterte sie. »So lass ich dich nicht hier. Du kommst mit mir. Lass uns gehen.«

Dann ging sie.

45

Tödlicher Sturz im Pflegeheim

Die Polizei untersucht den Tod eines älteren Bewohners des Pflegeheims Happy Haven in Blackheath, der am frühen Samstagabend von einem Balkon im ersten Stock stürzte. Der Mann litt an Alzheimer. Es soll sich um einen pensionierten Verleger handeln. Eine Autopsie wird in dieser Woche durchgeführt. Die polizeilichen Ermittlungen in diesem ungeklärten Todesfall dauern noch an.

London Evening Standard

46

Im Arbeitszimmer ist ein Toter«, verkündete Sunshine im Plauderton. Sie war auf der Suche nach Laura gewesen, die im Garten Rosen für die Vasen im Haus schnitt, wollte ihr diese Neuigkeit berichten und sie drängen, das Mittagessen zu machen. Carrot lümmelte faul in der Sonne auf dem Rücken, die Beine in der Luft, doch als Sunshine näher kam, sprang er auf, um sie zu begrüßen.

Die Webseite war jetzt seit einem Jahr in Betrieb und hielt Laura und Sunshine gleichermaßen beschäftigt. Sunshine hatte gelernt, wie man Fotos machte und sie mit detaillierten Beschreibungen auf die Webseite stellte, und Freddy hatte ihr sogar gezeigt, wie man das Benutzerkonto »Mr. Peardews Sammlung« bei Instagram führt. Laura beantwortete die E-Mails. Sie arbeiteten sich noch immer durch Anthonys Sammlung, fügten aber auch die neuen Sachen hinzu, die Sunshine auf ihren Spaziergängen mit Carrot fand. Laura und Freddy hatten sich auch angewöhnt, Gegenstände aufzuheben, wo sie gerade unterwegs waren, und inzwischen wurden ihnen sogar verlorene Dinge zugeschickt. Bei diesem Tempo würden die Regale im Arbeitszimmer weiterhin unter der Last ächzen.

»Ein Toter? Bist du sicher?«

Sunshine schenkte ihr einen ihrer eindeutigen Blicke. Laura ging ins Haus, um nachzusehen. Im Arbeitszimmer zeigte Sunshine ihr eine himmelblaue Keksdose von Huntley & Palmers. Auf dem Etikett stand:

Huntley&Palmers-Keksdose,
enthält Überreste einer Einäscherung?
Gefunden im sechsten Waggon von vorn,
im Zug um 14.42 Uhr von London Bridge nach Brighton.
Verstorbener unbekannt.
Der Herr sei mit dir, ruhe in Frieden.

Das Bestattungsunternehmen Lupin & Bootle (gegr. 1927) befand sich an der Ecke einer verkehrsreichen Straße gegenüber einer schicken Bäckerei. Während sie davorstand, schmunzelte Eunice vor sich hin, weil ihr Mrs. Doyles Laden einfiel, und sie dachte, das sei ein geeigneter Ort für Bombers Ende. Er war inzwischen seit sechs Wochen tot, und Eunice hatte noch immer keine Einzelheiten über seine Beisetzung erfahren. Der Rechtsmediziner hatte schließlich das Urteil gefällt, es sei ein Unfall mit Todesfolge gewesen, aber das Personal im Happy Haven war wegen des leichtfertigen Umgangs mit Gesundheits- und Sicherheitsvorschriften schwer gerügt worden und einem Gerichtsverfahren nur knapp entgangen. Portia wollte Sylvias Kopf in einer Bettpfanne sehen. Sie hatte in Funk und Fernsehen übertrieben getrauert, aber Eunice fragte sich unwillkürlich, ob Portias Gefühle echt waren oder sie nur Publicity für ihre bevorstehende Lesereise suchte. Portia war zu berühmt, um jetzt noch persönlich mit Eunice zu sprechen. Für solche unwichtigen Dinge hatte sie Hilfspersonal. Deshalb schaute Eunice nun durch ein makelloses Schaufenster auf ein maßstabsgetreues Modell eines von Pferden gezogenen Leichenwagens und einen geschmackvollen Calla-Strauß. Die einzige Information, die sie der Hilfskraft entlocken konnte, war der Name der beiden Bestattungsunternehmer, die alle Anfragen bearbeiteten. Sie hätte anrufen können, aber die Versuchung, im selben Gebäude zu sein wie Bomber, war zu groß.

Die Frau hinter dem Empfangstisch schaute beim Läuten der Klingel über der Tür auf und schenkte Eunice ein wirklich entgegenkommendes Lächeln. Pauline war eine großgewachsene Frau, trug ein Kostüm von Marks & Spencer und strahlte Kompetenz und Freundlichkeit aus. Sie erinnerte Eunice an eine Waldeule. Leider war die Nachricht, die sie zu überbringen hatte, für Eunice die grausamste und schockierendste überhaupt.

»War eine sehr kleine Angelegenheit. Nur Familie im Krematorium. Die Schwester hat alles organisiert. Die, die diese anzüglichen Bücher schreibt.«

Der Widerwille, mit dem Pauline das Wort »Schwester« aussprach, machte deutlich, dass sie und Portia nicht gerade gut miteinander ausgekommen waren. Vor Eunices Augen drehte sich alles, und der Boden kam ihr entgegen. Kurz darauf saß sie auf einem bequemen Sofa und trank heißen, süßen Tee mit einem Schuss Brandy, und Pauline tätschelte ihr die Hand.

»Das war der Schock, meine Liebe«, sagte sie. »Ihr Gesicht wurde weiß wie die Wand.«

Von Tee, Brandy und Keksen gestärkt, wurde Eunice von einer sehr entgegenkommenden Pauline in die ganze entsetzliche Geschichte eingeweiht. Portia hatte möglichst schnell und still alles hinter sich bringen wollen.

»Sie musste zu ihrer Lesereise aufbrechen, wissen Sie, und sie wollte den Zeitplan nicht durcheinanderbringen.« Pauline trank einen Schluck Tee und schüttelte missbilligend den Kopf. »Aber sie wird ein richtiges Schickimicki-Event veranstalten, wenn sie zurück ist, einen Gedenkgottesdienst und dann die Beisetzung der Asche. Sie lädt ›alle ein, die wichtig sind, Schätzchen‹, und die Musik werden Engelschöre übernehmen mit seiner Heiligkeit dem Papst als Chorleiter, so wie die geredet hat. Das Ganze wird die Beisetzung von Prinzessin Diana in den Schatten stellen, wie es aussieht.«

Eunice hörte ihr entsetzt zu.

»Aber das hat er überhaupt nicht gewollt«, flüsterte sie unter Tränen. »Er hat mir gesagt, was er möchte. Er war meine große Liebe.«

Und jetzt, ganz am Ende, würde sie ihn enttäuschen.

Pauline konnte gut zuhören und Tränen abtupfen. Das war ihr Job. Aber tief unter ihrem zweckmäßigen Kostüm und ihrer bügelfreien Bluse schlug das tapfere Herz einer Rebellin. Früher war ihre blonde Ponyfrisur ein rosa Irokesenschnitt gewesen, und an ihrer Nase war noch immer die winzige Narbe eines Sicherheitsnadel-Piercings zu sehen. Sie reichte Eunice noch ein Papiertaschentuch.

»Die Jungs sind heute Nachmittag alle zu einer großen Beerdigung unterwegs. Ich würde das sonst nicht machen, aber ... Kommen Sie mit!«

Sie führte Eunice vom Empfangsbereich durch einen Korridor, vorbei an der Personalküche, der Leichenhalle und diversen anderen Räumen an die Stelle, an der die Überreste nach der Einäscherung abgestellt wurden, bis jemand sie abholte. Von einem Regal nahm sie eine beeindruckende Holzurne und prüfte das Etikett.

»Hier ist sie«, sagte sie freundlich. Sie sah auf ihre Uhr. »Ich lasse Sie jetzt ein bisschen mit ihm allein, damit Sie sich von ihm verabschieden können. Die Jungs kommen erst in einer Stunde zurück, daher wird Sie niemand stören.«

Eine knappe Stunde später saß Eunice in einem Zug und hatte Bombers Asche in einer Huntley&Palmers-Keksdose auf dem Sitz neben sich stehen. Nachdem Pauline gegangen war, hatte sie schnell denken und handeln müssen. Sie fand eine Plastiktüte und eine Keksdose in der kleinen Küche, in der Pauline den Tee gekocht hatte. Rasch leerte sie die Kekse in die Tüte und schüttete Bomber in die Keksdose. Sie füllte die Urne mit den Keksen, aber sie war zu leicht. Hektisch suchte sie nach zusätzlichem Ballast und fand schließlich eine Schachtel Zierkiesel in einem anderen Raum. Sie warf zwei Handvoll hinein, schraubte den Deckel möglichst fest auf die Urne und stellte sie wieder auf das Regal. Als sie den Empfangsbereich mit der Keksdose unter dem Arm durchquerte, schaute Pauline nicht von ihrem Schreibtisch auf, hob aber beide Daumen, um Eunice Glück zu wünschen. Sie hatte nichts gesehen.

Als der Schaffner in seine Pfeife blies, tätschelte Eunice die Dose liebevoll und lächelte.

»Auf nach Brighton.«

Laura war verwundert. Sie nahm die Dose in die Hand und schüttelte sie. Sie war auf jeden Fall schwer.

»Nicht schütteln«, sagte Sunshine. »Du weckst ihn auf.« Dann musste sie über ihren eigenen Witz lachen.

Laura fragte sich, was sonst noch in den dunklen Ecken des Arbeitszimmers lauern mochte.

»Kein Wunder, dass es hier spukt«, sagte sie zu Sunshine.

Nach dem Mittagessen half sie Sunshine, die Einzelheiten auf die Webseite zu stellen, doch das war etwas, das wohl eher niemand einfordern würde, dessen war sie sich ziemlich sicher.

An dem Abend feierten Freddy, Laura, Sunshine, Carrot, Stella und Stan im Garten des Pubs *The Moon is Missing* den Geburtstag der Webseite. Sunshine war voller Geschichten über die Sachen, die derzeit gepostet wurden, vor allem aber über die Keksdose.

»So etwas zu verlieren, ist auf jeden Fall komisch«, sagte

Stella und tunkte handgeschnittene Kartoffelschnitze in ihre panierten, sautierten Krebsschwänze. »Und warum um alles in der Welt sollte man seinen Liebsten in eine Keksdose stecken?«

»Vielleicht ist es genau das, Schatz«, erwiderte Stan. »Vielleicht war der Kerl in der Dose nicht besonders beliebt, und jemand hat einfach nur versucht, ihn loszuwerden.«

»Vielleicht sind es überhaupt keine menschlichen Überreste. Womöglich hat da jemand nur seinen Kamin ausgekehrt. Genau so sieht es aus«, sagte Freddy und trank einen Schluck eiskaltes Bier.

Sunshine wollte schon protestieren, als er ihr zuzwinkerte, und sie merkte, dass er scherzte.

»Es ist ein Toter, und er war ihre große Liebe, und sie wird kommen und ihn abholen«, behauptete sie trotzig.

»Okay«, erwiderte er. »Lass uns wetten. Was soll ich darauf setzen, dass jemand kommt und die Keksdose holt?«

Sunshine runzelte konzentriert die Stirn und fütterte Carrot mit ein paar Kartoffelschnitzen, während sie nachdachte. Plötzlich erhellte ein breites Lächeln ihr Gesicht, und sie lehnte sich auf ihrem Stuhl zurück, verschränkte die Arme vor der Brust mit einem Seufzer siegessicherer Zufriedenheit.

»Du musst Laura heiraten.«

Laura verschüttete vor Schreck ihren Wein.

»Immer mit der Ruhe, meine Gute«, sagte Stan. »Du liebe Zeit, Sunshine, du weißt wirklich, wie man die Pferde scheu macht.«

Laura spürte, wie sie rot wurde. Stella und Stan kicherten fröhlich, und Sunshine grinste von einem Ohr zum anderen. Laura wünschte, die Erde würde sich auftun und sie verschlingen, schluckte daher ihren Wein zu schnell und bestellte noch ein großes Glas. Freddy sagte nichts. Seine Reaktion war irgendwo zwischen verärgert und enttäuscht, aber als er Lauras Gesicht sah, sprang er auf und streckte Sunshine die Hand entgegen.

»Die Wette gilt!«

Der Abend war warm und die Luft schwer vom samtigen Duft der Rosen, als Freddy und Laura durch den Garten gingen, während Carrot im Gebüsch nach Eindringlingen suchte. Laura grübelte noch immer über die Wette nach, die Freddy mit Sunshine geschlossen hatte. Auf dem Heimweg aus dem Pub war er sehr still gewesen. Obwohl sie seit über einem Jahr zusammen waren und Freddy inzwischen praktisch im Padua wohnte, hatten sie nie richtige Pläne für die Zukunft geschmiedet. Sie war sehr glücklich, eine zweite Chance im Leben und in der Liebe zu haben, aber sie hatte noch immer Angst, dass jeder Versuch – und sei er noch so unbeschwert –, ihre Beziehung festzuzurren, dazu führen würde, dass die Liebe sich aus dem Staub machte. Und sie liebte ihn. Nicht auf die alberne, mädchenhafte Art, mit der sie Vince angehimmelt hatte. Das hier war für sie zu einer beständigen Liebe angewachsen, zunächst durch Leidenschaft entfacht, dann von Freundschaft und Vertrauen getragen. Doch neben ihrer Liebe zu Freddy wuchs die Angst, ihn zu verlieren; die beiden Empfindungen waren grausam aneinandergekettet, eine nährte die andere. Laura musste etwas sagen.

»Diese Wette mit Sunshine, das ist nur ein Scherz. Ich erwarte nicht von dir ...« Ihr war so mulmig zumute, dass sie nicht wusste, wie sie fortfahren sollte. Plötzlich dämmerte ihr, dass eine Ehe mit Freddy womöglich genau das war, was sie wollte, und deshalb war sie so durcheinander. Ihre albernen Hoffnungen auf ein Happy End hatten sich als Scherz herausgestellt, und sie kam sich vor wie eine Lachnummer.

Freddy ergriff ihre Hand und schwenkte Laura herum, bis

sie vor ihm stand. »Wette ist Wette, und ich bin ein Mann, der zu seinem Wort steht.«

Laura entzog ihm ihre Hand. In dem Augenblick brauten sich alle Zweifel an ihrer Beziehung, alle Versagensängste und alle Enttäuschungen über ihre Unzulänglichkeit zu einem perfekten Unwetter zusammen.

»Keine Bange«, fuhr sie ihn an, »du musst nicht warten, bis du eine würdevolle Rückzugsmöglichkeit gefunden hast! Ich bin mir sehr wohl bewusst, dass wir nicht in derselben Liga boxen!«

»Gewichtsklasse«, erwiderte Freddy leise. »Es heißt Gewichtsklasse.«

Er versuchte, in den emotionalen Strudel vorzudringen, den Laura aufgewirbelt hatte, aber sie hörte nicht zu.

»Ich brauche kein Mitleid! Die arme alte Laura! Ihr Mann hat sie betrogen, und das erste und einzige Date, das sie nach vielen Jahren hatte, war eine Katastrophe, also was meinst du, Freddy? Geh mit ihr aus, und gib ihr das Gefühl, dass sie etwas wert ist, und dann lass sie langsam fallen, wenn eine Bessere des Weges kommt!«

Wie ein Singvogel, der sich im Netz eines Fallenstellers verfangen hat, verhedderte sie sich noch mehr, je länger sie kämpfte, aber sie konnte nicht anders. Sie wusste, wie unvernünftig sie war, wie verletzend, doch sie konnte nicht aufhören. Die Kränkungen und Anschuldigungen flogen nur so, während Freddy schwieg und wartete, bis sie fertig war, und als sie sich umdrehte, um ins Haus zu gehen, rief er hinter ihr her.

»Laura! Um Himmels willen, Frau! Du weißt doch, wie sehr ich dich liebe. Ich hätte dich ohnehin gefragt. Ob du mich heiratest.« Traurig schüttelte er den Kopf. »Ich hatte alles geplant. Aber Sunshine ist mir zuvorgekommen.«

Laura blieb stehen, konnte ihn aber nicht anschauen – noch vermochte sie den verzweifelten und völlig verlogenen

Gnadenstoß zum Schweigen zu bringen, mit dem sie sich schließlich selbst das Herz brach.

»Ich hätte nein gesagt.«

Als sie weiterging, liefen ihr stille Tränen über das Gesicht. Irgendwo in der Dunkelheit des Rosengartens weinte noch jemand.

47

Eunice

2013

Portia gab den Keksen in der Urne einen grandiosen Abschied. Sie hatte die St.-Paul's-Kathedrale oder Westminster Abbey haben wollen, musste aber feststellen, dass das selbst mit ihrem obszönen Wohlstand nicht möglich war. Daher hatte sie sich mit dem Ballsaal eines protzigen Hotels in Mayfair abgefunden. Eunice saß hinten an dem ihr zugewiesenen Platz, der wie alle anderen mit einer ausgefallenen schwarzen Schleife aus Seidenchiffon verziert war, und nahm die prachtvolle Umgebung in sich auf. Der Raum war wirklich verblüffend mit seinem Holzboden, antiken Spiegeln, die bis an die Decke reichten, und einer supermodernen Beschallungsanlage, die Mozarts *Lacrimosa* in die dünne Luft hauchte. Entweder das, oder Portia hatte die Londoner Philharmoniker und den Londoner Symphoniechor irgendwo hinter den Kulissen versteckt. Die Spiegel reflektierten die monströsen Blumenarrangements aus exotischen Lilien und Orchideen, die wie ein farbloser Schleier über Regalen und Podesten aufragten.

Eunice war mit Gavin gekommen, einem langjährigen Freund von Bomber seit ihrer gemeinsamen Schulzeit. Er verdiente seinen Lebensunterhalt damit, die Haare echter und angeblicher Berühmtheiten gleichermaßen zu schneiden, zu färben und zu pflegen. Seine Kundenliste war einer der Gründe, warum Portia ihn eingeladen hatte.

»Verdammt«, zischte Gavin kaum hörbar. »Die meisten hier konnten Bomber nicht von Bardot unterscheiden.«

Er lächelte hochnäsig in Richtung des Fotografen, der zwischen den Stuhlreihen auf und ab lief und Schnappschüsse von prominenten »Trauernden« machte. Portia hatte die Rechte der Trauerfeier an ein Boulevardmagazin verkauft, von dem jede intelligente Frau allenfalls zugeben würde, dass sie es beim Friseur las. Die Plätze waren zum größten Teil von Portias Freunden, Bekannten und Mitläufern besetzt, hin und wieder eine Berühmtheit, die das Fußvolk aufmotzte wie eine spärliche Paillette an einem ansonsten langweiligen Kleid. Bombers echte Freunde saßen hinten bei Eunice und Gavin, wie Theaterbesucher auf den billigen Plätzen.

Vorn auf einem Tisch, der mit noch mehr Blumen geschmückt war, stand die Urne. Daneben prangte auf der einen Seite ein riesiges gerahmtes Foto von Bomber (»Das hätte er niemals ausgewählt«, flüsterte Gavin. »Seine Frisur ist ja schrecklich.«), auf der anderen ein Foto von Bomber und Portia als Kinder, Portia auf der Querstange von Bombers Fahrrad.

»Sie musste unbedingt auch auf einem Foto sein«, schäumte Gavin. »Sie kann nicht zulassen, dass er bei seiner eigenen Gedenkfeier der Star ist. Aber wenigstens ist es mir gelungen, sie zu überreden, ein paar von Bombers wahren Freunden einzuladen und etwas in dieses verdammte Fiasko einzubringen, das Bomber wirklich gefallen hätte.«

Eunice war beeindruckt. »Wie ist dir das bloß gelungen?«

Gavin grinste. »Erpressung. Ich habe damit gedroht, an die Presse zu gehen, wenn sie es nicht tun würde. ›Selbstsüchtige Schwester missachtet den Letzten Willen ihres Bruders‹ war nicht die Schlagzeile, die ihr Verleger sehen wollte, und das weiß sie auch. Apropos, wo ist denn Bruce, der Hochtoupierte?« Sein Blick wanderte suchend über die Köpfe vor ihm.

»Oh, vermutlich wird er mit Portia kommen«, erwiderte Eunice. »Was genau hast du vor?«

Gavin wirkte sehr selbstzufrieden.

»Überraschung, aber ich gebe dir einen Hinweis. Erinnerst du dich an die Hochzeit am Anfang von *Tatsächlich Liebe*, bei der Mitglieder der Band in der Gemeinde versteckt sind?«

Bevor er fortfahren konnte, erklang eine andere Musik, und Portia rauschte mit ihrem Gefolge zu den Klängen von »O Fortuna« aus *Carmina Burana* durch den Mittelgang. Sie trug einen weißen Hosenanzug von Armani und einen Hut in der Größe eines Traktorrads, umhüllt mit einem schwarz gesprenkelten Netz.

»Mein Gott«, prustete Gavin. »Man sollte meinen, sie heiratet Mick Jagger!«

Er packte Eunices Arm und konnte seine Hysterie kaum bremsen. Eunice traten Tränen in die Augen. Aber vor Lachen. Sie wünschte, Bomber wäre dabei, um sich an dem Spaß zu beteiligen. Eigentlich hätte sie gern gewusst, wo er überhaupt war. Sie hatte Gavin noch nichts erzählt, weil sie auf den richtigen Moment wartete. Die Trauerfeier war eigenartig unterhaltsam: Ein Kinderchor aus einer Privatschule sang *Over the Rainbow*, Bruce las in Portias Namen eine Lobesrede vor, als zitierte er einen Monolog aus *Hamlet*, und eine Schauspielerin aus einer zweitklassigen Seifenoper las ein Gedicht von W. H. Auden vor. Ein Bischof im Ruhestand, dessen Tochter offenbar eine alte Freundin von Portia war, betete mit der Trauergemeinde. Die Gebete waren kurz und ziemlich schwer zu verstehen infolge des Whiskys, den er zum Frühstück zu sich genommen hatte. Oder auch statt des Frühstücks.

Dann war Gavin an der Reihe.

Er erhob sich, zog ein Mikrofon unter seinem Stuhl hervor und stellte sich in den Mittelgang. Theatralisch wandte er sich an die Versammelten.

»Meine Damen und Herren, auf Bomber!«

Er nahm wieder Platz, und ein Schauer der Vorahnung ging durch die Versammlung. Gavin schaute Eunice an und zwinkerte ihr zu.

»Jetzt geht es los«, flüsterte er.

Ein einzelner, mitreißender Akkord ertönte, und dann sang irgendwo hinten im Raum eine Männerstimme leise, nur von einem Klavier begleitet. Die Stimme gehörte einem verblüffend gut aussehenden Mann, der einen makellosen Anzug trug und leichten Lidschatten aufgelegt hatte. Er war in der Tat Gavins eigene besondere Kreation. Die ersten Takte von *I Am What I Am* aus dem Musical *Ein Käfig voller Narren* erhob sich in die stille Luft, und Gavin rieb sich begeistert die Hände.

Während der Sänger durch den Raum schritt und das Tempo des Liedes sich beschleunigte, nahm er sechs Showgirls mit, die strategisch am Mittelgang positioniert waren. Sie standen nacheinander auf und ließen die seriösen Mäntel fallen, um aufwendige Kostüme, üppige Juwelen und erstaunliche Schwanzfedern zu offenbaren. Eunice war erstaunt, dass sie darauf hatten sitzen können. Als das hübsche Geschöpf und sein außergewöhnliches Gefolge vorn im Raum angekommen waren, erreichte der Song seinen Höhepunkt. Der Mann drehte sich vor der Urne zu seinem Publikum um und schmetterte die letzten Zeilen, während seine Tanzgruppe hinter ihm unisono zum High-Kick ausholte. Mit der letzten trotzigen Note sprangen alle auf und brachen in Applaus aus. Portia fiel in Ohnmacht.

Gavin schwelgte auf dem ganzen Weg zum Friedhof in Kent in seinem Triumph. Dort sollten die Kekse neben Grace und Godfrey beigesetzt werden. Portia hatte eine Reihe von Stretchlimousinen zur Verfügung gestellt, doch Eunice und Gavin beschlossen, unabhängig zu fahren, sich in Gavins Audi Musicals anzuhören und Chips zu essen. Eunice hatte leichte Schuldgefühle, weil Godfrey und Grace gezwungen waren, ihr Grab mit einer Urne voller Kekse zu teilen, war aber zuversichtlich, dass sie in Anbetracht der besonderen Umstände Verständnis dafür hätten, dass es unvermeidbar gewesen war. Als sie in den Friedhof einbogen, auf dem Eunice versprochen hatte, Bombers letzten Wunsch zu erfüllen, gestand sie Gavin alles.

»Heilige Maria Mutter Gottes und Danny La Rue im Schuhkarton!«, rief er. »Mein armes Schätzchen, was wirst du denn jetzt machen?«

Eunice überprüfte ihren Hut im Rückspiegel und langte nach dem Türgriff.

»Ich habe absolut keine Ahnung.«

48

Shirley schaltete den Computer an und hörte die Mailbox ab. Es war Montagmorgen, und an Montagen war immer viel zu tun wegen der Streuner, die am Wochenende abgegeben worden waren. Sie arbeitete inzwischen seit fünfzehn Jahren im Tierheim von Battersea und hatte viele Veränderungen erlebt. Eins aber veränderte sich nie, Streuner gab es immer. Die Post war schon eingetroffen, und Shirley fing an, den Stapel Briefe durchzusehen. Ein Briefumschlag war mit Füller adressiert. Die Handschrift war außergewöhnlich schwungvoll, und Shirley wurde neugierig. Der Brief war mit der Hand geschrieben.

Sehr geehrte Damen und Herren,

anbei finden Sie einen Scheck mit einer Spende im Gedenken an meinen geliebten Bruder, der vor kurzem gestorben ist. Er liebte Hunde über alles und hatte zwei aus Ihrer Einrichtung adoptiert. Die einzige Bedingung, die ich an besagte Spende knüpfe, ist, dass Sie eine Gedenktafel mit seinem Namen auf Ihrem Gelände sichtbar aufstellen. Darauf sollte stehen: »In liebevollem Gedenken an Bomber, kostbarer Sohn, bewunderter Bruder, treuer Freund und hingebungsvoller Hundeliebhaber.

Ruhe in Frieden mit Douglas und Baby Jane.«

Ich werde zu gegebener Zeit meinen Stellvertreter schicken, um sicherzugehen, dass diese Anweisungen zu meiner Zufriedenheit ausgeführt wurden.

Hochachtungsvoll,
Portia Brockley

Shirley schüttelte ungläubig den Kopf. Verdammte Hacke! Zwar wurden alle Spenden dankbar entgegengenommen, aber eine Gedenktafel wie diese würde eine Stange Geld kosten. Sie wandte ihre Aufmerksamkeit dem Scheck zu, der mit einer Büroklammer an den Brief geheftet war, und fiel beinahe in Ohnmacht. Es waren so viele Nullen, dass es aussah, als hätte die Zwei am Anfang der Zahl Seifenblasen erzeugt.

49

Laura hatte das Gefühl, am Rande eines Abgrunds zu stehen und nicht zu wissen, ob sie stürzen oder fliegen würde. Sie hatte dafür gesorgt, dass sie an diesem Tag allein war. Sunshine unternahm einen ihrer seltenen Ausflüge mit ihrer Mum, und Freddy hatte sie seit ihrem peinlichen Wutanfall im Rosengarten nicht mehr gesehen. Sie hatte versucht, ihn anzurufen, aber es ging immer nur der Anrufbeantworter an, auf dem sie eine unterwürfige, von Herzen kommende Entschuldigung hinterlassen hatte, aber anscheinend war es zu spät. Sie hatte keine Antwort bekommen, und Freddy war seit jenem Abend nicht mehr im Padua gewesen. Sie wusste nicht, was sie sonst noch tun sollte. Sunshine redete ihr immer wieder ein, Freddy werde zurückkommen, aber Laura wusste, das würde nicht der Fall sein. Sie hatte unruhig geschlafen und wachte in einem Niemandsland auf, irgendwo zwischen Aufregung und Vorahnung. Das Haus war erdrückend. Selbst Carrot war rastlos, ging hin und her, seine Krallen klickten auf den Fliesen. Als Laura sich auf ihre Besucherin vorbereitete, hatte sie so ein Gefühl, als würde ein Unwetter über sie hereinbrechen. In den vergangenen Tagen war es im Padua sehr still gewesen. Die Tür zu Thereses Schlafzimmer blieb von innen verschlossen, und sie hatte keine Musik gehört. Aber es war nicht die Ruhe, die mit Frieden und Zufriedenheit einherging. Es war ein bitteres Schweigen, hervorgerufen durch Trostlosigkeit und Niederlage. Laura hatte Therese enttäuscht und damit auch Anthony. Seine letzten Wünsche blieben unerfüllt.

Die Asche in der Keksdose sollte abgeholt werden. Jemand hatte sich gemeldet und um sie gebeten. Laura hatte es Sunshine nicht gesagt – und das nicht nur wegen der Wette. Das wollte sie allein machen. Sie konnte nicht erklären, warum, auch sich selbst nicht, aber es war ihr wichtig. Um Punkt zwei Uhr klingelte es zum vereinbarten Termin, und Laura öffnete die Tür. Vor ihr stand eine kleine, schlanke Frau in den Sechzigern, schick gekleidet, einen kobaltblauen Filzhut auf dem Kopf.

»Ich bin Eunice«, sagte sie.

Als Laura die Hand ergriff, die ihr gereicht wurde, spürte sie, wie die Anspannung, die sie ergriffen hatte, von ihr abfiel.

»Möchten Sie Tee oder vielleicht etwas Stärkeres?«, fragte Laura. Aus irgendeinem undefinierbaren Grund wurde sie das Gefühl nicht los, als hätten sie etwas zu feiern.

»Wissen Sie was, ich hätte wirklich gern einen Drink. Ich habe nie zu hoffen gewagt, dass ich ihn je zurückbekommen würde, und jetzt, da es kurz davor steht, bin ich ein bisschen wackelig auf den Beinen.«

Sie einigten sich auf Gimlets zu Ehren Anthonys und nahmen sie mit in den Garten. Auf dem Weg dorthin holten sie die Keksdose aus dem Arbeitszimmer. Als Eunice sich hingesetzt hatte, ihr Glas in der einen, die Keksdose in der anderen Hand haltend, traten ihr Tränen in die Augen.

»Oh, meine Liebe, entschuldigen Sie bitte. Ich bin eine blöde Kuh. Aber Sie haben keine Ahnung, was mir das hier bedeutet. Sie haben gerade das gebrochene Herz einer dummen Frau geheilt.«

Sie trank einen Schluck und holte tief Luft.

»Jetzt nehme ich an, Sie wollen wissen, worum es hier überhaupt geht?«

Eunice und Laura hatten über die Webseite ein paarmal hin und her gemailt, aber sie hatten gerade so viele Einzelheiten ausgetauscht, um festzustellen, dass tatsächlich Eunice die Asche verloren hatte.

»Sitzen Sie bequem?«, fragte sie Laura. »Ich fürchte, es ist eine ziemlich lange Geschichte.«

Eunice fing ganz von vorn an und erzählte Laura alles. Sie hatte ein natürliches Talent, eine Geschichte gut zu erzählen, und Laura war überrascht zu erfahren, dass sie nie selbst etwas geschrieben hatte. Bei der Entführung von Bombers Asche aus dem Bestattungsunternehmen musste Laura lachen, bis ihr die Tränen kamen, und Eunice konnte sich endlich anschließen, jetzt, da sie Bomber wieder zurückhatte.

»Alles lief hervorragend, bis ich im Zug war«, erzählte sie. »Nachdem ich am Bahnhof eingestiegen war, kam eine Frau mit zwei kleinen Kindern zu mir in den Wagen, die offensichtlich zu viele Süßigkeiten und Brause zu sich genommen hatten, wie man an den Schokorändern um ihre Münder und ihrem unkontrollierbaren Verhalten merken konnte. Ihre arme Mutter konnte sie kaum auf ihren Sitzen halten, und als das kleine Mädchen verkündete, es müsse dringend auf die Toilette, bat mich die Mutter, ob ich auf den Jungen aufpassen könnte, während sie mit der Kleinen zur Toilette ging. Das konnte ich kaum ablehnen.«

Eunice trank einen Schluck und rückte die Keksdose näher an ihre Seite, als könnte sie wieder verloren gehen.

»Der kleine Junge saß auf seinem Sitz und streckte mir die Zunge raus. Kaum war seine Mutter außer Sichtweite, sprang er auf und lief weg. Genau in dem Moment fuhr der Zug in einen Bahnhof ein, und der Junge sprang aus dem

Zug. Ich musste ihm folgen. Meine Tasche hatte ich über der Schulter hängen, aber als mir klar wurde, dass ich Bomber auf seinem Sitz gelassen hatte, war es zu spät.« Eunice schauderte bei der Erinnerung. »Ich bin mir sicher, Sie können sich den Tumult vorstellen, der folgte. Die Mutter war außer sich und warf mir vor, ich hätte ihren Sohn entführt. Ehrlich gesagt war ich nur froh, den kleinen Scheißkerl zurückzugeben. Ich war völlig verzweifelt, die Keksdose im Zug gelassen zu haben, und meldete es umgehend, aber als der Zug in Brighton ankam, war Bomber fort.«

Laura füllte ihre Gläser auf. »Bomber ist ein ungewöhnlicher Name.«

»Oh, das war nicht sein richtiger Name. Eigentlich hieß er Charles Bramwell Brockley. Aber ich habe nie gehört, dass jemand ihn so nannte. Er war immer Bomber. Und er hätte dich gemocht«, sagte sie zu Carrot, der inzwischen auf ihrem Schoß ruhte, und streichelte sanft die weiche Schnauze. »Er mochte alle Hunde.«

»Und er war Verleger, sagen Sie? Ich frage mich, ob er jemals Anthony über den Weg gelaufen ist. Er war Schriftsteller, hauptsächlich Kurzgeschichten. Anthony Peardew.«

»O ja«, erwiderte Eunice. »Das ist ein Name, an den ich mich noch gut erinnern kann. Auch er hat eine schöne Geschichte: Anthony und Therese, das Arbeitszimmer voll mit seiner Sammlung, die Webseite. Man müsste ein Buch darüber schreiben.«

Laura dachte an ihren Schulmädchentraum, Schriftstellerin zu werden, und lächelte wehmütig. Dafür war es jetzt zu spät.

Eunice drückte die Keksdose nach wie vor an sich.

»Arbeiten Sie noch immer in einem Verlag?«, fragte Laura sie.

Eunice schüttelte den Kopf. »Nein, nein. Nach Bombers Tod war ich nicht mehr mit dem Herzen dabei ...« Sie verstummte. »Aber sollten Sie je daran interessiert sein, ein Buch zu schreiben, würde ich sehr gern helfen. Ich habe noch Kontakte, und ich könnte Sie ein paar literarischen Agenten empfehlen.«

Die beiden Frauen schwiegen eine Weile, genossen ihren Drink, den Duft der Rosen und die Ruhe und den Frieden eines sonnigen Nachmittags.

»Und was ist mit Ihnen, Laura?«, meldete sich Eunice schließlich wieder zu Wort. »Haben Sie jemanden in Ihrem Leben – jemanden, den Sie so lieben, wie ich Bomber geliebt habe?«

Laura schüttelte den Kopf. »Ich hatte jemanden, bis vor ein paar Tagen. Aber wir hatten eine Auseinandersetzung.« Sie hielt inne und überlegte, was eigentlich passiert war.

»Okay – ich habe den Streit angefangen, einen erbärmlichen, lächerlichen, kindischen Streit. Na ja, es war nicht einmal ein Streit, weil er nicht widersprach. Er stand einfach nur da und hörte zu, während ich mich austobte wie eine hysterische Kuh, bevor ich fortlief. Seither habe ich ihn nicht mehr gesehen.«

Laura war überrascht über die Erleichterung, die sie empfand, als sie es laut aussprach. »Ich heiße Laura, und ich habe mich wie eine Vollidiotin benommen.«

»Sie sind sehr streng mit sich, meine Liebe.« Eunice drückte ihr die Hand und lächelte. »Aber Sie lieben ihn?«

Laura nickte kleinlaut.

»Dann sprechen Sie mit ihm.«

»Das habe ich versucht. Aber er geht nicht ans Telefon, und ich kann es ihm nicht verdenken. Ich war grauenhaft. Ich habe Nachrichten hinterlassen und mich entschuldigt, aber er hat offenbar kein Interesse mehr.«

Eunice schüttelte den Kopf. »Nein, das meinte ich nicht. Sprechen Sie mit ihm, nicht mit seinem Telefon. Suchen Sie ihn und sagen Sie es ihm ins Gesicht.«

Plötzlich griff sie in ihre Tasche und holte eine kleine Schachtel heraus.

»Fast hätte ich es vergessen«, sagte sie. »Ich habe Ihnen etwas für die Webseite mitgebracht, das ich vor vielen Jahren auf dem Weg zu meinem Bewerbungsgespräch bei Bomber gefunden habe. Es war immer eine Art Talisman für mich, und ich habe eigentlich nie einen Gedanken an die Person verschwendet, die es verloren haben muss. Aber jetzt scheint es mir nur gerecht, wenn Sie es bekommen. Ich weiß, es ist aussichtslos, aber vielleicht sind Sie ja in der Lage herauszufinden, wem es wirklich gehört.«

Laura lächelte. »Natürlich, ich werde es probieren. Ich muss mir nur alle Einzelheiten notieren, an die Sie sich erinnern.«

Eunice musste nicht überlegen. Sie nannte den Tag, das Datum, die Uhrzeit und den Fundort, ohne zu zögern. »Wissen Sie«, sagte sie, »das war einer der schönsten Tage meines Lebens.«

Laura nahm die Schachtel von Eunice entgegen.

»Darf ich?«, fragte sie.

»Klar.«

Als Laura das Medaillon aus der Schachtel nahm, wusste sie einen Moment lang, wie es war, Sunshine zu sein. Der Gegenstand in ihrer Hand sprach zu ihr, als hätte er eine eigene Stimme.

»Alles in Ordnung mit Ihnen?« Eunice klang, als wäre sie sehr weit weg, wie durch eine gestörte Telefonleitung. Laura kam mühsam auf die Beine, schwankend.

»Kommen Sie mit«, forderte sie Eunice auf.

Die Tür von Thereses Schlafzimmer ließ sich leicht öffnen, und Laura legte das Medaillon mit dem winzigen, in Gold gerahmten Bild der heiligen Therese der Rosen auf den Frisiertisch neben das Foto von Anthony und Therese. Die kleine blaue Uhr, die wie üblich stehengeblieben war, begann von selbst wieder zu ticken. Laura hielt die Luft an, und einen Moment standen die beiden Frauen schweigend nebeneinander. Dann setzte unten im Wintergarten die Musik ein, zunächst leise, dann immer lauter.

The very thought of you.

Eunice sah verwundert zu, wie Laura freudig in die Luft boxte, und durch das offene Fenster wehte ein wirbelnder Regen aus Rosenblättern herein.

Als Laura Eunice zum Gartentor brachte, fuhr Freddy gerade in seinem verbeulten Landrover vor und sprang heraus. Er grüßte Eunice höflich und schaute dann zu Laura.

»Wir müssen reden.«

Eunice küsste Laura auf die Wange und zwinkerte Freddy zu. »Genau, was ich gesagt habe.«

Sie schloss das Tor hinter sich und ging lächelnd davon.

50

Zu fünft schlenderten sie über die Promenade, Eunice und Gavin Arm in Arm, Bomber, Douglas und Baby Jane in einer Leinentasche. Eunice hatte allein gehen wollen, aber Gavin wollte nichts davon wissen. Als Bomber zwangsweise ins Happy Haven umgesiedelt worden war, hatte er Gavin um den Freundschaftsdienst gebeten, ein Auge auf Eunice zu haben, aber Gavin hatte nicht gewusst, wie er es anstellen sollte, ohne Eunices notorischen Hang nach Unabhängigkeit zu verletzen. Doch seit der Trauerfeier, als Eunice ihm offen und ehrlich alles gestanden hatte, wusste Gavin, wo der Riss in ihrer Rüstung war, und benutzte ihn, um sein Versprechen gegenüber Bomber zu halten. Es war ein perfekter Tag am Meer: hell, ein leichter Wind und ein strahlend blauer Himmel. Gavin hatte den Audi zu Hause gelassen, und sie waren mit dem Zug gefahren, damit sie beide bedenkenlos auf die bald abwesenden Freunde anstoßen konnten.

Eunice wollte den ganzen Tag als richtige Gedenkfeier für Bomber gestalten, daher folgten sie der üblichen Reiseroute. Als sie auf die Pier zuschlenderten, trafen sie ein junges Paar, das zwei winzige Möpse mit Strass-Halsbändern ausführte. Eunice blieb unwillkürlich stehen, um sie zu bewundern. Die beiden kleinen Hunde genossen das Getue und die Komplimente, bevor sie fröhlich weiterzogen. Gavin betrachtete Eunices gesenkten Kopf und drückte ihren Arm.

»Kopf hoch, mein Mädchen. Es dauert nicht mehr lange, bis Bill Bailey zu dir kommt.«

Eunice hatte sich endlich erlaubt, einen Hund zu adoptieren. Sie hatte es immer vorgehabt, nachdem Bomber gestorben war, aber dann, als sie seine Asche verloren hatte, wurde sie das Gefühl nicht los, dass sie keinen verdient hatte. Sie musste ihre Versprechen gegenüber ihren alten Freunden einhalten, bevor sie sich einen neuen Freund erlauben konnte. Der schwarz-weiße Collie mit weißer Blesse und schwarzen Flecken war die meiste Zeit seines elenden Lebens an einem Schuppen angekettet gewesen, und das Personal in Battersea war nicht gerade zuversichtlich, dass er sich erholen würde. Aber der kleine Hund hatte ein großes, tapferes Herz und war bereit, der Welt eine zweite Chance zu geben. Das Personal nannte ihn Bill Bailey nach dem Song über das Glück, in der Hoffnung, dass er den perfekten Menschen finden würde, der ihn mit nach Hause nahm. Und das hatte er. Eunice. Sobald sie ihn sah, verliebte sie sich in seine spitzen Ohren und seine großen, dunklen Augen. Er war zunächst misstrauisch, aber nach zwei Besuchen hatte er beschlossen, dass Eunice die Richtige für ihn war, und sich herabgelassen, ihr die Hand zu lecken. Nächste Woche würde er endgültig zu ihr kommen.

Eunice und Gavin wechselten sich mit der Tragetasche ab. Anfangs hatte Eunice gezögert und wollte sie allein tragen, aber die Überreste ihrer drei Freunde zusammen waren überraschend schwer, und sie war froh, wenn Gavin sie ablöste.

»Verdammt!«, rief er. »Wir hätten sie in so einen karierten Einkaufstrolley stecken sollen, den alte Damen hinter sich herziehen, statt in eine Tasche.«

Eunice schüttelte energisch den Kopf.

»Das soll wohl ein Scherz sein?! Und ich soll dann wie eine alte Dame aussehen?«, entgegnete sie.

Gavin zwinkerte ihr zu. »Keine Bange. Du siehst keinen Tag älter als vierzig aus, altes Mädchen.«

In der Spielhalle war es heiß und laut, und die Luft war angefüllt mit dem Geruch von Hotdogs, Donuts und Popcorn. Nach Gavins Gesichtsausdruck zu schließen, dachte er, Eunice habe ihn nach Babylon gelockt. Die bunten Lichter drehten sich und blitzten hektisch zum Summen und Klingeln. Das Geld klimperte in die Maschinen hinein und rasselte heraus, obwohl Ersteres weitaus häufiger passierte als Letzteres. Als einer von Gavins besten Herrenschuhen auf einem zertretenen Chip ausglitt, sah er aus, als wolle er die Flucht ergreifen, doch Eunice füllte seine Hand mit Münzen und deutete mit einem Kopfnicken zu Bombers Lieblingsautomaten.

»Komm schon – hau rein! Bomber hat den hier geliebt.«

Als Eunice eine Münze in den Schlitz steckte, fiel ihr die Verwirrung auf Bombers Gesicht ein, als sie zum letzten Mal hier gewesen waren; aber wie schnell war sie durch ein Lächeln ersetzt worden, als sie ihm zu Hilfe kam. Der heutige Tag war glücklichen Erinnerungen gewidmet, nicht traurigen. Eunice ließ Gavin fast eine halbe Stunde durchhalten, und am Ende hatte er beinahe seinen Spaß an der Sache. Wider Erwarten gewann er einen kleinen, hässlichen Teddybären an einem Greifautomaten, den er stolz Eunice schenkte. Als sie das schiefe, komische Gesicht des Bären betrachtete, kam ihr eine Idee.

»Wir sollten für jeden ein Andenken kaufen«, sagte sie und hielt die gestreifte Tasche hoch.

In einem Kiosk auf der Pier fanden sie für Douglas einen Schlüsselring in Form eines Donuts. In einem Geschäft in The Lane entdeckte Gavin einen antiken Mops aus Staffordshire-Porzellan.

»Der sieht für mich aus wie ein männlicher Hund«, sagte Gavin, »aber vielleicht würde Baby Jane das ja vorziehen.«

Zu Mittag aßen sie Fish and Chips, und Gavin bestellte eine Flasche Champagner für sie, um auf den Inhalt der gestreiften Tasche anzustoßen, die ihren eigenen Stuhl bekommen hatte. Eunice war fest entschlossen, sie keinen Moment aus den Augen zu lassen. Der Champagner verlieh ihr den Mut, sich dem zu stellen, was sie als Nächstes tun musste. Sie musste sie loslassen. Der Pavillon funkelte weiß im Sonnenlicht, und seine Kuppeln und Türmchen schienen sich aufzubauschen und den Himmel zu berühren. Der Anblick rief Eunice immer Coleridges von Opium inspirierten Vers in Erinnerung.

In Xanadu schuf Kubla Khan
Ein prunkvolles Vergnügungsschloss …

Sie gingen zuerst hinein. Es sollte Bombers letzter Ausflug sein und der erste für Douglas und Baby Jane. Eunice ging vorsichtig an der Küche vorbei, in der der von einem Hund angetriebene Grillspieß ausgestellt war. Im Souvenirladen kaufte sie eine Schneekugel, die ein Modell des Pavillons enthielt, als Andenken für Bomber. Eunice wollte gerade bezahlen, da fiel ihr noch etwas ins Auge.

»Eine Dose von diesen Keksen nehme ich noch, bitte«, sagte sie zu der Frau hinter der Theke.

»Schon Hunger?«, fragte Gavin, als er sich anbot, die Dose für sie zu tragen.

Eunice lächelte. »Ich schulde einer Dame namens Pauline eine Dose Kekse.«

Draußen im Park am Teich fanden sie eine Bank und setzten sich. Der Pavillon stand in der Spiegelung im Wasser auf dem Kopf und sah aus wie eine Sammlung Weihnachtskugeln. Eunice holte eine Schere aus ihrer Tasche und schnitt ein Loch in die unteren Ecken der gestreiften Tasche. Sie hatte lange und angestrengt darüber nachgedacht, wie sie Bombers letzte Wünsche ausführen sollte. Als das »Wo« feststand, musste nur noch das »Wie« geklärt werden. Sie wusste nicht einmal, ob es erlaubt war, aber sie hatte gar nicht erst gefragt, falls die Antwort »Nein« lautete, daher war es wichtig, es heimlich zu tun. Schließlich war ihr die Eingebung, wie immer, durch einen ihrer Lieblingsfilme gekommen: *Gesprengte Ketten*. Wenn ungefähr ein Dutzend Männer die aus drei Tunneln ausgehobene Erde über ihre Hosenbeine in Sichtweite bewaffneter Wächter verteilen konnten, dann sollte Eunice doch in der Lage sein, die Asche dreier enger Freunde durch das Loch in einer Einkaufstasche zu verstreuen, ohne unliebsame Aufmerksamkeit zu erregen. Sie würde es herausfinden.

»Soll ich mitkommen und aufpassen? Ich könnte die Titelmelodie pfeifen, wenn das hilft.«

Eunice lächelte. Diesen Teil würde sie wirklich allein erledigen. Gavin sah zu, wie die kleine Gestalt entschlossen über den Rasen ging, den Rücken gerade, den Kopf hoch aufgerichtet. Zuerst dachte er, sie gehe wahllos, aber schon bald wurde deutlich, dass es alles andere als das war. Als sie wieder zu ihm kam, war die gestreifte Tasche leer.

»Bomber hatte recht mit dieser Stelle«, sagte er und betrachtete die Spiegelung im Teich. »Hier ist es traumhaft schön. Im Übrigen«, fügte er hinzu, »was hast du geschrieben?«

»Leinen los!«, erwiderte sie.

51

Der Pfeil auf dem Bildschirm vor Laura blinkte aufmunternd. Der sternförmige Saphirring am Mittelfinger ihrer linken Hand war noch immer ein fremdes Gewicht, als sie die Hände hob, um zu tippen. Freddy, seit drei Tagen ihr Verlobter, war in der Küche und bereitete mit Sunshine die leckere Tasse Tee zu, und Carrot lag schlafend zu ihren Füßen. Laura war endlich bereit, ihren Traum zu erfüllen. Sie hatte die perfekte Geschichte gefunden, und niemand konnte sie als »zu ruhig« bezeichnen. Es war eine mitreißende Geschichte über Liebe und Verlust, Leben und Tod, und vor allem Wiedergutmachung. Es war die Geschichte einer großen Leidenschaft, die vierzig Jahre gehalten hatte und schließlich ihr Happy End fand. Lächelnd begann sie zu tippen. Sie hatte den perfekten ersten Satz …

Mr. Peardews Sammlung
der verlorenen Dinge

I

Charles Bramwell Brockley reiste allein und ohne Fahrkarte in dem Zug um 14.42 Uhr von London Bridge nach Brighton …

Dank

Dass ich das hier schreibe, bedeutet, mein Traum ist endlich in Erfüllung gegangen, und ich bin eine richtige Autorin. Es war eine lange Reise, und es hat ein paar eigenartige Umleitungen gegeben, nervige Staus und viele Schlaglöcher. Aber da bin ich nun. So viele Menschen haben mir geholfen, hierher zu gelangen, und wenn ich euch alle erwähnen wollte, dann wäre es ein Roman für sich, aber ihr wisst, wer ihr seid, also Danke euch allen.

Natürlich sind meine Eltern daran schuld. Sie haben mir das Lesen beigebracht, bevor ich in die Schule kam, haben mich in der Kinderbibliothek eingeschrieben und meine Kindheit mit Büchern gefüllt, wofür ich ihnen ewig dankbar bin.

Danke an Dich, Laura Macdougall, meine unglaubliche Agentin bei Tibor Jones, dass Du gleich zu Beginn an mich und *Mr. Peardews Sammlung der verlorenen Dinge* geglaubt hast. Wir sind uns zum ersten Mal an der John Betjeman Statue in St Pancras begegnet (was sicherlich ein Zeichen war), und innerhalb weniger Minuten war mir klar, dass ich mit Dir arbeiten wollte. Danke für Deine unermüdliche Unterstützung und Begeisterung, Deine unfehlbare Professionalität und Zielstrebigkeit, Deine fachgerechte Anleitung bei meinen ersten Ausflügen auf Twitter und Instagram und Dein Lemon Curd.

Danke an Dich, Charlotte Maddox bei Tibor Jones, für Deine ganze Arbeit mit meinen ausländischen Rechten und dafür, dass Du eine so begeisterte Cheerleaderin für *Mr. Peardew* warst, und an das ganze Team bei Tibor Jones – zweifellos die coolste Agentur auf diesem Planeten – dafür, dass ich mich bei euch so wohl gefühlt habe. Ihr seid klasse!

Danke an Fede Andronino, meinen Verleger bei Two Roads und Gründer des Teams Sunshine, dafür, dass er das Risiko für *Mr. Peardew* eingegangen ist. Dank Deines Humors, Deiner Geduld und Deiner grenzenlosen Begeisterung hat die Arbeit mit Dir absolut Spaß gemacht. Danke auch an das ganze Team bei Two Roads, besonders an Lisa Highton, Rosie Gailer und Ross Fraser, das mich so warmherzig aufgenommen hat, und für die harte Arbeit, aus *Mr. Peardew* ein richtiges Buch zu machen.

Danke an Dich, Rachel Kahan bei William Morrow, ein weiteres Mitglied des Teams Sunshine, für Deine Redaktion und den Humor, mit dem sie übermittelt wurde. Danke auch an alle meine ausländischen Verleger, dass sie *Mr. Peardew* in die ganze Welt gebracht haben!

Ein riesiges Dankeschön an Adja Vucicevic. Du warst am Anfang da, und Dein Glaube an mich ist nie ins Schwanken geraten.

Peter Budek bei The Eagle Bookshop in Bedford war mein Freund, Mentor und die Schulter, an der ich mich in guten wie in schlechten Zeiten ausweinen konnte. Er hat mich auch mit unzähligen Tassen Tee versorgt, unschätzbaren Ratschlägen und Unmengen wunderbaren Recherche-Materials. Pete, Du bist sagenhaft. Und jetzt schreib wenigstens eins Deiner Bücher zu Ende!

Tracey, meine irre Freundin, Du bist gestorben, während ich *Mr. Peardew* geschrieben habe, und ich bin so traurig, dass Du nicht hier sein kannst, um das alles mit mir zu teilen, aber Du hast mich inspiriert, es weiter zu probieren, als ich kurz davorstand, alles aufzugeben.

Danke an das Personal der Bedford und Addenbrooke's Krankenhäuser für Ihre Fürsorge und Freundlichkeit. Sie haben dafür gesorgt, dass ich noch da war, um dieses Buch zu Ende zu schreiben. Besonderer Dank geht an das Personal der Primrose Unit für die anhaltende Unterstützung und das Interesse an meiner Arbeit.

Ich möchte mich gern bei Paul bedanken, dass er es mit mir ausgehalten hat. Während ich an *Mr. Peardew* schrieb, habe ich das Haus mit allen verlorenen Gegenständen gefüllt, die ich gefunden habe, Papierfetzen mit Notizen überall liegen lassen und mein Zeug wirklich in jedem Raum eindringen lassen. Ich habe mich stundenlang eingeschlossen, bin dann schlecht gelaunt wieder aufgetaucht und wollte etwas zu essen haben. Und trotzdem bist Du immer noch hier!

Schließlich möchte ich meinen wunderbaren Hunden danken. Sie mussten sich viel zu oft mit den Worten »Wir gehen spazieren, sobald ich dieses Kapitel fertig habe« zufriedengeben. Billy und Tilly sind beide gestorben, während ich *Mr. Peardew* schrieb, und sie fehlen mir jeden Tag, aber Timothy Bear und Duke schlafen auf dem Sofa, während ich diese Zeilen hier schreibe. Und schnarchen.

Ruth Hogan ist selbst begeisterte Sammlerin von Fundstücken. Sie lebt mit Mann und drei Hunden in einem etwas chaotischen viktorianischen Haus in Bedford, England. Ein schwerer Autounfall und eine Krebserkrankung brachten sie zum Schreiben. Die schlaflosen Nächte hat sie am Schreibtisch verbracht, das Ergebnis ist ihr Roman über das Finden von Dingen und Geschichten.